JN099293

教育委員会・学校管理職のための

カリキュラム・マネジメント 実現への戦略と実践

村川雅弘　吉冨芳正　田村知子　泰山　裕

編著

ぎょうせい

はじめに

1　カリキュラム・マネジメントによる多大な教育効果

　学校現場と関わり 35 年以上になる。その間、総合的な学習（の時間）や生活科等を中心に「授業づくり」「カリキュラム開発」「研修改善」「学校改革」、結果として「学力向上」に寄与してきた。本書執筆者の一人である田村知子氏のカリキュラムマネジメント・モデル（理論編第 3 章）に出会ってからは、学校への関わり方・指導の仕方が大きく変容してきた。子どもや地域等の実態把握、その実態と学習指導要領を踏まえた学校教育目標の設定、その目標を実現するためのカリキュラムの開発、カリキュラムの具体としての日々の授業の計画・実施・評価・改善、それを組織的・計画的に行うための授業研究を核とする校内研修の主にワークショップ型による工夫・改善、カリキュラムや授業を運用するための組織（教員組織や研究組織）や時間（主に学習時間と勤務時間）、予算、校内外の人的・物的資源の活用、家庭や地域とのヨコの連携・協力及び幼小中高のタテ連携、教育課程行政等の外部機関との関わり等々、学校教育に関わる多様で複雑な事象をそれまでは別個に論じたり扱ったりすることが多かった。カリキュラム・マネジメントの考え方・枠組みにより、それらを関連付けて捉えたり先を見通したりすることで、限られた時間や組織の中で「授業づくり」「カリキュラム開発」「学校改革」「学力向上」を成し遂げることができた。各学校の成果は主に書籍や講演、講義で発信してきた。

　令和元年 11 月 15 日も兵庫県淡路市立志筑小学校において生活科と総合的な学習の時間の全国大会が開催されたが、2 年半ほど前はかなり厳しい状況であったにもかかわらず、当日の授業内外の子どもの姿に大いなる変容や成長を実感した。目頭を熱くした参観者は筆者だけではない。志筑小もカリキュラム・マネジメントの考え方を取り入れたことにより比較的短期間で「授業改善」「カリキュラム開発」「学校改革」「学力向上」を成し得た。子どもたちの成長した姿を見るにつけ、人生のこの時期にこの志筑小学校で過ごし学んだ子どもたちはとても幸せだなと感じる。子どもは学校や時期は選べない。学校教育が子どもの今後の人生に大きな影響を与えるとしたら、その役割はとても大きい。

2　カリキュラム・マネジメントによる新たな格差への懸念

　筆者は総合的な学習の時間を中心にかなりの数の小・中・高等学校と関わってきた。その大半は「自尊感情を大きく高めたり」「生徒指導上の問題を解消したり」「問題解決力や協働性、コミュニケーション力などのいわゆる『生きる力』を育んだり」「算数・数学や国語などの教科学力や進学実績を伸ばしたり」「家庭や地域との関係が改善したり」「若手を中心に教員が力量を向上させたり」してきた。その一方で、この時間を有効に活用することができない学校も少なからず存在することに残念な思いを持ち続けている。総合的な学習の時間により子どもが大きく成長する姿に出会う度にその学校の教職員や保護者、地

域の方と感動を味わう一方で、この時間が我が国のすべての子どもたちに等しく設けられているにもかかわらずこのような格差があっていいものかと心配になる。

変わりたいと願っている学校の研究指導を引き受ける際の条件は三つある。一つは研修の方法を「主体的・対話的で深い学び」を引き出すワークショップ型に変えることである。多くの学校には年に一度しか訪問指導ができないので、教員の主体性・協働性が重要となるからである。一つは半年から遅くとも1年以内には成果を上げることである。子どもや地域の実態を踏まえた目標とその実現のための方法のベクトルを明確にし「チーム学校」で取り組めば可能である。学力調査結果にすぐに現れなくとも、子どもの生活習慣や学習習慣、学習態度、学習技能（言語活動を含む）等には改善の兆しが必ず見られる。それが教員の励みになる。一つは研究校として「一人勝ち」しないことである。県や市のモデル校として成果だけでなくプロセスデータも発信し、地域全体の改善・改革に寄与することである。学校には人事異動がある。管理職や研究推進メンバーが異動してもその成果が継承・発展しその学校に根付いていくためにも、その学校で成果を上げた教員が異動先でその力を発揮する上で必要だからである。

新しい学習指導要領においては、未知の困難な問題に立ち向かい協働的に問題解決を図るとともに異なる分野を越えてつながり新たなものを創出するための資質・能力の育成のための授業改善が教育課程全体に求められている。各校のカリキュラム・マネジメントの重要性が叫ばれている一方、学校間の新たな取組格差が懸念される。これまで多くの学校を指導してきて、カリキュラム・マネジメントを踏まえた取組はかなりの成果があっただけに、その不安は総合的な学習の時間以上に大きい。

各学校がカリキュラム・マネジメントを推進していく上で、文部科学省や各地域の教育行政（以下「地方教育行政」という）がどのような情報を提供したり、どのようなシステムを開発・運用したり、研修や直接指導を通してその導入・定着を図っていくべきなのか、学校のカリキュラム・マネジメントへの支援の在り方を本書各章の指摘や提言、事例を踏まえて考えたい。

3　学校のカリキュラム・マネジメント推進支援のラインナップ

本書執筆陣はいずれも、教育行政官として、学校現場の指導者や実践者として、教育研究者として、あるいは学校の外部応援団として、カリキュラム・マネジメントに手応えを感じ、その経験を生かし少しでも多くの学校や教員の役に立てたいと願っている者ばかりである。

巻頭言には、文部科学省で教育課程課長や初等中等企画課長等を歴任され、今次改訂につながる教育改革の中枢におられた常盤豊氏に改めてカリキュラム・マネジメントに対する熱い思いを語っていただいた。

理論編では、まず、文部科学省においてカリキュラム・マネジメントを担当する石田有

記カリキュラム・マネジメント調査官に、新しい学習指導要領におけるカリキュラム・マネジメント関連の規定の意味や留意点、国として教育委員会や学校に対して、どのような施策や支援を行っていくのかを示していただいた。第2章では、文部科学省視学官や地方教育行政の教育長を経験され、現在カリキュラム・マネジメント研究者である吉冨芳正氏に地方教育行政が学校に対してどのような指導・支援が必要かを具体的に論じていただいた。教育委員会に赴くと「指導主事がカリキュラム・マネジメントの視点を踏まえてどう学校を支援していけばよいか」と悩み相談を受けることが少なくない。第3章では、カリキュラム・マネジメントを長年研究対象としてきた田村知子氏に指導主事の学校支援の在り方を具体的に示していただいた。学校の独自性が強くかつミッションが多様な高等学校こそ、カリキュラム・マネジメントが求められる。第4章では、高等学校教育に造詣が深いカリキュラム・マネジメント研究者の山﨑保寿氏に、キャリア教育と主権者教育を中心に提案していただいた。第5章では、ICTに堪能でかつ教職大学院において学校支援を中心に研究を行っている泰山裕氏に、ICT活用による学校カリキュラム・マネジメント支援の考え方や方法を提案していただいた。最後に、現代的諸課題の中でも近年極めて関心度の高い学校防災教育のカリキュラム・マネジメントについて、村川弘城氏に論じていただいた。

　事例編で、学校カリキュラム・マネジメント実現のための県レベルの支援（第1章・第2章）、市町村レベル（第3章〜第9章）の支援の考え方・在り方を様々な視点から紹介している。続いて、中学校区レベル（第10章・第11章）におけるカリキュラム・マネジメントの事例を取り上げた。9年間を通して資質・能力を育むために小中及び小小がどう連携を図っていくのか提案していただいている。第12章では、学校と企業及び大学によるカリキュラム開発支援の取組を紹介していただいた。最後に、特別寄稿として、長きにわたり新聞記者の立場から教育実践をみてこられ、かつ中央教育審議会専門部会委員として改訂にも関わられた服部眞氏に、主に総合的な学習の時間を核としたカリキュラム・マネジメントについてまとめていただいた。

　以上のように、指導主事や現場教師、教育行政官、研究者、新聞記者等、多様な立場から学校のカリキュラム・マネジメントを推進していくための指導・支援の必要性や考え方、在り方を紹介・提案している。各学校のカリキュラム・マネジメントの推進・発展、そのための地方教育行政や研究者による効果的な指導・支援、すべてに関わる方々の一助となれば幸いである。

　本書の企画に耳を傾けていただき、その実現に多大な力を注いでいただいた、株式会社ぎょうせいの萩原和夫氏並びに兼子智帆氏に、この場を借りてお礼を申し上げる。

　令和2年3月

村川雅弘

※本書は、科学研究費（基盤研究（C））、平成28年～平成31年度、「学校カリキュラムマネジメント
　推進のための地域教育行政による支援モデルの構築」（研究代表者：村川雅弘、課題番号
　16K01068）による研究成果を活用したものです。

巻頭言
学校のカリキュラム・マネジメント実現のために
－地方教育行政への期待－

常盤　豊

　カリキュラム・マネジメントについて、平成 31 年 1 月、国立教育政策研究所でシンポジウムが開催された。その開会挨拶のなかで、私は、カリキュラム・マネジメントについては学校で具体的にどのように取り組んでいくべきか戸惑いの声も聞かれることから、実施に向けてさらに理解を深めていくことが必要だと述べた。

　なぜ、学校現場に戸惑いの声があるのだろうか。

　カリキュラム・マネジメントには多様な内容が含まれており、議論の土俵が共通になっていないように思える。どうすれば、各学校は教育の質向上に向けて進んでいけるのだろうか。

　カリキュラム・マネジメントの主体はもちろん各学校であるが、現場の戸惑いを払拭し、議論や実践の交流を通じてより高みを目指していくためには、教育行政の指導と支援に負うところが未だ多く残されている。特に、地方の教育行政においては、国の方向性と現場の実践の双方を視野にいれて、その両者を統合していく役割が期待される。

　なお、ここに記されている内容は、文部科学省や国立教育政策研究所の公式見解でないことをお断りしなければならない。私としては、国と県の教育行政でそれぞれ勤務した経験を踏まえ、地方教育行政で仕事をしている皆様に少しでも有益な内容をお届けしたいとの気持ちでこの文章を記している。

1　カリキュラム・マネジメントの基本的な考え方について

　中央教育審議会の答申では、「これからのカリキュラム・マネジメント」については、次の三つの側面から捉えることができるとしている。

> ○第一は、各教科等の教育内容を相互の関係で捉え、学校教育目標を踏まえた教科等横断的な視点で、その目標の達成に必要な教育の内容を組織的に配列していくこと。
>
> ○第二は、教育内容の質の向上に向けて、子供たちの姿や地域の現状等に関する調査や各種データ等に基づき、教育課程を編成し、実施し、評価して改善を図る一連の PDCA サイクルを確立すること。

○第三は、教育内容と、教育活動に必要な人的・物的資源等を、地域等の外部の資源も含めて活用しながら効果的に組み合わせること。

　答申では、カリキュラム・マネジメントについて、「これまで」は、教育課程の在り方を不断に見直すという第二の側面から重視されてきているとした上で、「これから」は、「社会に開かれた教育課程」の実現を通じて子供たちに必要な資質・能力を育成するという新しい学習指導要領等の理念を踏まえれば、第一と第三の側面が加わると記している。

　学習指導要領総則では、カリキュラム・マネジメントの定義について、この三つの側面を並列的に記しているが、その前提となった答申では、「各学校には、学習指導要領等を受け止めつつ、子供たちの姿や地域の実情等を踏まえて、各学校が設定する学校教育目標を実現するために、学習指導要領等に基づき教育課程を編成し、それを実施・評価し改善していくことが求められる」と記し、これを、いわゆる「カリキュラム・マネジメント」であるとしている。三つの側面のうちの第二を基本としている。

　本稿においては、第二の側面である「教育内容の質向上に向けた、PDCA サイクルの確立」を基本と捉える。そして、その推進に当たって、第一の「カリキュラムの質向上」の側面、第三の「マネジメントの機能強化」の側面が、これから重視されるべきものとして理解することとする。論者によって重点の置き方は違うが、地方教育行政においては、こうした「基本」と「重視すべき側面」を理解した上で、議論を深めていただきたい。

　カリキュラム・マネジメントは、いわば器のようなものである。そこに何を盛るかは、各学校の実情により様々である。共通の何か定式化されたものがあると考えるから「戸惑い」が起こる。学校と社会との関係性は様々であり、課題解決の方向性も様々であってよいはずだ。この 10 年に一度の学習指導要領改訂は、各学校において自らが直面する課題を正面から受け止め、その解決のための道筋を模索するためのよい機会なのだ。これを行うための有力な手法としてカリキュラム・マネジメントがある。

　学校が直面する課題は広範多岐にわたる。そのすべてを盛り込もうとすると、器から溢れてしまい、学校の特色も失われてしまう。「こういう子供たちが多いから」、「こういう歴史があるから」など、各学校にとっての「必然性」を活かしてテーマ設定をすることが大切ではないだろうか。

　地方教育行政においては、それぞれの学校の様子を見ながら、まずは器自体に漏れがないかを見極め、その上で、それぞれの器に適した中身を盛っていこうとしているか、学校の実情に応じた指示、指導助言をしていただきたい。

2 カリキュラム・マネジメントを進めるに当たって

(1) カリキュラム・マネジメントの基本（第二の側面）

　カリキュラム・マネジメントの基本は、繰り返しになるが、「教育内容の質向上に向けた、PDCAサイクルの確立」である。

　あくまでも「教育内容の質向上」が目的であるので、P（教育内容）とその実践であるD（教育方法）を充実することが主たる狙いである。そのための手段としてのC（評価）とA（改善）である。もちろんCとAがなければ「向上」はないのだが、「C」が過剰となり、評価のための評価、評価疲れを生むことは本末転倒だし、「A」が学校の身の丈を超え、教職員の徒労感を生むことも合理的とはいえない。このことに留意する必要がある。

　近年、EBPM（客観的根拠を重視した政策立案）が強調されており、答申でも「調査や各種データ等に基づき」教育課程のPDCAサイクルを確立することが求められている。今後は、高度情報技術の進展に伴い、データの質も量も急速に充実していくことが予想される。大量のデータから自校の強み・特色・課題を探索していくことや、児童生徒の学習状況に応じて教育内容や方法を個別・最適化していくことは、教育内容の質向上に大きな影響を与えることになるだろう。一方で、教育の世界では数値化して見えるものと、それだけでは見えないものがあることに留意する必要がある。教育内容の質向上にとって適切か、偏りがないかという視点から見極めることが大切である。

(2) カリキュラムの質向上（第一の側面）

　時代が急速に変革していくなかで、育成すべき「資質能力」を重視していくとの方向性が示されている。知識や技能は教科との結び付きが強いが、資質能力は教科の枠の中に閉じてないので、教科の枠を越えたマネジメントが重要となる。

　知識・技能については、例えば、国語の基礎力はすべての学習の基本となる。教科書が読めない子供では、各教科の学習に支障をきたす。算数の割り算や割合の学習については、全国学力調査で毎年課題となるが、理科や社会科など各教科の学習の基礎となる。

　資質能力の面では、総合的な学習の時間で、比較する、分類する、関連付けるなどの「考えるための技法」が重視されるが、これらについては各教科の学習にその基礎がある。環境、福祉、グローバル社会、高度情報社会などの課題は、教科横断的に幅広く、探究的に深くものごとを考えてこそ解決の道筋が見えてくる。こうした幅と深さを追求する視点からの学習事項の関連付けは、これまでも「総合的な学習の時間」の取組において各学校に蓄積があるはずなので、ぜひそれを基盤とした上で、取組を充実させていただきたい。答申で記しているように「総合的な学習の時間において、学習指導要領に定められた目標を踏まえて各学校が教科横断的に目標を定めることは、各学校におけるカリキュラム・マネジメントの鍵となる」のである。

(3) マネジメントの機能強化（第三の側面）

　教育内容の質向上を図る、あるいは教育課程をよりよく実践していくための基盤を強化する上で、マネジメントの手法が重要である。「社会に開かれた教育課程」を実現するとの観点から、学校の組織力を高めるための様々な「仕組み」のさらなる活用が求められる。

　まずは、学校目標やカリキュラムを設計する場面。このPの場面で、社会の意向を受け止めるということである。すでに学校評議員や学校運営協議会を活用して、特別活動や総合的な学習の時間の実施に当たって、実社会・地域社会の側から助言を得る取組がなされている。

　次に、カリキュラムを実践する場面。このDの場面で、資源配置（人的・物的）をどう最適化するかということである。学校内では、すでにチーム学校の「仕組み」がある。また、学校外の地域社会の協力によって教育資源を豊富化するため、学校支援地域本部、地域学校協働活動などの「仕組み」を活用する取組も進んでいる。

　学校での「働き方改革」が課題となるなかで、学校内の資源活用の最適化、学校外と連携した教育資源の豊富化は喫緊の課題である。この視点でのカリキュラム・マネジメントの取組は、教育内容の質の向上だけでなく、教職員の勤務改善にもつながるものとなる。

3　地方教育行政への期待

　「カリキュラム・マネジメント」と言っても、そもそも教育課程は、学習指導要領や教科書に準拠しており、学校のマネジメントが働く余地はあまりないのではないかとの指摘もあろう。ただ、学習指導要領では、資質能力のうち知識・技能については具体的に定めていても、思考力・判断力・表現力等や学びに向かう力・人間性等やそれを育てる教育方法については、具体的に定め客観的に測定することが難しく、学校や教師に大きく委ねられている。

　ただ、委ねられた側の学校や教師が、この権限と責任を遂行する力には大きなばらつきがあるのも事実である。教育委員会として管内の学校や教師の力量を把握し、必要な指示、指導助言を行い、学校の組織力や教員の資質能力を向上させる手立てを講じなければならない。児童生徒の資質能力を重視するためにはそれを育てる教師の資質能力が重要となる。さらに、教育委員会や指導主事の力量も問われることとなる。

　米国の州立大学の理事会については、「社会との懸け橋（ブリッジ）であり、緩衝役（バッファー）である」という考えがある。教育委員会においても、一方で、社会の意向を受け止め、これを適確に学校に伝え、他方で、学校の主体的な取組が教育的な観点から円滑に進められるよう、社会に対して適確に説明し理解を求める努力をぜひお願いしたい。

序章
すべての学校のカリキュラム・マネジメント推進のために
教育行政に何ができるか、何をすべきか

村川雅弘

1　カリキュラム・マネジメントは学校現場を救えるか

　学校現場の研究指導に関わって35年以上になる。その間、総合的な学習（の時間）や生活科等を中心に「授業づくり」「カリキュラム開発」「研修改善」「学校改革」、その結果として「学力向上」に寄与してきた。主指導者として複数年（概ね3年以上）関わった学校だけでも、京都府京都市立御所南小学校や高知県高知市立横浜新町小学校、徳島県鳴門市立板東小学校・大津西小学校・喜来小学校、長崎県長崎市立稲佐小学校、東京都東村山市立大岱小学校、広島県福山市立新市小学校、鳥取県境港市立境小学校、神奈川県横浜市立北綱島小学校、兵庫県淡路市立志筑小学校、長野県岡谷市立東部中学校、鳴門教育大学附属中学校、三重県鈴鹿市立千代崎中学校、広島県福山市立城北中学校・尾道市立因北中学校、高知県本山町立嶺北中学校、三重県立白山高等学校など、枚挙に暇がない。その成果はその実践に関わった研究者の使命として可能な限り書籍等で発信してきた[1]。現在も毎年度、小・中・高15校程度に関わっている。

　学校現場への研究指導の多くは、まず校内研修の改善から入る。というのは、多い学校でも年に3回程度しか訪問できないからである。大半は年1回の訪問である。それでも学校は変わる。それはまさに「主体的・対話的で深い学び」による研修、つまりワークショップ型の研修を導入してきたからである[2]。教職員一人一人が主体者として「授業づくり」や「カリキュラム開発」等に関わり、自己の経験や知識・技能を活かし、経験年数や職階、専門教科を越えた受容的な関係の中で協働的に問題解決を行ったり、カリキュラムや授業、教材等を創出する。日々の授業を通して、具体的な実践の見直し・改善を繰り返すことにより「授業改善」「学校改革」を実現し、「生徒指導」の改善を図るとともに、結果としていわゆる「生きる力」と「教科学力」の向上を果たす。その「授業改善」や「学校改革」の過程おいて、主体的・協働的に取り組むことにより若年教員も力を付けている。

　筆者自身の学校指導の経験知の積み重ねもあるが、学校現場に対する指導の仕方や教職員対象の講義・講演の内容が大きく変わった潮目がある。2002年度の日本カリキュラム学会の自由研究発表である。筆者は次（資料1）のように述懐している[3]。

　田村知子氏が発表者で、私はその会場の司会であった。生活科及び総合的な学習における国際理解の事例を自らのモデルを使って発表されていた。その発表を聞くうちに、学校研究に関してそれまでもやもやしていたものがはっきりと見えてきたのを覚えている。当時、私は文部科学省研究開発学校企画評価委員として全国のカリキュラム開発の先進校や、個人的にも主に生活科や総合的な学習等に関するカリキュラム開発の実践校に関わっていた。その際に感じていた「もやもや感」とは「素晴らしいカリキュラムを開発した学校も管理職や中心メンバーが異動すると、そのカリキュラムが形骸化してしまう」「学校教育というものは要素・要因が多様で複雑なために、よい実践を他にうまく伝えることが難しい」という苦々しさである。〜略〜田村氏のカリキュラムマネジメント・モデルは学校教育の複雑な事情を整理する上で極めて明確な枠組みを示していた。〜略〜その後、このモデルが私自身の様々な学校のカリキュラムを見る上での枠組みとなった。

資料1

　筆者は総合的な学習や生活科を中心としたカリキュラム開発を主な研究対象としているが、研究のスタンスは教育工学である。「教育という複雑な事象の伝達可能性や積み上げの可能性を高める」「無理や無駄がはびこっている教育の効率性を高める」学問と捉えている。そのために、複雑な事象の共通項を整理し伝達可能なものにする「モデル化」や開発された様々な手だてを整理し関連付け、第三者にも理解可能なように構築する「システム化」、多様な事象の共通点や相違点を整理し比較検討しやすくする「類型化」などを生業としてきた。カリキュラムマネジメント・モデル（理論編第3章を参照のこと）は筆者のこの考え方と合致したのである。このモデルにより学校の多様かつ複雑な事象の関連が明確になり、学校に対する指導においても見通しを持って各構成要素（「子どもや地域の実態」「教育目標の設定」「カリキュラムのPDCA」「人や施設、時間、予算などの組織構造」「校内研修」など）を関連的に捉えることで無理なく・無駄なく指導するようになり、また教員に対する講義・講演に関しても個別の知識や情報としてではなく関連付けて伝えることができるようになったと考える。

　資料2は、2010年度の鳴門教育大学教職大学院の授業「学校カリキュラムの開発」の中で、田村知子氏のカリキュラムマネジメント・モデルを紹介し、その後自校のカリキュラムを分析した後の小学校教員の感想である[3]。

　「カリキュラムマネジメント」という考え方を知り、実際にモデルを使ってその活動を表してみると、良い点や改善点などを、<u>活動全体のつながり</u>を感じながら見付けていくことができ、驚きを覚えた。要因がきちっと種類分けしてあり、さらにその<u>要因相互の関係</u>が明確にされることによって、今何がうまくいっていて、どこを改善して

いけばいいのか、素早く正確に捉えることができる。「カリキュラムマネジメント」の
考え方は、「今自分がやっていることが、子どものためになっているのか？」「学校を
よい方向へ進めていくことができているのか？」という視点で自分、学校の取組を振
り返り、多くの気付きをもたらし、学校改善を進めていくのにきわめて重要な考え方
なのだ。

（下線は筆者）

資料2

　なお、モデルによる分析例は、本書理論編第3章の石川県珠洲市立直小学校の事例を参
照いただきたい。分析者の小町成美教諭は独立行政法人教職員支援機構主催の中堅教員研
修（2018年12月実施）の受講生である。筆者の「カリキュラム・マネジメント」の講義
を参考に自校の道徳教育カリキュラムを分析された。第3章でも紹介されているが、分析
による振り返りの中で「カリマネモデル図の相互関係を考えると改善すべき点も見え、教
職員で共有化が図れることで、改善策を明らかにして取り組める」と述べている。資料2
と合わせて筆者の学びと同様である。

　石川県珠洲市立直小学校の事例では道徳教育に関するカリキュラム・マネジメントを分
析対象としているが、この資料2で扱った事例では学校の教育課程全体を対象としてい
る。このモデルは多様なレベルのカリキュラム・マネジメントを整理・分析することが可
能である。実際に筆者も、令和元年夏のラグビーブームの火付け役ともなった、池井戸潤
『ノーサイド・ゲーム』（ダイヤモンド社、2019年）及び「日曜劇場　ノーサイド・ゲー
ム」（TBS系列）の架空のチーム「アストロズ」の取組を、「なぜこのチームは1年で強く
なったのか」を、このモデルを用いて分析している[4]。

　カリキュラム・マネジメントに関する研修のアンケートには「カリキュラム・マネジメ
ントの導入により、多忙化につながらないか」という不安の声は少なくない。「働き方改
革」が叫ばれる中、カリキュラム・マネジメントが多忙化に拍車をかけるとしたら本末転
倒である。子どもたち一人一人の資質・能力の育成と自己実現が学校の使命である。子ど
もや地域の実態を踏まえての教育目標の設定、その実現のためのカリキュラム開発とその
具体としての授業づくり、日々の取組を通しての見直し・改善を不断なく図る。学校教育
という多様で複雑な事象に関して見通しや関連を明確にすることで、組織として目標のベ
クトルとその実現のための方法のベクトルを揃え、無理なく・無駄なくかつ効果的に取り
組んでいきたいものである。資料2に「要因相互の関係が明確にされることによって、今
何がうまくいっていて、どこを改善していけばいいのか、素早く正確に捉えることができ
る」とあるように、カリキュラム・マネジメントはその実現に寄与しなければならない。

2　カリキュラム・マネジメントによる新たな学校間格差

　これからの子どもは変化を予測することが困難な時代を生き抜かなければならない。さ

らに少子高齢化が進む中、一人一人が持つ力を発揮し協働的に国や地域等が抱える問題に立ち向かっていくことが求められる。これからの時代に必要とされる資質・能力及び一人一人の可能性を最大限に伸ばすための学校教育の在り方を検討するために「育成すべき資質・能力を踏まえた教育目標・内容と評価の在り方に関する検討会」が設置され、2014年3月に論点整理を公表した。資質・能力に関しては、教育基本法改正（2006年）や学校教育法の「学力の三要素」(2010年)、中央教育審議会の「生きる力」(1996年)、キャリア教育の「基礎的・汎用的能力」(2011年)、内閣府の「人間力」(2003年) など、既に議論され提言されてきた。「総合的な学習の時間」(1998年) のねらいにも「自ら課題を見付け、自ら学び、自ら考え、主体的に判断し、よりよく問題を解決する資質や能力を育てること」と明示されている。海外でも育成すべき人間像を巡っての論議（「21世紀スキル」(米国) や「キー・スキル」(英国)、「コンピテンシー」(独国)、「コンピテンス」(仏国) など）が盛んで、PISA調査の理論的基盤の「キー・コンピテンシー」もその一つである。今次改訂の「育成を目指す資質・能力」はこれらの学力観の延長線上にあり、1989年の学習指導要領で示された「生きる力」を子どもの姿のレベルでより具体化したものと捉えることができる。その次の改訂（1998年）時に創設された「総合的な学習の時間」はねらい（後に「目標」）においては既に「資質や能力及び態度」を掲げていて、その流れを汲んでいる。

　また、総合的な学習の時間は「社会に開かれた教育課程」を推進してきた。カリキュラム開発においても各教科等の目標や内容を相互に関連付け、社会との関連を図り、校内外の人的・物的資源活用を積極的に行ってきた。文部科学省が示したカリキュラム・マネジメントの三つの柱は決して新しいものではなく、総合的な学習の時間においてはすでに進められてきたことである。2008年学習指導要領の総合的な学習の時間の解説及び指導資料はカリキュラム・マネジメントの枠組みを意識して作成されている。

　「主体的・対話的で深い学び」(いわゆる「アクティブ・ラーニング」) も同様である。2008年学習指導要領における「言語活動の充実」や「思考力・判断力・表現力の育成」に深く関わっており、その延長線上にあると考える。例えば、資料3はご存じだろうか。「思考力・判断力・表現力等を育むための学習活動の分類」である。2008年1月17日の中央教育審議会答申の中で示されたものである。2008年学習指導要領の下で「言語活動の充実」により授業改善・学力向上を成し遂げた学校、例えば、東京都東村山市立大

思考力・判断力・表現力等を育むための学習活動の分類

① 体験から感じとったことを表現する。
② 事実を正確に理解し伝達する。
③ 概念・法則・意図などを解釈し、説明したり活用したりする。
④ 情報を分析・評価し、論述する。
⑤ 課題について、構想を立てて実践し、評価・改善する。
⑥ 互いの考えを伝え合い、自らの考えや集団の考えを発展させる。

資料3

岱小学校や広島県福山市立新市小学校、山口県岩国市立川下中学校、岩手県立盛岡第三高等学校などはこれを意識し具体的な授業を通して実現してきた[5]が、実際のところ、資料3の存在さえ知らない学校や教員は少なくない。

　また、2017年学習指導要領の総則の中に「学習の基盤」という言葉が使われている。現行と同様に「言語活動」を含むものであるが、筆者は「言語活動」の活用・定着のために「受容的な関係づくり」を提唱してきた。例えば、本書事例編第10章の広島県尾道市立向島中学校区（中学校1校と小学校3校）では「目指せ！話し合いの達人★」として「友達の話を最後まで受け止めてから、自分の気持ちを伝えよう！」「考えが違う意見も大切にしよう！」など四つを示した上で、「聞き合おう！○○スタンダード」「話し合おう！○○スタンダード」「伝え合おう！○○スタンダード」を4校で共有し、9年かけての育成・定着を図ろうとしている。

　このように、カリキュラム・マネジメントはこれまでの教育改革の延長線上にある。「大きな壁が突然目の前に現れた」と恐れる必要はないが、一方でかなりの差が生じていると考えることができる。総合的な学習の時間に真摯に向き合ってきた学校や「言語活動の充実」に教職員全体で取り組んできた学校に比べて、これから重い腰を上げようとする学校は周回遅れほどの差が出ているかもしれない。地域採択の共通の教科書を使用している教科学習においても理解状況や学習意欲、学習規律の定着等に関して同一地域内の学校間の差が生じている現状の中で、資質・能力育成を目指す「主体的・対話的で深い学び」による授業改革においては、総合的な学習の時間でみられたような校種間や学校間の格差が新たに広がる危険性がある。カリキュラム・マネジメントは「諸刃の剣」となりかねない。確かに本書の執筆陣はカリキュラム・マネジメントの考え方を踏まえて取り組んだことにより、一定の成果を生み出してきたという自負がある。しかし、カリキュラム・マネジメントが全国の学校で導入されていく際にはその保証はない。

　求められている資質・能力の育成は小中9年間、あるいは小中高12年間のスパンで考えていかなければならず、また地域社会との連携・協働は欠かせない。本書事例編第6章の大分県佐伯市のように13年間のスパンで取り組んでいる地域もある。各学校の子どもや地域の実態に応じたカリキュラム・マネジメントの充実が求められていく中で、地方教育行政単位において、育成を目指す資質・能力をどう検討し共通化を図るのか、その育成・定着のための具体的な授業改善の基本方針をどこまで策定すべきか、社会に開かれた教育課程を編成・実施するためにどのような支援を図るべきか、各学校へのカリキュラム・マネジメント推進への支援の在り方が問われてくる。

　新学習指導要領では、先行き不透明なこれからの時代を生き抜くとともに新たなものを創出する、また少子高齢化で衰退が懸念される地域を活性化させていける資質・能力の育成を目指している。そのために、「主体的・対話的で深い学び」の考えに基づく日々の授業改善と社会に開かれた教育課程開発のためのカリキュラム・マネジメントが各校におい

て求められる。そして、これまで述べてきたように、校種間連携や学校間連携を図りながら推進していくことにより、その充実化が求められる。各学校がカリキュラム・マネジメントを推進していく上で、文部科学省や各地域の教育行政（以下「地方教育行政」という）がどのような情報を提供したり、どのようなシステムを開発・運用したり、研修や直接指導を通してその導入・定着を図っていくべきなのか、学校のカリキュラム・マネジメントへの支援の在り方を本書各章の指摘や提言、事例を踏まえて考えたい。

3　文部科学省等の役割と今後への期待

「育成すべき資質・能力を踏まえた教育目標・内容と評価の在り方に関する検討会議」の論点整理（2014 年 3 月）の最終段階のことである。実は最終案では「カリキュラム・マネジメント」は項レベルの扱いだった。メンバーの一人だった筆者は、会議の中でかなり頑強に踏ん張って、カリキュラム・マネジメントを節レベルに格上げしていただいた。その後、中央教育審議会教育課程部会を経て、カリキュラム・マネジメントは今次改訂の「センター」に抜擢される。その時は望外の喜びを感じるとともに、その導入・定着に可能な限り努力せねばという使命感を持った。

その後、文部科学省に対して「カリキュラム・マネジメントの手引きを作成すべきでは」と進言してきたが、理論編第 1 章でも述べられているが、結果的には学習指導要領の総則の中で扱われることとなる。カリキュラム・マネジメントは教育課程全体に関わることなので当然のことである。手引き作成に関しては、理論編第 1 章でも紹介されているが、文部科学省は「これからの時代に求められる資質・能力を育むためのカリキュラム・マネジメントの在り方に関する調査研究」を 2019 年度から 14 団体に対して 2 年間研究指定を行っている。筆者は広島県尾道市と兵庫県に関わっており、他の団体の視察にも赴き、前述の「働き方改革」及び「研究成果の発信の在り方」を中心に指導・助言を行っていきたい。各学校のカリキュラム・マネジメントの推進のみならず、各学校の推進を支援するための地方教育行政の在り方・取り組み方に関しても、その一般化と共有化に関して一助をなせればと考える。

独立行政法人教職員支援機構は「カリキュラム・マネジメント指導者養成研修」を 2006 年度から 5 日間の日程で実施している。文部科学省の担当官や視学官、教科調査官が企画や実施に関わり、カリキュラム・マネジメントに関する国の考えを直接伝える役割を担っている。全国からの受講生が 250 名近く集まる。2019 年度より 2 回開催されている。受講生の半数を指導主事が占め、各地に戻った際には教育委員会や教育センター等においてカリキュラム・マネジメントを担当していることが多い。一つの教育委員会や教育センター等に複数人存在する元受講生がチームとなり、本書事例編第 1 章・2 章の新潟県や高知県のように、「指導者養成研修」における学びを工夫・改善し、より発展させ、各地方教育行政が学校現場を牽引していくことが大いに期待される。

4 地方教育行政の役割～その具体的なアクション～

　国の方針を受けた上での地方教育行政の役割として、本書理論編第2章で具体的に提案されている。詳細は理論編第2章に委ねるものの、本章では本書掲載の事例を中心に検討を行う。

⑴　カリキュラム・マネジメントに関する地方教育行政としての方針や施策の周知
　この点に関しては事例編第2章の高知県と第4章の京都市の取組が参考になる。

　まず高知県は県を挙げてのカリキュラム・マネジメント事業の初年度（2017年）に、総則の関連部分の周知徹底を行うために、研究主任対象に本書理論編執筆の石田有記文部科学省カリキュラム・マネジメント調査官を招き、講話を行っている。そして、2か月後の8月に教頭・主幹教諭・指導教諭・教務主任が一堂に会した教育課程連絡協議会において教務主任研修の宿題である「作成したカリキュラム表の点検・改善の演習」を行っている。各校のカリキュラム・マネジメントを推進する立場の教頭、教務主任、研究主任、主幹教諭、指導教諭に対して共通に研修を行うとともに、この二つの研修を通してカリキュラム・マネジメントの3観点を扱っている。また、各教科等の担当教員対象の研修においても新学習指導要領の趣旨の徹底を行っている。また、学校経営アドバイザーや指導主事等による学校訪問により、定期的にカリキュラム・マネジメントに関する指導・助言を行っている。県下の学校が遍く実行していくための徹底した取組である。3年間かけて着実に浸透させてきている。

　京都市も同様に、「各校で協働的に取組を進めるためには、全教職員が参画してカリキュラム・マネジメントの体制をつくることが重要」と考え、2018年8月に小学校、中学校、義務教育学校の校長、主幹教諭、指導教諭、教務主任、研究主任、およそ750名が一堂に会しての研修会を実施している。その上で、校長経験のある教育委員会学校指導課の首席指導主事と総合教育センターの教科指導のエキスパートである指導主事がカリキュラム・マネジメントに関する合同研修を行い、各校の実態を把握している者同士で連携・協力して、校長会等への支援、学校訪問指導を行っている。理想的なバディシステムである。

　副校長・教頭や研究主任、教務主任等を職階ごとに個別に招集して行う研修に疑問を感じることがある。各々が研修して学んだことを各校に還元し活かされてはじめて研修したことの成果であるにもかかわらず個人の学びに留まることが少なくないからである。同じ研修を複数で受けることにより、学んだことをどう自校化しようかと協議し、協力しての提案・実施が可能となり、実行率が高まる。

　実際、千葉県柏市では2018年度に教務主任と研究主任の合同研修を実施した。2017年度までは別々に行っていた。「教育センター等での集合研修のアンケートの評価が高いに越したことはない、しかし評価がいくら高くても、研修したことが学校に還元されなけれ

ば意味がない」「学校から一人だけを呼んで研修しても実行は難しい」「複数で講義を聴いたりワークショップを行ったりしておくと、得た知識や体験した手法を、自校の実状に当てはめたりアレンジしたりして実際に行う確率が上がる」「これまで通り２回の研修を実施するならば、例えば、北部と南部のように地域で分けて二人ずつ来てもらったらどうか」と進言して実現の運びとなった。高知県と京都市は筆者の提案のさらに上をいく取組と言えよう。

⑵　カリキュラム・マネジメントに関して学校に求めることの明確化と共有化

　「カリキュラム・マネジメントとは何か？　何からどう取り組めばいいか」と聞かれることが多い。中央教育審議会答申（2016）で三つの側面が示されるまでは、田村氏のモデルを基に、田村知子氏と吉冨芳正氏、西岡加名恵氏、筆者の４名で作成した「カリキュラム・マネジメント検討用シート」（高知県（事例編第２章）の「土佐山学舎カリキュラムマネジメントアンケート」の原版）を配付し活用してきた。要素（理論編第３章の図２のア～キ）ごとの三～四つの項目に従って自校または主たる指導校（指導主事の場合）の取組をチェックする過程において、カリキュラム・マネジメントの構成要素を具体的に理解してもらうとともに、自校または指導校のカリキュラム・マネジメントの取組の程度を分析してもらってきた。同時に、カリキュラム・マネジメントとはその多くは既に各校で取り組まれてきたことであるとの理解につなげてきた。

　三つの側面が示されてからは、１時間半以内の研修では３側面を中心に事例を挙げて説明している。しかし、この場合も、３側面がまったく新規なものではなく、これまで述べてきたように、特に総合的な学習の時間を中心に既に行われてきたことであると紹介している。３側面を理解する上で、学校現場ですぐに取り組める研修として「総合的な学習と各教科等との関連」ワークショップ[6]を紹介している。総合的な学習の時間の年間指導計画を拡大し、１年間または７月までの実践を踏まえて、年度末や夏休みに見直し・改善を図る手法は一緒だが、付せんの色の使い分けを少し変えている。改善策や助言だけに絞り、黄色の付せんには探究的な視点、水色の付せんには教科等との関連の視点、桃色の付せんには地域との関わりや資源活用の視点、緑の付せんには異学年や校種間連携の視点から、取組の改善策を具体的に記述する（資料４）。研修全体はPDCAサイクルのCAに該当する。ⅰからⅲは３側面を表している。この研修を行った後で、３側面との関連を示す。具体的な体験を通した後なので理解が容易である。

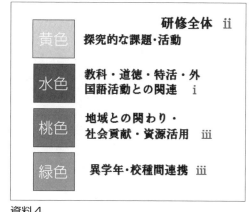

黄色	研修全体　ⅱ 探究的な課題・活動
水色	教科・道徳・特活・外国語活動との関連　ⅰ
桃色	地域との関わり・社会貢献・資源活用　ⅲ
緑色	異学年・校種間連携　ⅲ

資料４

新潟県（事例編第1章）は3側面（教科等横断的なカリキュラムデザイン、PDCAサイクルの確立、内外リソース活用）を意識した研究を協力校に依頼し、研究成果を踏まえて「CMNチェックリスト」を開発している。これを全県下に配付することで、県が目指すカリキュラム・マネジメントの具体を示し、同時にその定着度を測る尺度としている。

　高知県も3側面を踏まえて取り組んでいるが、アプローチは異なる。「各教科等の見方・考え方を基軸にしたカリキュラム編成」「能力ベイスの授業づくり」「学校環境に適した保幼小中学校間連携」を核として進めている。2017年度は、まず側面iに関わる「教科横断的な視点によるカリキュラム作成」を悉皆で行った後、側面iiiに関わる「人的・物的資源等の活用の視点も含めたカリキュラム表の点検・改善」、側面iiに関わる「PDCAを確立させるためのマネジメント・カレンダー作成」を行っている。2018年度は「育成したい資質・能力の重点化を図る単元配列表の編成」と「新学習指導要領の周知・徹底を図るための研修の在り方」の演習を実施した上で、各校に単元配列表と研修計画の見直しを行わせている。

　その後、カリキュラム・マネジメントの核は授業であるとの考えを基に「主体的・対話的で深い学びの視点からの授業改善」へと続く。2019年度は「学習評価とカリキュラム・マネジメントとを関連付けた研修」、教科横断的な授業づくりを学校種と教科を越えて理解し合うための「授業づくり講座」へと続く。そして、2020年度に向けては採択教科書を踏まえての「単元計画に基づく日々の授業改善」の全学年・全教科・全単元ごとのガイドラインの作成を進めている。カリキュラム・マネジメントはもとより「主体的・対話的で深い学び」及び「各教科等の見方・考え方」をも視野に入れ、かなりのスピード感で徹底して取り組んでいる。この一連の行政研修と校内研修を連動させた工夫・改善による徹底は「校内研修を活性化させるためのリーダー育成研修」（2012〜2014年度）の成果が根付き、継承・発展していると考えられる。まさに県レベルのカリキュラム・マネジメントのモデルと言えよう。

⑶　**カリキュラム・マネジメントの推進に役立つ情報の提供とシステムの構築**

　資料5は筆者が整理している「学校におけるカリキュラム・マネジメントの手順と構成要素」である[7]。基本的には、各学校が子どもや地域、学校の実態を踏まえて行うべきものであるが、教育行政単位ごとに共通に必要な物の開発や構築を行い、学校を越えて活用・運用していくことも「働き方改革」の推進が求められる中、必要なことである。なお、文部科学省が示している3側面との関連では、側面i）「教科横断的な視点による教育内容の組織的な配列」は④、側面ii）「PDCAサイクルの確立」は②③④⑤⑥、側面iii）「人的・物的資源の活用」は⑦⑨が関連する。

① 全国学力・学習状況調査や県版学力テストをはじめとした各種調査等を踏まえての児童生徒と学校・地域の実態把握及び教職員や保護者等の思いや願いの把握に努める

② ①の実態及び育成を目指す資質・能力を踏まえての学校教育目標を設定し教職員と共通理解を図る

③ ②を達成するための教育活動の内容や方法についての理念や基本方針（例えば、授業スタンダードや話し合いの仕方のルールなど）を設定する

④ ③を踏まえて各教科等の教育活動の目標や内容、方法を具体化するとともに、関連的・横断的に編成・実施する

⑤ ④に基づいて各学年・学級が日々の教育活動と経営活動を展開する

⑥ 授業研究やカリキュラム評価等を通して、④に関わる形成的及び総括的な評価に基づき改善を図る

⑦ ⑤を支えるための協働性の高い指導体制及び運営体制を構築し、学習環境及び研修環境・時間等を工夫・改善する

⑧ ⑦を通して、学習指導要領の実現に向けて求められる教職員の力量向上や職能開発、意識改革などを図る

⑨ 家庭や地域との連携・協力及び外部機関（教育委員会や大学、異なる学校種を含む他校園など）との連携を図る

⑩ 全体に関わって管理職がビジョンをもった上でリーダーシップを発揮する

資料5

1）児童生徒の実態把握及び教育目標設定への支援（主に①に関連）

　カリキュラム開発や授業設計を行う上で、子どもの実態把握は必然である。近年は全国学力・学習状況調査を活用し、自校の課題の明確化・共有化や取組の成果の検証・確認に活用している。筆者が高知県の「探究的な授業づくりのための教育課程研究実践事業」に関わった研究指定校は、日頃の子どもの姿の変容だけでなく同調査結果から見える成果に確かな手応えを感じることは少なくなかった。学校全体のデータは比較的入手しやすくなっているが、県版学力テスト等を含めた子ども一人一人の諸データの整理・分析は容易ではない。元々統計に明るい教員は多くない。その意味では、理論編第5章で泰山が紹介している個人別診断テストなどを自治体単位で購入し活用することは必要なことである。このデータはPDCAサイクルの中の特にCに関しての大きな武器となる。各教科等の単元の長さやそこで育成を目指す資質・能力を色で表示する機能を要し、年間指導計画作成にも活用できる。

2）教科横断的なカリキュラム開発への支援（主に④に関連）

　本書事例編第5章の上越市は、市立大手町小学校を中心に、学習指導要領改訂における生活科や総合的な学習の時間の創設やカリキュラム・マネジメントの導入に少なからぬ影響を与えてきた。「視覚的カリキュラム表」は生活科や総合的な学習の時間を核に教科関連を図る共通のツールとしての全国的に注目されている。その実績の上に立ち、カリキュラム・マネジメントの一つ目の側面「教科横断的な視点による教育内容の組織的な配列」のツール、カリキュラム開発や授業設計のための支援に留まらず、二つ目の側目「PDCAサイクルの確立」及び三つ目の側面「人的・物的資源の活用」においても活用している事例が示されている。カリキュラム・マネジメント充実のための市内共通のツールとしても期待される。事例編第7章の広島県福山市の「21世紀型"スキル＆倫理観"」の育成を実現するために中学校区での共通の学びの地図としての一枚ものの「カリキュラム・マップ」も同様の取組である。

　本書事例編第8章の「知多カリ」も各学校・各教師のカリキュラム開発や授業設計を支援してきた。採択教科書を踏まえて作成しているので地域の実態をある程度反映されたものと言えよう。5市5町小中117校を有する愛知県知多地方は、教科書採択の度に各教科の教育計画案を60年にわたり開発・活用し続けてきた。これは凄いことである。平成27年度発行版（小学校）・28年度発行版（中学校）は、スタートカリキュラムの編成と道徳の別葉づくりを目玉とし、小・中学校の道徳の教科化に伴う平成30年度発行版（小学校）及び令和元年度発行版（中学校）の教科書採択に基づく「特別の教科　道徳」のカリキュラム編成と、かなりのスピード感で作成を行っている。令和元年度発行版（小学校）・2年度発行版（中学校）の「育成を目指す資質・能力の三つの柱」を踏まえた授業づくりの指導方法と評価方法を示すカリキュラムが既に作成されているという。高い使命感と強固なチーム力そして柔軟な思考力がなせる業である。

　理論編第5章で紹介されているが、八釼氏はこの「知多カリ」でのスタートカリキュラム作成の経験を生かし、全国の各小学校が子どもや地域等の実態を踏まえて自前のスタートカリキュラムを作成できるように、できるだけ簡便に作成できるための『パズル型スタートカリキュラム作成支援ツール「サクスタ2」』（日本文教出版）を開発している。日本文教出版のサイト（https://www.nichibun-g.co.jp/tools/sakusuta/）から無償でダウンロードし活用できる。

3）授業研究・学校研究への支援（主に②⑥に関連）

　カリキュラム・マネジメントのPDCAサイクルのDの中に、個々の教師による日々の授業の見直し・改善としての小さなPDCAサイクルが回っており、それを組織的・計画的に行うのが授業研究である。通常、授業研究は校内研修の一環として学校単位で行うことが多いが、近隣や市内の学校あるいは研究大会では全国から参観者が訪れることもあ

る。筆者は全国の学校の公開研、校内授業研に呼ばれることが多い。教科名や学年と組、児童生徒数、単元名、単元目標、単元の評価規準、教材観、子ども観、指導観、単元計画、本時の目標、本時の評価規準、本時の展開、板書計画などの事項は全国ほぼ共通であるにもかかわらず、指導案の書式がほとんどバラバラである。その書式に慣れるのに苦労することは少なくない。他校の教員も同様と考える。学校現場には異動がある。異動のたびにその学校独自の指導案に合わせて作成する教員はもっと大変だろう。筆者は各地の指導主事に機会あるごとに、指導案の形式を県内や市内で共通にすることを提案する。「働き方改革」にもつながる工夫・改善だと考えている。

　新潟県五泉市（小学校9校、中学校4校）は2017度より市内統一の指導案を導入している。それまでは、各学校独自の形式で、分量はA4判で4～6ページ程度であった。その趣旨について、開発チームの金洋輔新潟大学人文社会系総務課専門員（五泉市教育委員会学校教育課元指導主事）は以下のように述べている（筆者による一部抜粋）。

【課題】一部に指導案を書く（埋める）ことが目的化したり、長く書いても授業者の提案や意図が伝わらなかったりといった問題点があった。さらには、参会者の立場に立てば、業務多忙の中、ページ数が多い指導案をじっくり読むことができないという現状もあった。

【改善点】市内異動で学校が替わったとしても、現場の先生方が授業を考えやすく、参会者がひと目で読みやすいものになるように改善する。全市的に業務改善に取り組むことで、子どもと向き合う時間の確保と学校教育の充実を目指す。

　新しい共通指導案（指導案の実際は割愛）の特徴は以下の通りである。

○新学習指導要領の理念と五泉市の授業づくりの考え方とを踏まえ、必要な項目のみに精選する。

○精選した項目を構造的に配置して、A3判1枚（表のみ）にまとめ、ひと目で全体を把握できるようにする。

○校内研究を受けた授業者の提案を明示できるようにし，各学校の授業改善が促進されるようにする。

　「校内研修を受けての提案」を記述する欄が三つある。学校研究、つまりは学校が共通に目指す授業づくりのポイントとの関連を明記するようになっている。これも含めてA3判見開きに収めている。この取組は概ね好評で、「学校や授業者にとって、やりたいこと（改善点）を明確にし、それを端的に示せるようになった」「参会者にとって、授業者のやりたいこと（改善点）が把握しやすくなった」「管理職や研究主任（研究推進部長）が、ポイントを絞ってチェック、指導ができるようになった」といった声が上がっている。

東京都目黒区（小学校22校・中学校9校）の13の小学校は2018年度から4年間、文部科学省研究開発学校として一単位時間40分の教育課程を計画・実施している。この取組や成果に関する報告は別の機会に譲り、本稿では2019年12月に実施した「学校グランドデザインワークショップ」について紹介する。

運営指導委員の一人である筆者の「全区的に研究開発学校の指定研究を進めていくこの機会に、学校のグランドデザインを統一しましょう。皆で理想の書式を作成しよう」との呼びかけで実現の運びとなった。研究開発学校推進委員会の校長13名と総括指導主事・指導主事7名、教務主任等6名が一堂に会した。約5名ずつ5チームに分かれた。まず、教育委員会でたたき台となる書式案を作成・拡大し、そこに気付きや改善案等を付せんに

書いて貼っていった。水色の付せんは「これでよい」、黄色い付せんは「改善が必要」、桃色の付せんは「改善策」である。各校長は自校やこれまでの経験をもとに意見を出し合った。ワークショップの成果は教育委員会が年度内に集約し、共通の書式で次年度のグランドデザインを作成してもらう予定である。

五泉市の指導案形式の簡略化と共通化、目黒区のグランドデザインの共有化の取組は始めのうちは各学校現場において若干の負担を強いることになるが、2年目以降は「働き方改革」につながっていくことと思う。書式で個性を出す必要はない。重要なのは取組の内容である。書式を統一することで、各校の取組の特徴の理解が互いに容易となり、研究協議の活性化にもつながるものと期待している。

理論編第5章においては、PDCAサイクルの各段階、特にD段階の授業支援のツールが数多く紹介されている。このようなカリキュラム・マネジメントの様々な側面やPDCAの各段階を支援するソフトウェアが今後ますます開発されてくると期待される。地方教育行政単位において共通のツールやシステムが採用され運用されていくことが急務である。

4）学習環境（ICT環境を含む）支援（主に⑦に関連）

事例編第9章の東みよし町のITC支援員制度は注目に値する。県や市町村にICT環境が整備されたとしても活用されなければ「宝の持ち腐れ」である。各校の教職員の誰もが

ICTに堪能なわけではないし、長けていたとしてもその教職員自身も授業や生徒指導で日々仕事を抱えており、一方で機能やソフトウェアは日進月歩である。東みよし町では巡回型ICT支援員が配置され、各学校を訪問し指導・支援を行っている。事例でも紹介されているが地域を巻き込んだ充実した総合的な学習が展開されている。ICTを情報の収集・整理及び発信・表現に有効活用している。ICT活用や総合的な学習の時間の学校間や教員間の格差を埋める上でICTを中心とした教育環境整備は大きな役割を果たしている。

⑷　学校種間の連携・協力の体制づくりと支援

　幼小接続に関しては、文部科学省が「幼児期の終わりまでに育ってほしい10の姿」を示したことにより、幼稚園や保育園等ではそれを意識した「アプローチカリキュラム」を作成・実施でき、また、小学校側は「ゼロからのスタートではない」という考えに立ち「スタートカリキュラム」を作成・実施できる。前述の『パズル型スタートカリキュラム作成支援ツール「サクスタ2」』は入学式から約6週間の各教科等の学習活動の一つひとつを10の姿と関連付けて明示している。具体的な学習活動を計画し、その支援を考える上での参考となる。ぜひ活用されたい。

　事例編第3章のたつの市は幼小接続をより円滑に進めるために「たつの市版スタートカリキュラム」を子どもに期待する行動レベルで具体的に示している。例えば、「トイレの使い方」を10の姿の「道徳性・規範意識の芽生え」に関連させ、「みんなが気持ちよく使うためにはどうすればいいかな」「立つ場所は、どこに立つといいかな」「流さなかったら

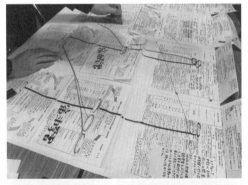

どうなるかな」「スリッパのそろえ方はどちらがいいかな（写真で示して）」と具体的な声かけも例示している。また、小中接続にも力を入れており、総合的な学習の時間の年間指導計画の見直しを総合的な学習部会を中心に行っている。

　前述の柏市の教務主任と研究主任の合同研修会でも、育成を目指す資質・能力と活動内容面の両面から、総合的な学習の時間の年間指導計画の比較・検討を行った（右写真）。中学校区ごとのこのような取組の機会を教育委員会が率先して設定するようにしていきたい。

　事例編第10章の尾道市は、まさに中学校区のカリキュラム・マネジメントを推進するべく、向島中学校区をモデルとして、文部科学省の「これからの時代に求められる資質・

能力を育むためのカリキュラム・マネジメントの在り方に関する調査研究」に取り組んでいる。

　指定直前の2019年3月に1中学校と3小学校の主任研修会を設定し、①教務主任4名による各学校の総合的な学習の時間の内容面、資質・能力面のつながりの確認と育てたい資質・能力の交流、目指す姿の系統性に関する協議、②研究主任4名による各学校の児童生徒の表現力や言語活動の実態交流、指導の系統性に関する協議、③生徒指導主事4名による各学校の生徒指導上の諸問題に関する交流、指導の系統性に関する協議、④体力つくり及び豊かな心担当者4名による各学校の児童生徒の体力に係る諸問題に関する協議（前頁の下の写真）を行い、その後のブロック校長会や学校訪問等を経て、中学校区のグランドデザインともいえる「小中連携　しまっ子　志プロジェクト　全体構想図」を完成させている。

5　総合的な学習の時間を核とした地域創生に向けた取組を

　事例編第6章の大分県佐伯市は、2019年6月の日本生活科・総合的教育学会における鶴谷中学校3年生のあるチームの発表によると、1980年に10万人近くあった人口が2015年には約7万5000人になり、45年後の2060年には3万5000人ほどになると予測されている。九州の地方都市の一つである佐伯市にとって大きな課題である。全国的に少子高齢化が進む我が国において、この問題は地方都市が抱える共通の課題である。そのような中、鶴谷中の生徒が行ったアンケートの回答（60歳男性）として次のようなものがあった（筆者による抜粋）。

　［質問］佐伯市に住んでいて困ったなと感じることや暮らしにくさを感じることはどんなときですか。

　［回答］この問題には少し躊躇します。アラさがしをし始めると切りがないからです。問題点を洗い出して、解決策を考えるというアプローチには限界があります。佐伯をどんなまちにしたいかからスタートすべきだと思います。はじめに夢ありきという考え方をしましょう。

　［質問］佐伯市の30年後はどのようになっている（なってほしい）と思いますか。

　［回答］住民がどう思うかで決まる。消滅するか発展するかは私たち次第です。一緒に考えましょう。

　［質問］佐伯市が今後も生き生きとしたまちであるため、鶴谷中の生徒にできることは何だと思いますか。

　［回答］まずは、宝さがしです。最初はなかなか出てこないと思いますが、ひとたび出はじめると次々に思いつくようになります。その過程で、たくさんアイデアが生まれていると思います。どういうまちにしたいか。色々な要素を組み合わせて理想を描いてみてはどうでしょう。

　地価の高騰により居を構えることのできなかった大都市部において、建築技術の発達によりタワーマンションが林立し、その近隣の小中学校の児童生徒数は拡大傾向にある。そのあおりを受けて地方都市の衰退化の加速がさらに進む可能性が高い。

　先行き不透明な時代を生き抜いていく上で共通に求められる資質・能力の育成に止まらず、少子高齢化による地方の衰退化に少しでも歯止めをかける上で、総合的な学習の時間はかなり重要な使命を担っていると考える。その充実により「地域と関わり、地域を理解し、地域に愛着を持つと共に、地域の課題も真摯に受け止めながらも、世代を超えて仲間と一緒に、教科等で身に付けた知識や技能及び様々な経験を活用して問題解決や新たなものを創造する人づくり」を実現していけると考える。たとえ大学進学や就職等で地方を離れても、学業や仕事を通して身に付けた様々な体験や知識・技能、ネットワークを手土産に戻ってきて地域の活性化に寄与してくれるかもしれない。

　佐伯市の取組はこれから少子高齢化が懸念される地方都市が目指す地域活性化のモデルである。また、学校のカリキュラム・マネジメントを実現する上での地方教育行政を中心とする「地域のカリキュラム・マネジメント」の先進地である。

　地域活性化の視点からも、地方教育行政は将来を見据えた地域教育計画とも連動させて、総合的な学習の時間を核とした「地域のカリキュラム・マネジメント」に真剣に取り組んでいきたいものである。

【注】
1　村川雅弘・田村知子・東村山市立大岱小学校編著（2011）『学びを起こす　授業改革』ぎょうせい、田村知子編著（2011）『実践・カリキュラムマネジメント』ぎょうせい、村川雅弘・野口徹・田村知子・西留安雄編著（2014）『「カリマネ」で学校はここまで変わる！』ぎょうせい、田村知子・村川雅弘・吉冨芳正・西岡加名恵編著（2016）『カリキュラムマネジメント・ハンドブック』ぎょうせい、村川雅弘編著（2018）『学力向上・授業改善・学校改革 カリマネ 100 の処方』教育開発研究所、村川雅弘（2019）「校長のリーダーシップと学校を挙げてのカリキュラム・マネジメント」『リーダーズ・ライブラリ（Vol.11）』ぎょうせい、村川雅弘・八釼明美（2019）「「日本一 人を大切にする」子どもたちの姿に感涙」『学校教育・実践ライブラリ（Vol.9）』ぎょうせい、など。これらの書籍にはカリキュラム・マネジメントの考え方や背景などに加えて、先進校の事例が豊富に掲載されている。
2　村川雅弘（2018）「「主体的・対話的で深い学び」とワークショップの親和性」『教職研修』3月号、教育開発研究所、pp.11-13
3　村川雅弘（2011）「カリキュラムマネジメントによる教育実践の見方・とらえ方への影響」、田村知子編著『実践・カリキュラムマネジメント』ぎょうせい、pp.24-33
4　村川雅弘（2019）「ラグビーチーム再生のカリキュラムマネジメントに学ぼう」、『生活＆総合navi』Vol.77、日本文教出版、p.6
5　村川雅弘・野口徹・田村知子・西留安雄編著（2014）『「カリマネ」で学校はここまで変わる！』ぎょうせい
6　村川雅弘（2016）『ワークショップ型教員研修　はじめの一歩』教育開発研究所、pp.74-78
7　前掲書5 pp.2-11

第Ⅰ部
理論編

第1章
国による学校のカリキュラム・マネジメント実現のための
支援とその活用

石田有記

1　はじめに―カリキュラム・マネジメントを考える際に押さえるべき点

　本稿の役割は、本書の主な読者である指導主事、学校管理職の方々に対して、各学校におけるカリキュラム・マネジメント実現に向けた国の支援策とその活用に際しての配慮事項を学習指導要領の関連の規定の解説と併せて示すことにある。これらを論じる前に3点の確認をしておきたい。

　1点目。2017・2018（平成29・30）年の学習指導要領（以下「新学習指導要領」という）の改訂に際して、2016（平成28）年12月にとりまとめられた中央教育審議会答申「幼稚園、小学校、中学校、高等学校及び特別支援学校の学習指導要領等の改善及び必要な方策等について」（以下「2017答申」という）は、「教育課程を軸に学校教育の改善・充実の好循環を生み出すカリキュラム・マネジメントの実現」を求めている。すなわち、ここで扱う「カリキュラム・マネジメントの実現」のゴールは、「教育課程を軸にした学校教育の改善・充実の好循環の産出」にある。

　2点目。我が国の教育課程行政[1]は、教育の機会均等等の観点から各種法令及び学習指導要領等に従いつつ、各学校がそれぞれの実態を十分考慮して、適切な教育課程を編成・実施する仕組みをとっている[2]。このような仕組みをとる趣旨は、教育はその本質において児童生徒や学校、地域の実態に応じて効果的に行われることが大切であり、また、各学校において教育活動を効果的に展開するためには、学校や教師の創意工夫に負うところが大きいことにある。このような教育課程行政の仕組みは、学習指導要領が告示として示された1958（昭和33）年以来、変わっておらず、各種法令、学習指導要領の下での、各学校における教育課程の編成・実施をめぐる優れた実践や研究知見は、学校、教育委員会、教育研究の場において蓄積されてきている。

　したがって、今般のカリキュラム・マネジメントの強調は、これまでの優れた実践や研究知見を否定しまったく新しい方法の導入を求めるものでもなく、また特定の方法の導入を求めるものでもない[3]。後述するように、例えば、新学習指導要領では、カリキュラム・マネジメントの三つの側面の一つとして「教育の内容等を教科等横断的な視点で組み立てていく」ことが掲げられているが、各教科等及び各学年相互間の関連を図り全体とし

て調和のとれた指導計画を作成することは、累次の学習指導要領総則でも強調されてきた。さらに言えば、他の二つの側面である教育課程のPDCAサイクルや人的・物的体制の整備の重要性も従前から学習指導要領総則の指導書や解説で強調されてきた。これらの規定に基づく優れた教育実践や研究知見も長年にわたり積み重ねられてきた。他方、全国津々浦々の学校において、こうした優れた取組が十分に展開されているか、といえば必ずしもそうとは言えない状況が多々あることも従前から指摘されてきたし、その点は読者の皆様も合意できるのではないだろうか。

　したがって、今般、新学習指導要領の総則に「カリキュラム・マネジメント」の規定が盛り込まれたことは、教育課程を軸に学校教育の改善・充実の好循環を生み出す学校経営を構想・実践する際の視点を三つの側面という形で改めて強調し、上記の優れた取組の横展開、全国化を目指すものと捉えることができる。

　3点目。このようにカリキュラム・マネジメントの充実が強調される背景には、学習指導要領総則解説に示す次の問題意識がある。

　「今の子供たちやこれから誕生する子供たちが、成人して社会で活躍する頃には、我が国は激しい挑戦の時代を迎えていると予想される。生産年齢人口の減少、グローバル化の進展や絶え間ない技術革新等により、社会構造や雇用環境は大きく、また急速に変化しており、予想が困難な時代となっている。また、急激な少子高齢化が進む中で成熟社会を迎えた我が国にあっては、一人一人が持続可能な社会の担い手として、その多様性を原動力とし、質的な豊かさを伴った個人と社会の成長につながる新たな価値を生み出していくことが期待される」（小学校学習指導要領解説総則編P1）

　すなわち、これからの学校には、子どもたちが今後直面する飛躍的な社会変化を見据え、各教科等の学びを縦割りにとどめるのではなく、それらを相互に関連付け、教育課程全体を通して、子どもたち一人一人に、予測困難な社会の中で幸福な人生を築き、豊かな未来社会の担い手となるために必要な資質・能力を組織的・計画的に育成すること—これも従来から我が国の教師が大切にしてきたことであり古くて新しい課題ともいえよう—が、カリキュラム・マネジメントの強調という形で真正面から求められていると言える。

　次項以降では、上記3点を前提に、学習指導要領におけるカリキュラム・マネジメントに関わる規定の意味の確認並びに留意点を整理するとともに、カリキュラム・マネジメントに関わる国の支援策と活用に際しての留意点を整理して述べることとしたい。

2　新学習指導要領におけるカリキュラム・マネジメントの規定の意味や留意点

(1)　新学習指導要領におけるカリキュラム・マネジメントの規定

　新学習指導要領では、カリキュラム・マネジメントについて、次のような規定を盛り込

んでいる（下線や番号は筆者）。

> 【小学校学習指導要領　第1章　総則　第1　小学校教育の基本と教育課程の役割】
> 4　各学校においては、児童や学校、地域の実態を適切に把握し、
>   ①　教育の目的や目標の実現に必要な教育の内容等を教科等横断的な視点で組み立てていくこと、
>   ②　教育課程の実施状況を評価してその改善を図っていくこと、
>   ③　教育課程の実施に必要な人的又は物的な体制を確保するとともにその改善を図っていくこと
> などを通して、教育課程に基づき組織的かつ計画的に各学校の教育活動の質の向上を図っていくこと（以下「カリキュラム・マネジメント」という。）に努めるものとする。

　上記が学習指導要領におけるカリキュラム・マネジメントの定義である。①②③が一般にカリキュラム・マネジメントの三つの側面といわれる規定であるが、これらはあくまで手段を示すものであり、その本質的なねらいは、二重下線で示した「児童や学校、地域の実態を適切に把握」し、各学校が編成した「教育課程に基づく組織的かつ計画的な教育活動の質の向上」を図ることにある。

　各学校は、児童や学校、地域の「実態」を考慮して学校の教育目標を定め、教育課程を編成し、編成した教育課程に基づいて作成した諸計画に基づき、学校全体として組織的かつ計画的に日々の教育活動（授業）を展開している。したがって、各学校におけるカリキュラム・マネジメントのゴールである「教育課程を軸とした学校教育の質の改善・充実の好循環」を目指すためには、「学校の教育目標」「教育課程」「授業」とが当該校の「実態」との関わりにおいて相互に有機的な関連や関係付けを図られるようにすることが肝要[4]である。

　したがって、カリキュラム・マネジメントの充実を考える上では、学校の置かれた「実態」を押さえることが重要となる。下表は、小中学校、高等学校並びに特別支援学校の学習指導要領の解説　総則編に記載されている関連の記述を整理したものである。

　読者の皆様には、ぜひ、ここに示された実態の一つひとつについて、自らの勤務校あるいは近隣の学校、教育委員会の域内の学校を想起しながら確認いただきたい。まったく同じ実態をもつ学校は存在せず、それゆえにカリキュラム・マネジメントの有り様に唯一絶対の解はないことを改めて実感いただけるのではないだろうか。

【「実態」に関わる学習指導要領　解説　総則編の記載を整理したもの】
(児童生徒の実態)
　心身の発達の段階、一人一人の多様な能力・適性、興味・関心、性格等
　　※進路や学習経験（高等学校）、障害の状態や特性（特別支援学校）
(学校の実態)
　学校規模、教職員の状況（職員構成、教師の指導力）、
　施設設備の状況（教材・教具の整備状況）、地域住民による連携及び協働の体制
　　※課程や学科の特色（高等学校）
(地域の実態)
　生活条件環境（都市、農村、山村、漁村など）、地域の歴史的経緯や現状、将来への
　展望、地域の教育資源や学習環境（小中：近隣の学校、社会教育施設）、学習に協力
　する地域人材、近隣の大学、研究機関（高等学校）

(2)　新学習指導要領におけるカリキュラム・マネジメントの意味や留意点

　前項において、各学校における「学校の教育目標」「教育課程」「授業」とを、当該校の「実態」との関わりにおいて有機的に結び付けることの重要性を述べた。本項では、学習指導要領総則に示されたカリキュラム・マネジメントの三つの側面を取り上げながら、上記要素のそれぞれの有機的な結び付きを考えることの意義や留意点を整理して述べる。

① 教育の目的や目標の実現に必要な教育の内容等を教科等横断的な視点で組み立てていくこと―「学校の教育目標」と「教育課程」はつながっているか―

　学習指導要領解説総則編では、「学校において編成する教育課程については、学校教育の目的や目標を達成するために、教育の内容を児童の心身の発達の段階に応じ、授業時数との関連において総合的に組織した各学校の教育計画であると言うことができ、その際、学校の教育目標の設定、指導内容の組織及び授業時数の配当が教育課程の編成の基本的な要素になってくる」とされている。

　その意味で「①教育の目的や目標の実現に必要な教育の内容等を教科等横断的な視点で組み立てていくこと」の側面から教育課程を考える際には、学校の教育目標と教育課程のつながりを改めて捉えなおすことが求められる。例えば、多くの学校では名称の異同こそあれ「学校の教育目標」の具現化を図るために、「目指す生徒像」や「目指す学校像」などを示したり、「教育課程の編成の重点」などを定めたりしている。このような取組もまた「学校の教育目標」と「教育課程」との間を結ぶ一つの取組であり、これら既存の「定め」を新学習指導要領の趣旨と当該校の実態、あるいは教科等横断的な視点からその妥当性や実効可能性を含め、改めて捉えなおすことも重要である。

　また、新学習指導要領では、「総合的な学習の時間」（高等学校では「総合的な探究の時

間」、以下同じ）の目標について、学校の教育目標を踏まえることとされていることにも注目したい。「総合的な学習の時間」は、各教科等の内容との関連を図りつつ、各教科等の学びを相互に関連付けて、実生活や実社会において生きて働くものとすることを目指す時間であり、この「総合的な学習の時間」を媒介としながら、学校の教育目標と教育課程とのつながりを構想することも有効である。

②　教育課程の実施状況を評価してその改善を図っていくこと―「教育課程」と「授業」はつながっているか―

　2019（平成31）年1月の中央教育審議会初等中等教育分科会教育課程部会がとりまとめた「児童生徒の学習評価の在り方について（報告）」では、「教育課程」と「授業」との関わりについて、次のように述べている。

　各学校における教育活動は、学習指導要領等に従い、児童生徒や地域の実態を踏まえて編成した教育課程の下で作成された各種指導計画に基づく授業（「学習指導」）として展開される。また、各学校は、日々の授業の下で児童生徒の学習状況を評価し、その結果を児童生徒の学習や教師による指導の改善や学校全体としての教育課程の改善、校務分掌を含めた組織運営等の改善に生かす中で、学校全体として組織的かつ計画的に教育活動の質の向上を図っている。このように「学習指導」と「学習評価」は学校の教育活動の根幹であり、教育課程に基づいて組織的かつ計画的に教育活動の質の向上を図る「カリキュラム・マネジメント」の中核的な役割を担っている。

　報告に示すように、編成した教育課程を実施し、その結果を評価し改善する一連の営みの中心には、「学習指導」と「学習評価」とがある。文部科学省が示す「学校評価ガイドライン［平成28年改訂］」（以下「学校評価ガイドライン」という）では、「教育課程・学習指導」について、各学校や設置者において評価項目・指標等の設定について検討する際の視点となる例として考えられるものを示している。教育課程の実施状況を評価する際には、これらの視点例を参考にすることも考えられる（小学校学習指導要領解説総則編P122-123）。

③　教育課程の実施に必要な人的又は物的な体制を確保するとともにその改善を図っていくこと―「学校の教育目標」、「教育課程」「授業」は、「実態」に応じたものとなっているか―

　「学校の教育目標」「教育課程」「授業」について、いかに素晴らしいことが構想されていたとしても、それが学校の実態から乖離したものであれば、教育効果は期待できない。

　したがって各学校には、児童生徒の実態や教職員、施設設備等の人的・物的体制との関わりにおいて、学校の教育目標や教育課程、その下での授業構想について、その妥当性や実現可能性を検証しながら学校運営に努めることが求められる。

　この点に関し、新学習指導要領の総則では「各学校が行う学校評価については、教育課程の編成、実施、評価、改善が教育活動や学校運営の中核となることを踏まえ、カリキュラム・マネジメントと関連付けながら実施するよう留意するものとする」として学校評価の活用を求めている。

　各学校が行う学校評価は、学校教育法第42条において「教育活動その他の学校運営の状況について評価を行い、その結果に基づき学校運営の改善を図るため必要な措置を講ずる」制度であり、同法施行規則の規定により、その実施が義務化されている。こうした既存の制度の枠組みを活用しながら、カリキュラム・マネジメントを効果的に展開していく視点を持つことも併せて重要である。

　なお、以下に示すとおり、「学校評価ガイドライン」に示す「評価項目・指標例」と学習指導要領の総則に示す事項とは多分に重なりがある。新学習指導要領への切り替わりの時期を「10年に1回の健康診断」と捉え、自校の強みや弱みを洗い出し、重点を絞って学校運営の改善に取り組むことも重要となる。

小学校学習指導要領総則の規定（筆者が要約）	学校評価ガイドラインの関連項目
第1　小学校教育の基本 　知・徳・体、カリキュラム・マネジメント	⑨教育目標・学校評価 ④保健管理、⑤安全管理
第2　教育課程の編成 　学校の教育目標と地域との共有、教育課程編成の基本方針 　教科等横断（言語能力等、現代的な教育課題） 　内容・授業時数、指導計画の取扱い 　学校段階間の接続	①教育課程・学習指導 ⑨教育目標・学校評価 ⑩情報提供
第3　教育課程の実施 　主体的・対話的で深い学びの実現に向けた授業改善 　言語環境、言語活動、情報活用能力、ICT機器の活用、学校図書館　等 　学習評価の充実	①教育課程・学習指導
第4　児童の発達の支援 　学級経営、生徒指導、キャリア教育、個に応じた指導、 　特別支援教育、日本語指導等	③生徒指導、②キャリア教育 ⑥特別支援教育
第5　学校運営上の留意事項 　校務分掌に基づく役割分担と連携、カリキュラム・マネジメントと学校評価 　家庭や地域社会との連携、学校等間の連携、交流及び共同学習 第6　道徳教育に関する配慮事項	⑦組織運営、⑧研修 ⑨教育目標・学校評価 ⑪保護者・地域住民等との連携 ⑫環境整備

　また、学校は組織体である。具体的には、校長、副校長、教頭のほかに教務主任をはじめとして各主任等がおかれ、それらの担当者を中心として全教職員がそれぞれ校務を分担している。学習指導要領には新たな規定として「校長の方針の下に、校務分掌に基づき教

職員が適切に役割を分担しつつ、相互に連携しながら、各学校の特色を生かしたカリキュラム・マネジメントを行うよう努めるものとする」ことが盛り込まれたが、その趣旨は上記で述べた組織体としての学校運営の工夫を求めたものである。

3　国による学校のカリキュラム・マネジメント実現に向けた支援策

　学習指導要領の規定に示すとおり、カリキュラム・マネジメントの対象には人的・物的体制も含まれる。したがって国の支援策には、例えば、教職員定数、教科書、施設・設備・教材備品の整備等に関わる広範な制度や予算措置が関わる。他方で、こうした人的・物的な支援策が揃えば直ちに教育課程に基づく組織的・計画的な教育活動の充実が図られるわけではない。各学校が、これら支援策を活用し自校の教育課程に基づく教育活動の質の向上につなげるためには「カリキュラム・マネジメント」の発想や考え方を押さえることが重要となる。本項では、各教育委員会、各学校においてカリキュラム・マネジメントの発想や考え方を学ぶ際に参考となる国の支援策を示す。

⑴　文部科学省が作成する各種の資料

　文部科学省が作成している資料を読むことを通しても、カリキュラム・マネジメントの具体的なイメージを得る、あるいはカリキュラム・マネジメントの推進を図る上でのヒントを得ることが期待される。

① 　学習指導要領総則の関係規定ならびに同解説の記述

　その概略は上記「2　新学習指導要領におけるカリキュラム・マネジメントの規定の意味や留意点」で紹介しているが、各学校が編成・実施する教育課程の基準として学習指導要領が示されている日本の教育課程行政において、実際に各学校に「カリキュラム・マネジメント」に関わる指導・助言を行うためには、学習指導要領の関連規定の理解は必須となる。このため、学習指導要領解説総則編の関連の記述を押さえることが重要である。

　また、小・中学校の学習指導要領解説総則編の附録では、「現代的な諸課題に関する教科等横断的な教育内容についての参考資料」を掲載しているので特定のテーマによりカリキュラム・マネジメントに取り組む際の参考となる。

② 　各教科等の学習指導要領解説

　学習指導要領解説総則編で関連の規定の意味するところを押さえた上で、より具体のイメージを持つ上では、各教科等の学習指導要領解説に目を通すことも有効である。特に、道徳教育、特別活動、総合的な学習の時間など、全体計画の作成が義務付けられているものには、解説に全体計画に関連した記載がある。これらの記載を「カリキュラム・マネジメント」の三つの側面との関わりを意識しながら押さえていくことにより、より具体的なイメージをもって理解することが期待される。

③　各種の手引き・指導資料

　さらに、より具体的なイメージを持ちたい場合には、文部科学省の各種指導資料に目を通すことが考えられる。例えば、以下の指導資料はいずれも、教科等横断的な視点に立った教育課程を編成・実施することに関わる資料であり、これらの資料の目次や記載内容について、カリキュラム・マネジメントの三つの側面との関わりを意識しながら整理・分析することで、一層、実践的な理解が深まることが期待される。

「今、求められる力を高める総合的な学習の時間の展開」
　　http://www.mext.go.jp/a_menu/shotou/sougou/main14_a2.htm
「キャリア教育の手引き」
　　http://www.mext.go.jp/a_menu/shotou/career/detail/1312372.htm
「食に関する指導の手引き（第二次改訂版）」
　　https://www.mext.go.jp/a_menu/sports/syokuiku/1292952.htm
「『生きる力』をはぐくむ学校での安全教育」
　　https://anzenkyouiku.mext.go.jp/mextshiryou/data/seikatsu03_h31.pdf

---

　また、学校の組織運営に関する知見を深める上では文部科学省が開発した「学校組織マネジメント研修（モデル・カリキュラム）」を参考とすることが考えられる。本書は「学校の教職員に、組織マネジメントのエッセンスを提供することにより、学校の教育目標の実現に向けた学校運営の改善に資する」ことを目的とした研修カリキュラムであり、主として学校組織に着目して学校運営の改善に資する知見をまとめている。新学習指導要領総則には「校長の方針の下に、校務分掌に基づき教職員が適切に役割を分担しつつ、相互に連携しながら、各学校の特色を生かしたカリキュラム・マネジメントを行うよう努めるものとする」との規定が新たに盛り込まれたが、このことに関する実践的な理解を深めるテキストとしての活用が期待される（http://www.mext.go.jp/a_menu/shotou/kenshu/index.htm）。

(2)　文部科学省の委託研究の成果活用

　文部科学省では「これからの時代に求められる資質・能力を育むためのカリキュラム・マネジメントの在り方に関する調査研究」において、本年度から2020（令和2）年度の2か年間、14団体に対する委託研究を進めている。同研究は、実践校における指定研究の知見を活かしながら、教職員向けのカリキュラム・マネジメントの手引きの開発を求めるものである。受託団体の一覧は以下のとおりとなる。今後これらの研究知見は文部科学省ホームページに随時掲載予定である（http://www.mext.go.jp/a_menu/shotou/new-cs/new/1389014.htm）。

研究校種	委託団体名
小中学校	（都道府県教育委員会） 　大分県教育委員会、大阪府教育委員会、山口県教育委員会、 （市教育委員会） 　市川市教育委員会、尾道市教育委員会、京都市教育委員会、上越市教育委員会、 　戸田市教育委員会、由利本荘市教育委員会 （国立大学法人） 　信州大学、福岡教育大学、宮城教育大学
高等学校	（都道府県教育委員会） 　鹿児島県教育委員会、兵庫県教育委員会、宮崎県教育委員会

(3)　独立行政法人教職員支援機構の研修

　独立行政法人教職員支援機構は「カリキュラム・マネジメント指導者養成研修」を実施している。同研修は、各教育委員会、各地域において、域内の学校のカリキュラム・マネジメントの推進に当たる指導者を養成することを目的としている。各教育委員会、各学校において、本研修の修了者を適切に活用することが期待される。

　研修カリキュラムは次の2点の力量形成を重視している構成している。一つは、各学校における教育課程の編成・実施の改善に関する専門的な知見を活用して組織的な取組を推進する力量の形成であり、二つは、学校や教職員の「カリキュラム・マネジメント」に関する専門性向上を推進する力量の形成である。前者は、各学校における実践者としての力量形成を、後者は、そうした力量を有する者を育成するための研修等の企画立案者の力量形成を目指している。より具体的には、下記に示すように研修のゴールに至る問いを複数立て、その問いに迫るために必要な研修内容を設定している。このような考え方で研修の組み立てを構想することも各種研修を企画・立案する際には重要である。

○問い	内　　容
○カリキュラム・マネジメントとは何か。 ○なぜ、カリキュラム・マネジメントが必要か	
	講義1　新学習指導要領とカリキュラム・マネジメント 講義2　カリキュラム・マネジメントの新たな展開
○どのようにカリキュラム・マネジメントを進めれば良いのか。	
	講義3　カリキュラム評価によるカリキュラム改善 講義・演習1　カリキュラム・マネジメントにおけるカリキュラム評価の手法 事例発表・協議　カリキュラム・マネジメントの課題 講義4　教育課程の編成・実施のための教育職員の組織化。
○カリキュラム・マネジメントを推進する上で必要な力とは何か。	
	事例発表1　カリキュラム・マネジメントの実践

	講義5　　　カリキュラム・マネジメントにおける研修の進め方
	講義・演習2　カリキュラム・マネジメントを推進するための教員研修プランの作成
○全体まとめ	
	講義6　カリキュラム・マネジメントと組織化

　また同機構では「校内研修シリーズ」として校内研修で活用できるよう様々なテーマに応じて有識者による講義をインターネット配信している。この中にもカリキュラム・マネジメントに関わる内容が含まれており、これらの活用も考えられる。

4　国の諸制度の活用に際しての留意点

　以上、カリキュラム・マネジメントについて、学習指導要領の定義に示すことの意義や留意点、各教育委員会、各学校におけるカリキュラム・マネジメント推進に関しての国の支援策について述べてきた。各教育委員会、学校においては、これらの支援策を闇雲に活用するのではなく、それぞれの教育委員会や学校の実態に応じて、適切にその活用の在り方を考えることが重要である。より具体的にいうならば、学校の教育課程の編成・実施が適切に行われるよう、従来から、各教育委員会、学校において創意工夫を生かした取組が行われてきたところであり、今般のカリキュラム・マネジメントの強調は、そうした取組を後押しし、さらに前に進めるためのものである。また、冒頭にも述べた通り、学校には多様な実態があり、カリキュラム・マネジメントを重視することは、一律の方法論の適用を求めるものではないことへの目配りが重要であるということである。

　国の施設等機関である、独立行政法人教職員支援機構で行う「カリキュラム・マネジメント指導者養成研修」においても、ただ一つの手法を取り上げるのではなく、異なる研究者による複数の手法を取り扱い、その中から受講者の属する教委、学校の実態に応じたものを選択できるよう努めている。国の諸施策の活用に際しては、このような点に十分配慮することが求められる。

【注】
1　本稿では教育行政のうち、学校の教育課程の編成・実施をめぐる行政領域を「教育課程行政」と定義している。
2　例えば、小学校学習指導要領　第1章総則第1の1には「各学校においては、教育基本法及び学校教育法その他の法令並びにこの章以下に示すところに従い、児童の人間として調和のとれた育成を目指し、児童の心身の発達の段階や特性及び学校や地域の実態を十分考慮して、適切な教育課程を編成し、これらに掲げる目標を達成するよう教育を行うものとする」とされている。
3　例えば、小学校学習指導要領解説総則編（2017（平成29）年7月）の第3章第1節「4　カリキュラム・マネジメントの充実」では、「（カリキュラム・マネジメントの）それぞれの項目の趣旨を踏まえて学校において実際に教育課程の編成や改善に取り組む際の手順の一例を参考として（同P42-45）」示しているが、この（手順の一例）は、それ以前の総則の解説や、指導書にも掲載されて

いる内容であり、今般、これまでと異なる新たな手順を求めるものではないと理解することができる。また、同解説には「編成した教育課程に基づき実施される日々の教育活動はもとより、教育課程の編成や改善の手順は必ずしも一律であるべきではなく、それぞれの学校が学習指導要領の関連の規定を踏まえつつ、その実態に即して、創意工夫を重ねながら具体的な手順を考えるべきものである」（同P42-43）とされていることからも、特定の方法論の導入を求めているわけではないと理解することができる。

4　カリキュラム・マネジメントの強調に待つまでもなく、教育課程の編成主体である各学校には、従来から「学校の教育目標」「教育課程」「授業」が存在する。その意味では、これらの有機的な結び付けを求めること自体も古くて新しい課題である。

第2章
地方教育行政による学校のカリキュラム・マネジメント
実現のための支援とその活用

吉冨芳正

1　教育委員会等による学校のカリキュラム・マネジメント実現のための支援

　2017・2018（平成29・30）年の改訂で学習指導要領にカリキュラム・マネジメントが位置付けられたことを契機に、各学校においてカリキュラム・マネジメントの実現が求められている。各学校は主体的、自律的にカリキュラム・マネジメントに努める必要があるが、その確立のためには、地方教育行政、つまり教育委員会や教育センター（以下「教育委員会等」という）が適切な支援を行い、各学校がそれを上手に活用することが不可欠である。ここでは、教育委員会等は、学校のカリキュラム・マネジメント実現に向けた支援をどのような考え方に立って企画し推進すればよいのかについて考察する。

(1)　学校の主体性、自律性と教育委員会等の支援の必要性

　カリキュラム・マネジメントは、各学校が主体性、自律性をもって進めていく性質のものである。カリキュラム・マネジメントは、各学校がその教育目標を実現するため、教育活動と経営活動とを関連付けるとともに、学校内外の資源を最大限に活用しながら、教育の計画・実施・評価・改善の過程を循環させてその質を高めていこうとする考え方や営みを指す。学校教育は意図的・計画的・組織的に行われるのであり、その質の向上を図るためには、それぞれの学校の教育目標や実態を踏まえてカリキュラム・マネジメントの営みが恒常的に行われることが不可欠である。

　こうした考え方に立てば、教育委員会等が学校に対して画一的で形式的な指示や指導を行い、学校の意識がそれのみに向いてしまえば、カリキュラム・マネジメントの形骸化につながるおそれがある。学校が教育委員会等から求められたことを決められた形でやるだけにとどまるものは、もはやカリキュラム・マネジメントと呼ぶことはできない。

　一方、各学校の主体性や自律性が大事だからといって、すべて学校に任せておけば自動的にカリキュラム・マネジメントが実現していくものでもない。

　学校と教育委員会等の関係を二項対立的に捉えるのではなく、学校の主体的、自律的な取組と教育委員会等の積極的な施策が相乗効果を生み、教育の質の向上に向けて機能していく関係を求めていく必要があると考える。教育委員会等は、カリキュラム・マネジメント

における各学校の主体性、自律性の重要性や学校を基礎としたカリキュラム開発（SBCD：School Based Curriculum Development）の考え方を理解した上で、各学校が自ら考えカリキュラム・マネジメントを進めることを促し支援していくことが求められる。

(2)　教育委員会等による学校支援が必要な理由

　カリキュラム・マネジメントの実現に向けて教育委員会等による学校への支援が必要である理由については、次の3点から考えることができる。

① 　カリキュラム・マネジメントの考え方に行政からの支援という要素は内在する

　各学校がよりよい教育を指向するカリキュラム・マネジメントの考え方の中には、行政が学校を適切に支援することや、学校が行政による支援を上手に活用するという要素がもともと内在している。カリキュラム・マネジメントの考え方は、各学校が現状に甘んじることなく目指したい教育を追究していく在り方を示すものである。各学校が前向きに教育の質の向上への取組を進めるためには、それを促し支えていく力が必要になる。例えば、何より子どものよりよい成長を願い実践の改善に向かう教師の矜持、保護者や地域の願い、法令や制度の枠組みなど様々なものが関係すると考えられる。その一つとして学校や教師と行政との関係がある。

　例えば、田村による「カリキュラムマネジメント・モデル」（次章参照）を確かめてみよう。そこに示されるように、カリキュラム・マネジメントを有効に成立させる要素の一つとして、学校と行政との間の相互関係の重要性が明確に位置付いていることを意識しておきたい。

② 　学習指導要領へのカリキュラム・マネジメントの明示に伴う趣旨の普及や支援が必要である

　2017・2018（平成29・30）年の学習指導要領改訂で、子どもたちがよりよい人生や社会を自ら創造する資質・能力の育成を目指す「社会に開かれた教育課程」の理念を実現するため、各学校はカリキュラム・マネジメントに努めるよう明示された。

　しかし、学校現場をみると教師のカリキュラム・マネジメントに関する理解や実践が十分進んでいるとは言い難い。例えば、「マネジメント」という言葉から連想して、カリキュラム・マネジメントは校長等の管理職の仕事だとの誤解もみられるようである。学校の教育活動や経営活動は教師の協働によって成立し、一人一人の仕事が教育の質につながっている。すべての教師がカリキュラム・マネジメントの当事者だという意識をもてるよう引き続き趣旨の普及に努めるとともに、実践に役立つ情報提供その他の支援が求められる。

③ 　教師のカリキュラム・マネジメント力を高める必要がある

　教師は、実際にカリキュラム・マネジメントを推進する立場にある。したがって、教師はカリキュラム・マネジメントの考え方を理解し自分たちの実践を改善していく「カリキュラム・マネジメント力」を身に付け高めることが求められる。教育委員会等は、教師がカリキュラム・マネジメントに関する理論や方法を学ぶ機会を保障し、それに取り組む

上で必要な知識や能力などを高めていく方策を講じることが重要である。

　このことに関わって、中央教育審議会答申（2015（平成27）年）では、教員研修で「子供や学校・地域の実態を踏まえて、育成すべき資質・能力を踏まえて教育課程をデザインして実施し、評価・改善することや、そのために必要な学校内外のリソースを活用するために地域の人々と協働することなどを含めて、一連のカリキュラム・マネジメントができる力を付けること」が求められている。

　これらのことから、教育委員会等は、各学校においてカリキュラム・マネジメントが実現できるよう、教師のカリキュラム・マネジメント力の向上を含め、学校の実態を踏まえてニーズに即した学校支援の施策を展開する必要がある。

(3)　学校のカリキュラム・マネジメントと教育委員会等による支援の状況

ア　学校におけるカリキュラム・マネジメントの状況

　学校におけるカリキュラム・マネジメントの状況については、学校や地域によってかなり異なっていると考えられる。学校の状況を推し量る資料の一つとして、全国学力・学習状況調査の学校質問紙調査の結果がある。この調査ではカリキュラム・マネジメントの三つの側面（【参考】参照）をもとにした質問が設けられている。それらについて2019（平成31）年度調査における公立学校の状況をみると、次のようになっている。

質問(15)「指導計画の作成に当たっては、各教科等の教育内容を相互の関係で捉え、学校の教育目標を踏まえた横断的な視点で、その目標の達成に必要な教育の内容を組織的に配列していますか」							
小学校				中学校			
よくしている	どちらかといえば、している	あまりしていない	全くしていない	よくしている	どちらかといえば、している	あまりしていない	全くしていない
34.6%	60.5%	4.9%	0%	29.1%	62.2%	8.6%	0.1%
質問(17)「児童生徒の姿や地域の現状等に関する調査や各種データ等に基づき、教育課程を編成し、実施し、評価して改善を図る一連のPDCAサイクルを確立していますか」							
小学校				中学校			
よくしている	どちらかといえば、している	あまりしていない	全くしていない	よくしている	どちらかといえば、している	あまりしていない	全くしていない
37.3%	58.1%	4.6%	0%	33.9%	59.5%	6.4%	0.1%
質問　(18)「指導計画の作成に当たっては、教育内容と、教育活動に必要な人的・物的資源等を、地域等の外部の資源を含めて活用しながら効果的に組み合わせていますか」							
小学校				中学校			

よくして いる	どちらか といえば、 している	あまりし ていない	全くして いない	よくして いる	どちらか といえば、 している	あまりし ていない	全くして いない
46.9%	49.5%	3.5%	0%	29.4%	57.5%	12.8%	0.3%

　回答の四つの選択肢中「よくしている」と「どちらかといえばしている」を合わせれば、かなりの公立小・中学校でカリキュラム・マネジメントに取り組んでいるようにみえるが、「どちらかといえば、している」（下線は筆者）を選んだ学校の実態についてはかなり慎重に解釈する必要があると考えられる。自信をもって選択したと推測される「よくしている」と回答した学校の比率をもって判断すれば、各学校におけるカリキュラム・マネジメントの状況は進んでいるとは言い難く、実現に向けて多くの課題があると捉えるべきであろう。

【参考】カリキュラム・マネジメントを捉える三つの側面
①　各教科等の教育内容を相互の関係で捉え、学校教育目標を踏まえた教科等横断的な視点で、その目標の達成に必要な教育の内容を組織的に配列していくこと
②　教育内容の質の向上に向けて、子供たちの姿や地域の現状等に関する調査や各種データ等に基づき、教育課程を編成し、実施し、評価して改善を図る一連のPDCAサイクルを確立すること
③　教育内容と、教育活動に必要な人的・物的資源等を、地域等の外部の資源も含めて活用しながら効果的に組み合わせること
（中央教育審議会「幼稚園、小学校、中学校、高等学校及び特別支援学校の学習指導要領等の改善及び必要な方策等について（答申）」（中教審第197号）2016（平成28）年12月21日）

イ　教育委員会等による学校のカリキュラム・マネジメントへの支援の状況

　中央教育審議会の答申を踏まえて学習指導要領が改訂されカリキュラム・マネジメントが明示されたことを契機に、教育委員会等においてもカリキュラム・マネジメントに関する取組が進められつつある。

　例えば、教育委員会等としてカリキュラム・マネジメントを重点施策に掲げる、学校教育の充実改善の方向性や基準を明示する、教師向けの解説や指導資料を刊行する、視覚的なカリキュラム表作成ツールを開発して学校に配布するといった施策がみられる。

　また、任命権者による「教員育成指標」策定のため国が示した指針（2017（平成29）年）で指標の内容設定の観点の一つとして「教育課程の編成、教育又は保育の方法及び技術に関する事項（各学校の特色を生かしたカリキュラム・マネジメントの実施（以下略）に関する事項を含む）」が明示されたこともあって、教育委員会等の研修にカリキュラム・マネジメントを取り入れる動きも広がりつつある。例えば、教師の研修体系にカリキュラム・マネジメントの力量の育成が位置付けられたり、教育センター等で行う研修内容にカリキュラム・マネジメントが取り入れられたりしている。

　さらに、教育委員会や教育センター等で、例えば「学校づくり」「授業研究」といった
テーマごとに教員向けのガイドブックを作成し学校に提供するに当たって、カリキュラ
ム・マネジメントの考え方を中心に据えるといった動きもみられる。

　これらの施策のほか、「カリキュラム・マネジメント」という言葉は直接示されていな
くとも、例えば学校向けパンフレットでPDCAサイクルを循環させることの重要性に触
れているものなど、カリキュラム・マネジメントに関係付けられる施策はかなり存在す
る。

　しかし、教育委員会等のカリキュラム・マネジメントに関する取組は、地域や教育委員
会の規模によって温度差があったり、関係施策がカリキュラム・マネジメントの推進とい
う切り口から体系化されていなかったりするところに課題がみられる。

　こうしたことから、教育委員会等による学校のカリキュラム・マネジメントへの支援を
一層充実していく必要がある。

⑷　教育委員会等の政策・施策の決定・実施の過程と配慮事項

　教育委員会等が学校のカリキュラム・マネジメント支援の方針（政策）を定め、具体的
な対策（施策）を講じる過程について、本稿では問題解決的な考え方を基本として次の四
つを設定し、それぞれの配慮事項を考える。

---

①　学校の状況を把握し、問題を明らかにし、解決に向けた方針（＝政策）を定める
②　方針（＝政策）をもとに学校の問題を解決できる施策を検討する
③　施策を構造化して決定し、組織として連携体制を整える
④　施策を実施し、評価し、改善する

---

①　学校の状況を把握し、問題を明らかにし、解決に向けた方針（＝政策）を定める
　①－1　カリキュラム・マネジメントの概念や意義を理解し、見方や考え方を共有する
　各学校におけるカリキュラム・マネジメントの実現を目指して教育委員会等による支援
を充実するためには、まず教育長以下、指導主事や研修主事などの関係者全員がカリキュ
ラム・マネジメントの概念や意義について理解を深め、学校教育の質の向上のためにカリ
キュラム・マネジメントが恒常的に不可欠であるという認識を共有することが重要にな
る。カリキュラム・マネジメントの推進は、一過性の流行ではなく、行政として腰を据え
て取り組むべき普遍的な学校教育の重要課題である。この点の認識が十分でないままに、
カリキュラム・マネジメントの必要性を訴えたり、効果的な施策を工夫したりすることは
難しい。

　学校のカリキュラム・マネジメントについて、情報を収集すること、問題を明らかにす
ること、解決の方針を定めることのいずれにおいても、枠組みとなるものの見方や考え方
が必要になる。教育委員会等の関係者がカリキュラム・マネジメントの概念や関係する諸

要素について理解していることがそれらの共通の基盤となる。

①－2　学校の状況を判断して将来を見通した方針を定める

　教育委員会等による支援の在り方は、学校の状況によって異なることになる。学校におけるカリキュラム・マネジメントの推進状況は、もちろん個々の学校によって異なるが、総じてどのような段階にあるのか、ばらつきが大きいかどうかなどを判断することが重要になる。学校の状況を整理し学校が抱える問題を明らかにしながら、将来を見据えて教育委員会等としての支援の方針を検討することになる。こうして決定される教育委員会等による方針（＝政策）は、重点を置く施策の明確化や施策全体の構造化を方向付けるものとなる。

　例えば、カリキュラム・マネジメントの進み具合に着目すると、次の段階が想定される。

ⅰ）カリキュラム・マネジメントの概念や意義についての基本的な理解が必要な段階

ⅱ）カリキュラム・マネジメントの理論や方法についての知識が必要な段階

ⅲ）カリキュラム・マネジメントの充実に資する先進的な事例の情報が必要な段階

　このように、ⅰ）→ⅱ）→ⅲ）と進むであろう段階に即して、数年先までを見通して学校支援の重点を計画的に移行させていく方針を立てることが考えられる。

　また、学校の状況がかなりばらついている状況であれば、各学校が実態に応じて必要な支援を選択し活用できるようにする「メニュー方式」的な柔軟な方針も考えられる。この場合、学校が施策を適切に選択してカリキュラム・マネジメントを主体的に進めていくことを促す手立てが大切になるであろう。学校は、自校が抱える問題を解決する視点と自校のよさを一層拡充する視点のいずれか、あるいは両方から必要な施策を活用することになる。

　あるいは、例えばカリキュラム・マネジメントの三つの側面を手がかりに、重点を置いて取り組むテーマ例を複数提示し、学校が実態に応じてテーマを選んだり自ら設定したりしてカリキュラム・マネジメントの充実に向けた追究を進めるような方針も考えられる。それらのテーマごとに適した支援の施策をパッケージとして提供することが求められる。

①－3　都道府県と市町村がそれぞれ果たすべき役割を踏まえる

　教育委員会等が学校に対して果たすべき役割は、都道府県と市町村によって異なる。方針（＝政策）や施策の検討と決定の全体を通じて、都道府県と市町村が相互に役割を果たし合い、両者の施策が有機的につながることによって各学校におけるカリキュラム・マネジメントへの取組が充実するよう配慮することが大切である。

　例えば、県費負担教職員の研修について、任命権者である都道府県教育委員会が行う研修体系の中にカリキュラム・マネジメントに関する研修が適切に位置付けられる必要がある。市町村教育委員会は、都道府県教育委員会が行う研修の全体像や各研修の内容を十分把握した上で、その情報を活用しやすいよう整理して学校に周知することになる。さらに、市町村教育委員会は、学校を設置・管理しそれぞれの実態をよく承知している立場か

ら、カリキュラム・マネジメントに関する研修を自ら実施することが考えられる。

　市町村の教育委員会等の中には、規模が小さく、人的、財政的にも苦しい状況を抱えるところも多い。都道府県の教育委員会等は、そうした実情を考慮することも求められる。

② 　方針（＝政策）をもとに学校の問題を解決できる施策を検討する

②－1　カリキュラム・マネジメントには多くの施策が関係するという広い視野をもつ

　カリキュラム・マネジメントは、各学校の教育目標の実現に向けて計画・実施・改善・評価の循環を軸として教育活動と経営活動を関連付け構造的に捉えながら教育の質を高めていこうとする広範な概念である。カリキュラム・マネジメントを矮小化して、学校教育の様々な要素と切り離して捉えることがないよう留意する必要がある。

　したがって、カリキュラム・マネジメントには学校教育のあらゆる要素が関わっているのであるから、学校教育関係の施策の多くは何らかの意味をもってカリキュラム・マネジメントにつながっていると考えることができる。そうした広い視野をもちながら、実際に学校が抱える問題の解決に必要な施策は何か、何が行われれば問題が解決できるのかという視点から、既存の施策の活用を検討したり、新たな施策を構想したりすることが大切である。

②－2　学校のカリキュラム・マネジメントを支援する施策は、大きく二つに分けられる

　学校の取組を支援する施策には、ⅰ）カリキュラム・マネジメントの推進に直接関わる施策と、ⅱ）カリキュラム・マネジメントを支える諸要素を個別に充実させる施策がある。前者については、例えば、カリキュラム・マネジメントの概念や方法を校長会や集合研修等で説明したり、カリキュラム・マネジメント推進上のポイントを研究協議したりすることなどが考えられる。後者については、例えば、カリキュラムのPDCAのD（実施）に関わる主体的・対話的で深い学びを成立させる授業改善について指導資料を作成したり、人的・物的・財政的な条件を教育課程上の工夫と関連付けて整備したりすることなどが考えられる。

　各学校におけるカリキュラム・マネジメントの実現のためには、ⅰ）の直接的な施策だけでは十分ではなく、ⅱ）の広範な施策が学校の取組の基盤を充実させることになる。教育委員会等においては、ⅱ）の施策も、カリキュラム・マネジメントの実現に深く関連するという認識をもち、施策の全体像を整理していくことが大切である。

③ 　施策を構造化して決定し、組織として連携体制を整える

③－1　学校支援の施策を構造化し全体像を明確にする

　教育委員会等の方針（＝政策）に即して施策を効果的なものにするためには、施策全体を俯瞰的にみて、学校のカリキュラム・マネジメントを実現する上でのそれぞれの施策の役割と施策相互の関係を明確にして構造化を図ることが必要である。施策がばらばらに存在し、カリキュラム・マネジメントとの関係性も不明確であっては、各学校が支援策を把握して自らの課題に即してうまく活用することが難しい。施策の全体像やそれぞれの施策

の位置付けを整理し視覚化するなどしてすべての関係者にわかるように示すことが大切である。教育委員会等にとっても、そうした作業を通じて、既存の施策では十分ではない面が明らかになり、新たな取組の必要性も見えてくる。

その際、教育委員会等の方針（＝政策）から各施策に至るまで、意図や関係性などを一連のストーリーとして説明できるように構想することが重要である。施策を単にパッケージ化しただけのものや、施策の無味乾燥な一覧表があるだけでは、それらを活用する側の学校に趣旨が伝わらないし、積極的に施策を活用しようという動きにはつながらないであろう。学校関係者の誰にとっても納得しやすい説明の仕方を工夫することが求められる。

③－2　関係する行政分野間の組織的連携を図る

教育委員会等において方針（＝政策）に沿って施策をまとめ実施するに当たっては、カリキュラム・マネジメントの諸要素に関係する行政分野間の連携体制を整える必要がある。

カリキュラム・マネジメントの概念の中心にはカリキュラムがあるから、方針（＝政策）や施策全体の総合的な企画立案やとりまとめ、連絡調整などについては、例えば、学校の教育課程に関する行政の担当部署（又は教育政策の企画担当部署）が中心的な役割を果たすことが考えられる。また、学校の経営、管理や人事の担当部署がそうした役割を果たすことも考え得る。とりまとめ担当部署を中心に、学校の教育活動や教育機能、経営や組織、教職員配置、施設・設備などに関する行政分野、さらには家庭教育や社会教育に関する行政分野など、カリキュラム・マネジメントに関係する行政分野の担当部署全体の連携を図ることが必要になる。

こうした連携を成功させるため、①－1で挙げたように、教育委員会等の関係者全員がカリキュラム・マネジメントの概念や意義についての認識を共有するとともに、教育委員会等が組織全体として力を発揮できる体制づくりを工夫することが重要である。

その際、カリキュラム・マネジメントの考え方にあるように、管理職はもとより、各担当が役割を果たすためにリーダーシップを発揮することが期待される。各担当が協働してよりよい学校支援を実現しようとする姿勢は、教育委員会等の組織としての望ましい文化を醸成することにつながり、そうした姿勢は学校へも波及していくことになると考えられる。

④　施策を実施し、評価し、改善する

④－1　計画・実施・評価・改善のサイクルを通じて施策をより適切なものにする

すべての行政施策に通じることであるが、カリキュラム・マネジメントに関わる施策についても、計画し実施し評価して改善を図る一連のPDCAサイクルを回すことを通じて、学校のニーズに応じた適切なものにしていくことが求められる。そのためには、施策の企画段階からPDCAサイクルを織り込むことが大切になる。

その際、評価と改善の手続きを明らかにしておくことが求められる。教育に関する施策は、短期間で成果を挙げるものばかりとは限らないし、結果を量的に測定することや因果関係を立証することが難しいものもある。こうした困難性があることを前提としつつも、

行政として限られた人材や財源など貴重な資源を投入する以上、一定の期間の中で施策の活用状況や結果などを把握・分析し評価を行い、それを改善に生かす工夫をあらかじめ検討しておくことが求められる。

④-2　既存の施策や既有の情報を活用する

カリキュラム・マネジメントに関する施策を検討し構造化したり、PDCA サイクルを構築したりする際には、既存の施策や既有の情報を活用することも大切である。

例えば、国による全国学力・学習状況調査や体力・運動能力調査、教育委員会等による学力その他の調査、教育課程の届け出や諸報告、学校の自己評価や関係者評価など、教育活動及び経営活動の全体にわたり既に様々な施策が行われている。全国学力・学習状況調査の分析結果から指導方法や学習習慣・生活習慣と学力との関係が指摘されるなど、多くの有益な情報も蓄積されている。これらの施策をカリキュラム・マネジメントの関係施策に位置付けたり、それらから得られる情報を施策の評価・改善に生かしたりすることが考えられる。

⑸　学校のカリキュラム・マネジメントへの支援の具体化

⑷では、教育委員会等が学校のカリキュラム・マネジメント支援の方針（政策）を定め、具体的な対策（施策）を講じる過程と配慮事項について述べた。それらを踏まえ、ここではさらに、施策をどのように具体化すればよいかについて考察する。主にカリキュラム・マネジメントの推進に直接関わる施策を中心に、まず施策の対象について検討し、次に施策の目的と方法を例示した後、施策の具体化に当たっての配慮事項を挙げる。

ア　施策の対象

教育委員会等の施策は、対象を明確にして策定される。対象があいまいなままでは、施策を具体化することができない。

施策の対象となるのは、第一に、各学校でカリキュラム・マネジメントに取り組む主体となる教職員である。第二に、学校のカリキュラム・マネジメント支援の施策を企画・実施したり指導助言等に当たったりする教育委員会などの行政関係者である。第三に、各学校の取組を支える保護者や地域等の関係者ということになる。それぞれ、例えば、次のような者が施策の対象として考えられる。

① 学校の教職員

校長、副校長、教頭、主幹教諭、指導教諭、教諭、養護教諭、栄養教諭、事務職員など
教務主任、研究主任、学年主任、保健主事、生徒指導主事、進路指導主事、司書教諭など

※　職や分掌のほか、経験年数、年齢、本人の得意分野や関心事項などに応じて、さらに対象を細分化することもできる。

② 教育委員会などの行政関係者

　教育長、教育委員、部課長、指導主事、管理主事、研修主事職員など

③ 保護者、学校評議員、学校運営協議会委員、地域の住民、施設等機関の職員、大学の研究者、NPO などの団体や企業関係者など

イ　施策の目的と方法

　学校におけるカリキュラム・マネジメントに関する施策は、目的とそれを実現できる方法を組み合わせて策定する必要がある。例えば、次のようなものが考えられる。

施策の目的	施策の方法（例）
① カリキュラム・マネジメントについて教育委員会等の方針や施策を周知する	①－1　教育振興基本計画や教育ビジョンへの位置付け ①－2　通知の発出
② カリキュラム・マネジメントについて学校に求めることを明確にする	②－1　基準やガイドラインの設定 ②－2　教育課程の届出や報告、ヒアリング項目、学校評価への位置付け
③ カリキュラム・マネジメントの意義を啓発する	③－1　説明会の開催 ③－2　既存の会議（教育長会、校長会、教頭会、教務主任会など）での説明 ③－3　パンフレットの作成
④ 教職員のカリキュラム・マネジメント力を向上させる	④－1　集合研修の実施（悉皆、職別、経験・年数別、得意分野や関心事項など） ④－2　国や都道府県教育委員会等その他が主催する研修への派遣 ④－3　校内研修の促進、指導主事の派遣
⑤ カリキュラム・マネジメントの理論や方法の普及を図る	⑤－1　指導資料や手引きの作成・配布 ⑤－2　研究協議会の開催 ⑤－3　支援ツールの開発・提供 ⑤－4　学識者等による会議での検討・報告
⑥ 学校を基礎としたカリキュラム・マネジメントに関する研究を推進する	⑥－1　学校を指定しての研究 ⑥－2　研究者の招へい
⑦ カリキュラム・マネジメントの推進に役立つ情報を提供する	⑦－1　事例集の作成・配布 ⑦－2　情報収集とデータベースの提供 ⑦－3　相談窓口の設置
⑧ カリキュラム・マネジメントの基盤となる諸条件を整備する	⑧　学校裁量予算の拡充、執行手続きの弾力化や効率化、人的・物的な面について学校の要望への配慮
⑨ カリキュラム・マネジメントの充実につながる連携・協力の体制を整える	⑨－1　学校間連携の促進 ⑨－2　関係機関・団体への協力要請と場や機会の設定（PTA、教育研究団体、大学、NPO、企業など）

ウ　施策の具体化に当たっての配慮事項

　施策の具体的に当たっては、投入できる資源、つまり人的資源や物的資源、財源、時間や情報などについて検討することが必要になる。また、施策実施の過程や結果の把握方法とそれらの予測、評価を行う場合の判断のよりどころなどについても併せて検討することが求められる。

　教育委員会等における施策の企画に当たっては、各学校限りの努力では困難なことに目を向けることが大切である。学校の実状をみると、小規模化して教師の数が減ったり年齢構成がバランスを欠いたりして、カリキュラム・マネジメントの工夫に努めようにも限界があるところもある。こうした問題をどのように乗り越えていけるのか、学校のカリキュラム・マネジメントを支援する新たなアイデアを見出すことが求められる。

　例えば、次のようなことも考えられる。

○　中学校区を中心に複数の小学校と中学校がグループになって知恵を出し合い協働してカリキュラム・マネジメントの在り方を構築していく

○　市町村内で共通の教育課程の編成ツールを開発し配布する

○　学校のニーズに応じて大学の研究者やNPO、企業などの支援が得られるようにする

　こうしたアイデアを見出すためには、先進的な教育委員会等の施策を収集・分析し、それを参考にしてより効果的な施策を練り上げることが大切である。

2　各学校における行政からの支援の活用

　各学校においては、校長が指導力を発揮するとともに教師が高い意識をもち、教育目標の実現に向け、教育活動と経営活動の両面にわたって課題を探り工夫改善に努めていくことが求められる。ただ、学校によっては手のつけ方がわからないこともあろう。また、学校の努力だけでは十分に対応できないこともある。このため、各学校は、教育委員会等からの支援を自校の実態に即して上手に活用していくことが大切になる。

　ここでは、各学校でカリキュラム・マネジメントを進める上で生じる疑問と関係付けながら、教育委員会等による支援の積極的活用について考え方を提案する。

(1)　「誰が主体となるのか」─施策の対象を考慮した積極的な活用

　組織としての学校とともに、その構成員である教師は、誰もがカリキュラム・マネジメントの当事者であり、したがって教育委員会等による支援を活用する主体となり得る。

　まず学校がカリキュラム・マネジメントに取り組むに際しては、校長を責任者として組織全体で動いていく。具体的には、学校運営組織としての部や委員会、プロジェクト、学年団などで相談しながら教育活動や経営活動の工夫改善を進めていくことになる。

　それとともに、各教師が自分の授業や学級経営、校務分掌上担当する仕事をよりよく工夫改善しようと取り組むことが大切である。例えば、教師が学校の教育目標を踏まえて教

科等横断的な視点をもって指導計画を工夫すること、学習指導についてPDCAサイクルを意識して「主体的・対話的で深い学び」を追究すること、施設・設備や教材・教具、地域人材等を活用することなどは、いずれも学校として教育の質を高める上で不可欠なことである。

　各学校において教育委員会等による支援を活用するに際しては、その対象を確認し、誰が何をすることに役立つものなのかを把握することが大切である。教育委員会等による施策には、職や分掌、経験年数などにより対象を絞って講じられているものと、学校や教師全体向けに広く対象を設定されているものがある。例えば、教育センター等の事業でみれば、前者の例としては新任校長向けのカリキュラム・マネジメント研修などがあり、後者の例としては教師が選択して受講できる講座や学校向けの先進事例提供データベースなどがある。施策の対象を確かめ、活用できるものは積極的に生かしていくことが大切である。

⑵　「いつ始めるのか」―計画－実施－評価－改善サイクルを意識した支援の活用

　カリキュラム・マネジメントは、どの学校においてもすでにある程度行われている。例えば、すべての学校で教育目標を設定して、その実現のために経営方針や教育課程を定め、計画を具体化して授業を展開している。そして、すべての学校で自己評価は行われている。それらはカリキュラム・マネジメントの一環として位置付けられるものである。

　学校の教育活動や経営活動をみると、例えば、数年度間、年度、学期、単元、本時といったように、規模が大きいものから小さいものまで、時間的に長いものから短いものまで、常にいくつもの計画・実施・評価・改善のサイクルが重なり合いながら循環している。カリキュラム・マネジメントを意識することによって、そのような様々なサイクルが見えてくる。年度の変わり目はもちろん、そうした様々なサイクルに即して、いつから何に取り組むかのタイミングを考えることができる。

　一方、教育委員会等による学校への支援施策には、時期が決まっているものもあれば、指導主事の要請訪問のように求めに応じて行われるものもある。随時行われる性質の支援については、学校として教育活動や経営活動の計画・実施・評価・改善のサイクルのどの時点でどのような内容の支援を得ることが効果的かを考え、行政に対して積極的に支援を求めていくことができる。

　また、いつどのような支援を得ることがよいのか判断がつきかねる場合には、現時点での問題意識を教育委員会等に伝えて、いつどのような支援が得られるのかを相談することが大切である。その際、教育センター等の相談窓口なども有効に活用することが考えられる。

　その上で、あえて言えば、カリキュラム・マネジメントを意識したとき、つまり「いま！」が主体的、自律的に行うカリキュラム・マネジメントの始まりである。これまで自分たちが行っていることをカリキュラム・マネジメントの考え方に位置付け、その意義や課題を検討し、取組をより効果的なものに工夫改善していくようにしたい。

⑶　「どこから手をつけるのか」―カリキュラム・マネジメントの全体像の理解と授業を中心に据えた支援の活用

　カリキュラム・マネジメントは、学校の教育活動と経営活動の全体を視野においた概念であるから、それらに関わる要素は広く改善の対象となる。本来、学校の教育目標を実現するためには、学校の営み全体について考えられる限りの手立てを講じることが求められるから、気付いたところから手をつけていけばよいということになる。実際、筆者が秋田県で事例調査を行ったところ、確かな学力の育成などで効果を挙げている学校では、経営活動と密接に関連付けながら教育活動に関わる様々な面で、考えられる手はすべて打たれている。

　手をつけるポイントを見出すために、田村によるカリキュラムマネジメント・モデル（次章参照）を活用する方法がある。ワークショップ型研修等を設定し、視覚化されたモデル図を念頭に置き、カリキュラム・マネジメントの要素や要素間の関係に着目しながら自校のよさや課題を洗い出してみる。さらに、ある要素に手を加えたら他の要素まで望ましい変化が表れる「レバリッジ・ポイント」を見出し、そこに力を注ぐことで学校全体がよい方向に回り始める。こうした過程や見出した「レバリッジ・ポイント」を中心に、教育委員会等の支援を活用していくことが考えられる。

　なお、カリキュラム・マネジメントに関係する諸要素のどこから手をつけて検討を進めるにしても、授業の工夫改善を関連付けることは欠かせない。学校の教育目標は、授業を通じて子どもたちが成長することを目指すものだからである。そして、なにより教師は、自らの授業を工夫改善しないではいられない存在である。今日の授業がうまくいかず子どもたちの学習が思ったように成立しなかったとき、自らの力不足に歯がみし「次の授業こそは」と思ったことのない教師はいないのではないか。授業の工夫改善に取り組み、子どもたちが変わったという手応えが得られたとき、教師のカリキュラム・マネジメントへの意欲も高まる。経営的側面についても、授業をよりよくすることと関係付けて考えることが大切である。

　このように授業を中心とした切り口から、教育委員会等からの支援を活用することが考えられる。例えば、指導主事や研究者などを招いて授業研究を行ったり、集合研修への参加者が得てきた情報を校内で分析・共有したりすることもカリキュラム・マネジメントの一環として位置付けることができる。

⑷　「どのように進めるのか」―学校内では見えにくい課題の指摘と優れた支援策の活用

　カリキュラム・マネジメントを進めるに当たっては、学校の教育活動や経営活動が目標の実現に向かって適切に動いているか、子どもたちにとって最善と思えるものとなっているかといった視点から課題を探り、それをもとに工夫改善の手立てを検討し、実行に移していくことになる。取り組むべきポイントを見出したら、校長は関係する組織を動かし、

教育活動と経営活動を関係付けながら具体的な改善を促していく。副校長や教頭、主幹教諭、教務主任や研究主任をはじめとする主任層、各部や委員会などの役割を明確にするとともに、いつまでに、何をするといったスケジュールを策定する。それに、教育委員会等による支援の施策を組み合わせていくのである。

　カリキュラム・マネジメントは、各学校において教師が自分たちの取組を主体的、自律的に見直し工夫改善を進めるところに意義があるが、当事者だからこそよくわかることもあれば、当事者だからこそかえって見えにくいこともある。このため、教育委員会等の支援を得て、指導主事や研究者などから学校内では気が付きにくいことを率直に指摘してもらうことが考えられる。指導主事や研究者からの指導助言を生かすためには、一方通行的に話を聞いて終わりにするのではなく、教師が実践者としての矜持や経験をもとにした知見を生かし、指導助言を次の計画や実践に具現化していく姿勢が大切である。

　カリキュラム・マネジメントの進め方については、教育委員会等が提供する手引きや指導資料、先進事例などを手がかりとすることが考えらえる。それらは、教育委員会等から学校に送られてくるものもあるが、むしろ学校から積極的に求めていくことが大切である。さらに、インターネットを活用すれば、市町村や都道府県の枠を越え、各地の教育委員会等がホームページ上で公開している優れた資料や情報を全国どこの学校でも活用できる。

　また、人材の確保、施設・設備の改修、教材・教具の充実、予算の確保といった条件整備の面では、学校での工夫で対応できるものもあれば、教育委員会等の支援なしには進まないものもある。これらについては、学校から教育委員会等に対し、率直に事情を説明して積極的な支援を要請することが必要である。

【参考文献】
・田村知子・村川雅弘・吉冨芳正・西岡加名恵編著『カリキュラムマネジメント・ハンドブック』ぎょうせい、2016年
・吉冨芳正編『次代を創る「資質・能力」を育む学校づくり』シリーズ、ぎょうせい、2017年
・吉冨芳正・村川雅弘・田村知子・石塚等・倉見昇一『これからの教育課程とカリキュラム・マネジメント』ぎょうせい、2020年

第3章
指導主事による学校のカリキュラム・マネジメント実現のための支援と助言

田村知子

1　学校支援における指導主事の役割

　指導主事は、「上司の命を受け、学校における教育課程、学習指導その他学校教育に関する専門的事項の指導に関する事務に従事する」（地方教育行政の組織及び運営に関する法律第18条第3項）と定められている。本章では、指導主事が単位学校と関わり、学校によるカリキュラム・マネジメントの推進を支援する方策に焦点化して、その考え方や手順を示す。

　指導主事が学校支援に関わる際の役割については、島田らによる「学校研究の発展に資する指導主事の役割モデル」[1]が参考になる（図1）。学校研究とは、学校における実践研究のことである。図1には、直接的な支援の流れが、コンサルテーションの4段階（関係づくり、情報収集・アセスメント、介入、評価・終結）に基づいて整理されている。はじめに関係づくりの段階として「管理職・研究主任等との関係構築」を行い、次に情報収集・アセスメントの段階として「日常的な学校訪問等を通じた情報収集」をしながら「実践イメージの明確化に向けた支援」を行う。そして、介入段階として、「実践の改善にむけたアドバイス」に加えて「感情的サポート」や「実践事例・教材に関する情報提供」を行う。最後の評価・終結の段階として、「実践の評価」を行う。一方、「間接的な支援」として、当該学校と他の組織を結び付ける役割、つまり「外部ネットワーク構築のための仲介」「学習機会の提供」「成果の確認・発信のための機会の提供」が、介入と評価の段階に関連付けて大きな四角囲みで位置付けられている。

　これらの10の役割は、学校が実践研究のテーマをカリキュラム・マネジメントの開発にした場合や、別のテーマの実践研究についてカリキュラム・マネジメントを通して推進する場合にも、適用可能だと考えられる。島田らのモデルに即していえば、まずは管理職・研究主任等との関係構築を行い、日常的な学校訪問等により学校や子どもの実態や課題、校長のビジョン、学校研究のテーマやカリキュラムの特色、組織内外のリソースについて情報収集を行う。同時に、学校としてどのような教育活動に力を入れ、どのようなカリキュラム・マネジメントを展開したいのかについて問いかけ、リーダー層が具体的なイメージをもてるように支援する。介入段階では、「実践の改善にむけたアドバイス」に加

えて「感情的サポート」や「実践事例・教材に関する情報提供」を行うことになるが、カリキュラム・マネジメント自体は授業実践のための器である点が、通常の学校研究の主題とは異なる点である。また、「実践の評価」については、最終的に行うというよりは、学校がカリキュラム・マネジメントの実践そのものを形成的に評価しながら実践を修正・改善して前進できるような支援が期待される。

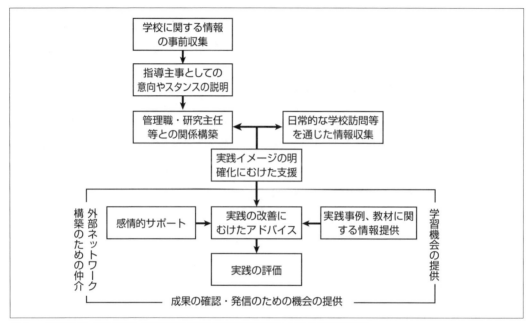

図１　島田希他（2017）学校研究の発展に資する指導主事の役割モデル

　なお、カリキュラム・マネジメントは平成28・29年告示学習指導要領で初めて明記された耳新しい概念であることから、学校関係者は「カリキュラム・マネジメントとは具体的にはどういうことなのか」といった疑問や、「実践しているがこれでいいのだろうか」といった不安を抱きやすいと考えられる。そこで、「外部ネットワーク構築のための仲介」（例えば、他校視察、他校との情報交換の機会の提供）、「学習機会の提供」（例えば、集合型研修の提供、良書の紹介）といった間接的な支援への必要度が高いと考えられる。

2　学校のカリキュラム・マネジメントを診断する枠組み

　学校を支援する指導主事は、カリキュラム・マネジメントについて十分理解していることが求められる。当然、中央教育審議会答申「幼稚園、小学校、中学校、高等学校及び特別支援学校の学習指導要領等の改善及び必要な方策等について（平成28年12月21日）」（以下「2016年答申」という）や学習指導要領「総則」を熟読する必要がある[2]。それに加えて本書では、「カリキュラムマネジメント・モデル」（図２、田村2011、2016ほか）を示し、指導主事が学校のカリキュラム・マネジメントを分析的に観て診断する枠組みを

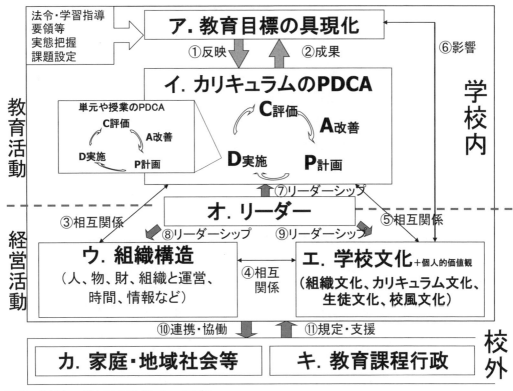

図2　カリキュラムマネジメント・モデル
　　　田村（2011、2016 他）

提供したい[3]。カリキュラム・マネジメントは、大きく分けて教育活動面（図２中のア、イの要素）と経営活動（図２中のウ、エ、オ、カ、キの要素）に分けられるので、本節では前者の要素については(1)、後者については(2)で説明するが、カリキュラム・マネジメントには、教育活動と経営活動をつなぐ点にも大きな意義がある。

(1)　教育活動（カリキュラム）　面の要素

ア．教育目標の具現化

　カリキュラム・マネジメントの目的は、各学校の「ア．教育目標の具現化」である。学校のミッション（使命）は、各家庭・地域から預かる子どもたちを、よりよく成長させることである。どのような教育的成長を目指すのか、法令や学習指導要領、子どもや学校、地域の実態を踏まえ、学校としての教育目標を設定する。これを基盤に、年度ごとの重点目標を設定する。これらは、目指す子どもの姿として具体的に表現していくことで、達成度を確認できる目標、評価規準・基準へとつながる目標にすることができる。

　教科等の目標も、学習指導要領に基づき、発達段階・学年段階に応じて設定する。これを各単元、各授業レベルでの目標に連関させる。学校は、意図的、計画的、組織的に教育を行う公の機関である以上、目標を設定し、組織として共有化して、その達成を目指さね

ばならない。したがって、各学校の教育目標は、所与のものと捉えてはならない。積極的に確認したり見直したりするべきものである。また、単なるキャッチフレーズに終わらせてはならない。「目指す子ども像」「つけたい力」として具体化・明確化し、全教職員、子ども、保護者、地域等の関係者で共有化し、それを目指す体制をつくってこそ、組織的なカリキュラム・マネジメントが始まる。

イ．カリキュラムの PDCA（Plan-Do-Check-Action）

　目標を具現化するための具体的な手段（教育の内容・方法）がカリキュラムである。目標と手だては連関する。何のために何をするのか。それを常に明確にする。そして、その手だては常に見直し、よりよいものへと発展させていく。そのプロセスとして、マネジメントサイクルをつくる。ここでは学校現場で広く使用されているため「PDCA」としたが、各学校において、実行しやすいサイクル（例えば「PDS」「RV-PDCA」など）とすることも考えられる。

　PDCA サイクルを回すためには、カリキュラム評価は特に重要である。なぜなら、カリキュラム・マネジメントは、現行のカリキュラムを見直し、改善する活動を継続することで、よりよい子どもの成長を達成する営みだからである。評価には、アセスメントとしての評価、すなわち、カリキュラム計画（P）段階に先立つ、現状の診断も含まれる。そこで、評価を起点とする「CDPA」「CAP-D」「RV-PDCA」などが主張されてきた[4]。

　計画（P）段階では、現在の教育目標を検討する。その教育目標がカリキュラムへ反映されるよう、カリキュラム編成の基本方針を決定し、それに基づいて全体計画及び年間指導計画を立てる。このとき、カリキュラム評価のための項目もつくり、評価計画を立てておくことが重要である。なお、学習指導要領では、教科横断的な内容配列の重要性が特に強調されている。

　実施（D）段階とは、単元・授業レベルをさす。具体的には、単元ごとに短期スパンのP' D' C' A' サイクルを繰り返すことになる。実施している単元について、生徒の習熟度や学習の様子をみながら形成的に評価し、随時、弾力的に変更する。ここで学習状況に関するデータや、単元変更履歴を保管しておくことは、総括的にカリキュラムを評価し、次のサイクルへとつながる改善の方策を考える評価・改善（C・A）段階のために重要である。

　PDCA サイクル全体と関わって、学習指導要領第 1 章総則第 5 学校運営の留意事項には、「各学校が行う学校評価については、教育課程の編成、実施、改善が教育活動や学校運営の中核となることを踏まえ、カリキュラム・マネジメントと関連付けながら実施するよう留意するものとする」とある。「学校評価は学校評価」「カリキュラム・マネジメントはカリキュラム・マネジメント」と別個に考えて実施すると無駄が生じる。すでに法制化され各学校が実施している学校評価のサイクルをうまく利用して、カリキュラム・マネジメントを行うよう提唱されている。

(2)　経営活動（マネジメント）面の要素

ウ．組織構造

　カリキュラムを実際につくり動かしていくために必要な人（教職員の配置、校内研修やメンタリングといった人材育成を含む）、物、財、組織と運営、時間、情報などが、「ウ．組織構造」である。これは経営活動や組織マネジメントといわれる部分である。カリキュラム・マネジメントの特徴は、これらを「よりよいカリキュラムのための条件整備活動」と捉える点である。したがって、管理職だけでなく、授業をする全教職員も、それぞれの立場から必要な人的・物的資源について明らかにする必要がある。また、より効果的な授業を実現するための協働体制（例えばティーム・ティーチング、教科会や学年会及び研究組織等の工夫など）を整える必要がある。

エ．学校文化

　学校文化は、教職員に共有された組織文化に、児童生徒に共有された生徒文化や、学校に定着した校風文化を加えたものである[5]。組織文化は、一般にその学校の「教職員の意識」「学校の体質」などと認識される、その学校の大方の教職員に共有化され持続的に根付いている「ものの見方や考え方、行動様式」である。目には見えにくいが、重要な要素である。例えば、教職員の大半がカリキュラムづくりに対してネガティブな場合は、管理職や一部の教職員がどんなにすばらしいカリキュラムをつくったとしても、それは否定されたり、表面的には賛同されても実際は十分に実施されなかったりする可能性がある。この組織文化は二つの側面からなる。一つは、カリキュラム文化（子ども観、学力観、指導観など、教育活動に直結した文化）であり、これが教育の方向性を決める。もう一つは、教職員同士の人間関係の在り方や働き方など、経営活動に直結した部分で、これが狭義の組織文化である。例えば、自律性、同僚性、実験性、協働性といった文化特性が、カリキュラム・マネジメントを活性化することがわかっている[6]。なお、組織文化は共有された考え方や行動様式だが、組織内には、共有化されていないが少なからず組織に影響を及ぼす個人的な価値観も存在する。

オ．リーダー

　マネジメントには「他者を通じてパフォーマンスする」という面がある[7]。校長や副校長、教頭、教務主任、研究主任等はリーダーであるが、直接、自分がすべての授業をするわけにはいかない。自分以外の教職員が、学校が目指す教育活動を実践し、よりよく目標を達成するように、いかに導くかということが、リーダーに問われている。ひとたび教室に入れば教師一人一人の裁量は大きい。だからこそ学校では、一人一人の教師が、学校としての目標やカリキュラムを十分に理解し納得することが必要である。その上で、主体的・自律的に取り組むようにマネジメントしなければならない。

　リーダーシップには、直接的に教育活動で指導性を発揮するスタイル、教師が働きやすいように条件整備に力を入れるスタイル、学校にポジティブな文化を醸成するスタイルな

どがある。どのようなスタイルをとるかは、学校の実態や課題に応じて、あるいはリーダーの個性によってその比重が異なってくる。

カ．家庭・地域社会等

　今日においては、家庭・地域社会等はカリキュラム・マネジメントにとって欠かせない要素である。保護者との日頃からのコミュニケーションを大切にすることは言うに及ばず、学校としては、家庭・地域社会等のニーズを把握する、学校評価への参画を得る、説明責任を果たす、などが重要である。より教育活動に直結するものでは、総合的な学習の時間や行事等での教材開発やゲストティーチャー、読み聞かせやプリントの採点といった日常的な教育活動への協力も積極的に得る。逆に、子どもが地域に貢献する総合的な学習の時間を実践したり、学校が地域の社会教育の場を提供することもできる。「win & win」のパートナーシップを構築したい。

キ．教育課程行政

　カリキュラム・マネジメントは、教育課程基準の大綱化・弾力化及び学校の自主性・自律性の担保があって、実体化した[8]。つまり学校の裁量権限の拡大はカリキュラム・マネジメントの前提条件である。自治体によって程度は異なるが、予算や人事についての学校長の裁量も認められる。この裁量を有効に使いこなすには、カリキュラム・マネジメントの発想をもって、学校として重点的に取り組む教育活動を明らかにし、先の見通しをもつことが必要である。教育課程行政による支援を積極的に活用し、また、求めてもいくべきである。そのためには、学校の課題を明確化し、その解決の道筋（カリキュラム）を具体化することが前提である。なお、マネジメントに不可欠な物的・財的条件整備や学校外との関係構築に当たっては、学校事務職員の専門性を活かすことが考えられる。平成29年3月、学校教育法第37条において「事務に従事する」から「事務をつかさどる」に改正された。事務職員も子どもの成長を共に願っている大切な「チーム学校」の一員である。マネジメントチームの構成員に加わってもらうようにしたい。

(3)　学習指導要領が示す「3側面」とモデルの関係

　それでは、学習指導要領におけるカリキュラム・マネジメントの記述と上述のモデル（図2）との関連はどのようになるだろうか。学習指導要領の記述の中に、モデルでの位置付けを（　）で示した。また、モデルに側面1～3を当てはめた図3を示す。

　各学校においては、児童や学校、地域の実態を適切に把握し（図３中の左上）、教育の目的や目標の実現（図３中のア）に必要な教育の内容等を教科等横断的な視点で組み立てていくこと（図３中のイ－P、D）、教育課程の実施状況を評価してその改善を図っていくこと（図３中のイ－PDCA）、教育課程の実施に必要な人的又は物的な体制を確保するとともにその改善を図っていくこと（図３中のウ、エ、カ、キ）などを通して、教育課程に基づき組織的かつ計画的に各学校の教育活動の質の向上を図っていくこと（以下「カリキュラム・マネジメント」という。）に努めるものとする。
（小学校学習指導要領「総則」第１より、（　）内のゴシック文字は筆者による補足）

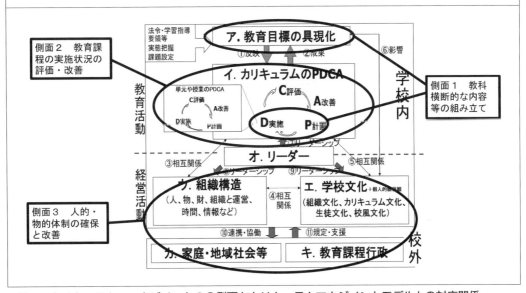

図３　カリキュラム・マネジメントの３側面とカリキュラムマネジメントモデルとの対応関係

　このように、モデルは学習指導要領が示すカリキュラム・マネジメントの３側面をすべてカバーしている。一方、３側面には「オ．リーダー」が位置付けられていない。スクールリーダー層が中心となって３側面すべてを推進する必要性を付記しておく。

3　カリキュラムマネジメント・モデルを利用した分析事例

　本節では、前節で解説したカリキュラムマネジメント・モデルを用いて実践を分析した事例を示す。事例（図４）は石川県珠洲市立直小学校の研究主任が作成したものである。

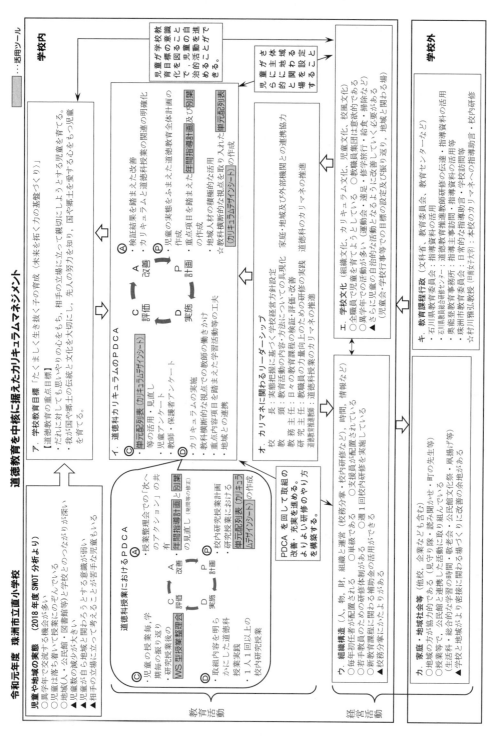

図4　カリキュラムマネジメント・モデルを用いた実践分析（珠洲市立直小学校）

以下の資料は、図４の作成者である研究主任（小町成美教諭）による解説である。

今年度、いしかわ道徳教育推進事業推進校の指定を受け、道徳教育を中核に据えてカリキュラムマネジメント・モデル図を作成した。道徳教育が学校教育のどの側面とつながっているのか、全体を俯瞰しながら把握し、教育活動の質の向上に向けた改善点を見いだしながらすすめることとした。

児童や地域の実態（2018年度SWOT分析より）

本校の強みは、異学年で交流する機会が多いこと、地域と学校とのつながりが深いことである。また地域の方々や公民館等は学校教育に対してとても協力的である。一方、弱みは児童が自ら地域と関わろうとする意識が弱いこと、相手の立場に立って考えることが苦手な児童がいることである。また、私たち職員が強みを十分に生かし切れていないことも挙げられる。よりよい地域とのつながりを模索し改善することで、教育活動の質を向上させられるのではないか、という分析のもと今年度がスタートした。

ア．学校教育目標

昨年度同様「たくましく生き抜く子の育成」と設定した。そして人と地域に着目し、特に本校の児童の実態を踏まえて、道徳教育の重点目標を次の2点とした。

・だれに対しても思いやりの心をもち、相手の立場に立って親切にしようとする児童を育てる。

・我が国や郷土の伝統と文化を大切にし、先人の努力を知り、国や郷土を愛する心をもつ児童を育てる。

イ．道徳科カリキュラムのPDCA（道徳科授業におけるPDCA）

上記の道徳教育の重点目標を受け、4月に 年間指導計画 や 別葉 等を再度修正した。また重点内容項目について教科横断的な視点で 単元配列表（カリキュラムデザインシート） を作成し、道徳科における縦と横のつながりを意識した取組がすすむようにした。特に地域人材を積極的に活用することを共有し、実践をすすめている。

また、年度当初に計画したカリキュラムを実施する中で、道徳科授業におけるPDCAを回していく。道徳科カリキュラムのPDCAの中で、35回分の道徳科授業におけるPDCAが回っているイメージで実践している。道徳科授業を実施した後には、児童の振り返りを見取って成長を把握すると共に、その授業を評価し、次の授業につながるように取り組んでいる。更には、道徳科研究授業を計画的にすすめ授業後の WS型授業整理会 では、「次へのアクション（改善策）」より具体になるように協議し、共有して次への授業につなげている。

上記のアとイをすすめるのは「オ．カリマネに関わるリーダーシップ」である。それぞれがリーダーシップを発揮し、特に道徳教育を中核に据えたカリキュラムの教育活動部分のPDCAが回るように努めている。

ウ．組織構造

　本校は毎年初任者が配置されており、若手教員の割合が高い。若手のはつらつとした動きは本校のよさでもある。また、全職員で研究推進が図れるよう、週１回の校内研修を計画的に実施し、校内研究授業も月１回程度行っている。一方で、経験年数上校務分掌のかたよりが見られるのは課題でもある。

エ．学校文化

　本校は全職員で児童を育てようとする校風があり、学校行事や児童会活動、給食や掃除等異学年での活動が多い。一方で、あらゆる活動がただ行うだけとならないよう、さらに児童の自治的な活動に改善していく必要がある。

カ．家庭・地域社会等

　見守り隊・読み聞かせ・町の先生等、地域の方は多岐の場面にわたって協力的である。また児童は、生活科・総合的な学習の時間の授業等で、敬老会・直地区文化祭・凧づくり等公民館と連携した活動にも取り組んでいる。しかし、例年の活動を行うだけにとどめず、学校と地域がより密接に関わる場づくりに改善の余地があると考えられる。

> 　**「キ．教育課程行政」**からの指導助言等や、**ウ、エ、カ**が道徳教育を中核に据えたカリキュラムの経営活動部分を力強く支えている。

相互関係を考える

　カリキュラムマネジメント・モデル図の相互関係を考えると、改善すべき点も見えてきた。例えば、児童も学校教育目標を意識することで、児童の自治的活動をすすめることができそうだということや、取組の質の向上に向け、よりよい研修方法への改善・構築が望まれること等である。このようにカリキュラムマネジメント・モデル図を共有することで見えてきたことから改善策を明らかにして取り組み、道徳教育を通して、直っ子の未来を拓く力の基盤づくりがすすむよう尽力していくことが大切である。

《文責　研究主任　小町成美》

　本実践の優れた点を指摘しよう。まず、「児童や地域の実態」を把握するためにSWOT分析を用いて学校内の強み（Strength）・弱み（Weakness）、学校外の機会（Opportunities）・脅威（Threat）を明らかにしている点である。次に、「教科横断的な視点を取り入れた単元配列表（年間のP段階）」が「教科横断的な視点での教師の働きかけ（年間のD段階）」につながっている点である。第三に、道徳科授業の短期スパンのPDCAサイクル（図４の左側）が年間レベルでのCA段階（単元配列表等の見直し）へと連動している点である。

　分析上の優れた点は、各要素間の相互関係が考察されている点である。同校は児童による自治的な活動を目指しており（図4エで課題とされている）、学校教育目標の意識化（図4アとの関連）や教育活動で地域と関わる場の設定（図4イとの関連）により、推進しようとしている。

　カリキュラムマネジメント・モデルの特徴は、学校の実践を全体的に鳥瞰することや構造的に捉えることができるようになる、PDCAサイクルへの注目を促す、実践のよさや問題点、今後の課題や取組の方向性が明らかになるといった点である[9]。指導主事は、このような視点で支援対象校のカリキュラム・マネジメント実践を整理したい。そして、本事例分析者（小町教諭）の解説の最後に「カリキュラムマネジメント・モデル図を共有することで見えてきた」の一節があることにも着目したい。モデルが示す枠組みや関連性の観点から、鳥瞰的かつ分析的に実践を観る視点を関係者が共有することにより、実践分析の共通語ができる。このような共通語があるということは、本章第1節で示した島田らによる役割モデル（図1）における「実践イメージの明確化に向けた支援」や「実践の改善にむけたアドバイス」において有効と考えられる。カリキュラムマネジメント・モデルを利用して、指導主事と学校関係者が共通語によって実践を分析することで認識のすり合わせがしやすいと考えられる。その上で、相対的に小さい力で全体に影響力を及ぼすレバリッジ・ポイント[10]を探すために協議する機会を設けたい。

4　研究授業等におけるカリキュラム・マネジメントの観点からの指導助言

　指導主事は、「実践の改善に向けたアドバイス（図1）」として、研究授業等の設計を支援したり、公開授業に対する指導助言をしたりすることが求められる。これからは、カリキュラム・マネジメントの観点を織り込んで指導助言することが考えられる。カリキュラム・マネジメントは幅広い概念・活動であるが、カリキュラムの実施段階である授業を効果的かつ適切なものに改善し、その結果として子どもに育成したい資質・能力を実現することを目的としている。つまり、授業改善につながってこそのカリキュラム・マネジメントなのである。

　カリキュラム・マネジメントの観点からの授業改善とは、アクティブ・ラーニングの視点による授業改善[11]、あるいは「連関性」[12]の観点から授業を検討することである。以下に、いくつかの観点を挙げる。

(1)　授業のねらい、目標は明確か？　子どもに育む資質・能力は明確か？　教科等の見方・考え方の観点からはどうか？　学校教育目標との関連ではどうか？

(2)　教科等の理解に迫る本質的な問いがあるか？　その問いを児童生徒自身のものにすることができるか？

(3)　授業の内容・方法は、ねらいや目標を達成するために効果的で適切か？

(4)　ねらいや目標と対応した「振り返り」のある授業か？　子どもが学習や成長を実感で

きるか？　目標と評価が連動しているか？

(5)　本時の単元内での位置付け、単元の教育課程全体の中での位置付けは明確か？　「本時主義」に陥っていないか？　単元全体を通して育成を目指す資質・能力に迫れるように単元がデザインされているか？

(6)　(5)と関わって、既習事項や今後学ぶ単元の学習事項との関連（系統性）は意識されているか？

(7)　(5)と関わって、他教科等や現代的諸課題と関連付けられる要素はあるか（教科横断的な観点。ただし、すべての授業を無理に関連付ける必要はない）？

(8)　児童生徒の生活経験を学びに生かしたり、授業での学習を実生活につなげたりするような視点はあるか（ただし、すべての授業を無理に関連付けるべきものではない）？

(9)　(1)(6)(7)(8)と関わって、生徒自身が、学習事項につながり（各種の目標、既習事項、他教科等、実生活等とのつながり）を感じることができるだろうか？

(10)　本時の授業改善から、教科全体や学校全体のカリキュラム改善につながる視点はあるだろうか？

(11)　授業実施の協働体制（ティーム・ティーチングなど）は効果的だろうか？

(12)　学校内外の人的、物的資源は効果的に活用されているだろうか？

　これらの観点がすべての授業ですべて実現されるべきだと主張しているわけではない。教科や単元の特性に応じて、指導助言に生かしていただければ幸いである。

【注】

1　島田らは、コンサルテーションに関わる先行知見をもとにインタビュー調査及びアンケート調査を経てこのモデルを作成した。島田希・木原俊行・寺嶋浩介「学校研究の発展に資する教育委員会指導主事の役割の検討－コンサルテーションの概念を用いて－」日本教師教育学会編『日本教師教育学会年報』第24号、2015年、pp.106-116、島田希・木原俊行・寺嶋浩介「学校研究の発展に資する教育委員会指導主事の役割モデルの開発」高知大学教育実践研究 (30)、2016年、pp.123-134

2　今次改訂では「総則」の構成が抜本的に見直された。総則は、「各学校における教育課程の編成の手順を追って分かりやすくなるように整理」され、「各学校のカリキュラム・マネジメント上の課題がどこにあるのかを考える際のチェックリストとして機能」することや「校内研修の題材とし活用されることなど」が期待されている。文部科学省初等教育局教育課程課教育課程企画室『初等中等教育資料』平成29年6月号（No.954）

3　教育行政では「カリキュラム・マネジメント」と表記が統一されているが、筆者は2003年に中央教育審議会答申でこの用語が初出される以前から、「カリキュラムマネジメント」という表記を用いて研究していた。研究者には「・」のない表記を用いる場合が多い。

4　中留武昭はSPDサイクル、田中統治はCAPDサイクル、田中博之はRV-PDCAを提唱した。中留武昭『総合的な学習の時間－カリキュラムマネジメントの創造』日本教育綜合研究所,2001 田中統治「カリキュラム評価の必要性と意義」田中統治・根津朋実『カリキュラム評価入門』勁草書房、2005、pp.1-27、田中博之『カリキュラム編成論―子どもの総合学力を育てる学校づくり』放送大学教育振興会、2017（改訂版）

5　堀尾輝久・久冨善之他『講座学校6　学校文化という磁場』柏書房、1996 年

6　中留武昭編著『カリキュラムマネジメントの定着過程』教育開発研究所、2005 年

7　マグレッタ，ジョアン（山内あゆ子訳）『なぜマネジメントなのか』ソフトバンクパブリッシング、2003 年（Joan Magretta with the collaboration of Nan Stone, *What Management Is*" 2001）

8　中留武昭編著、前掲書、2005 年

9　田村知子・本間学「カリキュラムマネジメントの実践分析方法の開発と評価」日本カリキュラム学会編『カリキュラム研究』第 23 号、pp.43-55

10　レバレッジ・ポイントについては、ドネラ・H・メドウズ（枝廣淳子他訳）『世界はシステで動く』英治出版、2015 年を参照。

11　「2016 年答申」においては、「「アクティブ・ラーニング」と「カリキュラム・マネジメント」は、教育課程を軸にしながら、授業、学校の組織や経営の改善などを行うためのものであり、両者は一体として捉えてこそ学校全体の機能を強化することができる（下線は筆者）」とされている。

12　「連関性」と「協働性」をカリキュラムマネジメントの「基軸」と論じたのは、中留武昭『総合的な学習の時間ーカリキュラムマネジメントの創造』日本教育綜合研究所、2001 年。

第４章
高等学校のカリキュラム・マネジメント実現のための支援
～キャリア教育・主権者教育を中心に～

山﨑保寿

　本章では、前半で、高等学校におけるカリキュラム・マネジメント推進の根拠として、平成30年改訂学習指導要領の内容を確認する。カリキュラム・マネジメントの重視と組織的推進が明確に打ち出されたことにより、各学校では、カリキュラム・マネジメントを有効化する方策を模索していることだろう。学校においてカリキュラム・マネジメントを推進していくための基本的な根拠を明確にし、高等学校の特徴を明らかにする。

　後半では、カリキュラム・マネジメントの考えに基づいて進める教育活動の例として、キャリア教育と主権者教育を取り上げる。キャリア教育は、高校生のキャリア発達とキャリア形成を促す教育活動であり、高等学校における重要な実践課題となっている。同様に主権者教育についても、高校教育の重要な実践課題であり、事例を挙げて推進のための有効なモデルと支援策を提示する。

1　高等学校におけるカリキュラム・マネジメントの推進

⑴　学習指導要領によるカリキュラム・マネジメントの根拠

　中学校卒業者の約98％が高等学校に進学している現状から、高等学校教育の基本は、教育課程における「共通性の確保」と「多様性への対応」である。そのため、高等学校には、全日制・定時制・通信制の課程が置かれ、普通科・専門学科・総合学科の各学科において、それぞれの課程と学科の目的と特色に応じて、総体的に多様な生徒の学習を可能にしている。

　今期学習指導要領改訂の方向を示した中央教育審議会答申「幼稚園、小学校、中学校、高等学校及び特別支援学校の学習指導要領等の改善及び必要な方策等について」（平成28年12月21日）では、「共通性の確保」と「多様性への対応」を軸にした教育課程の編成の要点について、カリキュラム・マネジメントの在り方を示し次のように述べている。すなわち、「特に高等学校では、生徒一人一人の進路選択や、地域や社会の現状や見通しを踏まえて、各学校において育てたい生徒の姿を明確にし、教科・科目選択の幅の広さを生かしながら、教育課程を通じて育んでいくことが求められる。例えば、校是や校訓などをより具体化して育成する資質・能力を設定し、それを基に教育課程の改善・充実を図るという文化を高等学校の中に作り、教職員全体で学校の特色づくりを図っていくことが、カ

リキュラム・マネジメントにおいて必要となる」と述べている。とりわけ、カリキュラム・マネジメント推進の趣旨として重要なことは、新学習指導要領が目指すアクティブ・ラーニング（主体的・対話的で深い学び）の有効で円滑な導入を図るために、年間を通して教育課程の条件整備活動を行っていくことである。高等学校においては、生徒の発達段階に応じ、育成する資質・能力を明確化し、それをもとに教育課程の改善・充実を図るカリキュラム・マネジメントを組織的に推進し、教職員全体で学校の特色づくりを図っていくことが重要になる。

　同答申を受けた新学習指導要領では、総則第1款「高等学校教育の基本と教育課程の役割」において、小中学校と同様に、次のようにカリキュラム・マネジメントの在り方と推進の重要性を示している。すなわち、「各学校においては、生徒や学校、地域の実態を適切に把握し、教育の目的や目標の実現に必要な教育の内容等を教科等横断的な視点で組み立てていくこと、教育課程の実施状況を評価してその改善を図っていくこと、教育課程の実施に必要な人的又は物的な体制を確保するとともにその改善を図っていくことなどを通して、教育課程に基づき組織的かつ計画的に各学校の教育活動の質の向上を図っていくこと（以下「カリキュラム・マネジメント」という。）に努めるものとする」と。このように、カリキュラム・マネジメントの導入と推進の重要性については、高等学校の場合も小中学校と同様に新学習指導要領で明確に示されている。

⑵　高等学校の特性と留意点

　しかし、小・中学校と異なり、高等学校には次のような特性がある。それは、学区が広く学区内の生徒すべてが自校の生徒とは限らないこと、教員数が多くそれぞれの教員の独立性が高いこと、教科の専門性があり教科組織の壁が厚いこと、相対的に校長のリーダーシップが浸透しにくいことなどである。そのため、カリキュラム・マネジメントの推進に関する全校的な校内研修の機会を設けたり共通理解を図ったりすることは、小中学校と比べて必ずしも容易ではない。こうした高等学校の特性がある中で、カリキュラム・マネジメントを実現していくためには、後述するように、一教員が先駆的に実施するカリキュラム・マネジメントを管理職が尊重し、カリキュラム・マネジメントの方法論を持った教員をカリキュラム・マネジメント推進組織の中核に置くなど管理者が支援しつつ、学校全体の取組も含めてカリキュラム・マネジメントを階層的に推進する考えが重要になる。

　さらに、高等学校独自の特性として、高等学校は科目の履修と修得の関係に単位制が適用されているため、単位の認定に関わる教育課程の運用に当たっていくつかの留意点がある。その一つが、学校外における学修等の単位認定に関わる事項である。学校外における学修等の単位認定が認められるのは、学校教育法施行規則に定める各教科及び学校設定科目についてであり、「総合的な探究の時間」と「特別活動」に対しては適用されないことになっている。そのため、学校外学修をそのまま「総合的な探究の時間」や「特別活動」

の履修とみなしたり、単位を認めたりすることはできないことになっている。ただし、この場合でも、就業やボランティア等に関わる体験的な学習を「総合的な探求の時間」または「特別活動」の内容の中に、最初から計画的に位置付け、学校外で実施することは問題がないとされている。

　こうした高等学校の特性や課題を考慮してカリキュラム・マネジメントを組織的に推進していくことが必要になる。

(3)　カリキュラム・マネジメントの階層的推進が重要

　前述したように、高等学校独自の特性や課題がある中で、カリキュラム・マネジメントを実現していくためには、一教員が先駆的に実践するカリキュラム・マネジメントを尊重しつつ、学校全体の取組も含めてカリキュラム・マネジメントを階層的に推進する考えが必要になる。すなわち、授業のカリキュラム・マネジメントから学校全体のカリキュラム・マネジメントへ広げていく考えとそのプロセスが重要になるのである。

　一般に紹介されているカリキュラム・マネジメントの事例は、学校全体で推進するカリキュラム・マネジメントの在り方について示したものが多い。カリキュラム・マネジメントに関する論究の多くは、学校全体で推進することを想定したものであり、今日、新学習指導要領との関連で重視されているカリキュラム・マネジメントの在り方に関しても学校全体で組織的に推進することが基本的方向となっている。これは、カリキュラム・マネジメントが各学校において学校経営の一環として行われていることから、カリキュラム・マネジメントの大枠が学校経営のPDCAサイクルであると捉えれば当然のことといえる。

　しかし、高等学校では、教科担任が特色ある授業づくりのために自主的に行っているカリキュラム・マネジメントもあれば、学年単位で「総合的な探究の時間」の条件を整えるために行うカリキュラム・マネジメントもある。そのため、個別の授業におけるカリキュラム・マネジメント、教科単位や学年単位で行うカリキュラム・マネジメント、学校全体で取り組むカリキュラム・マネジメントなどがあり、それらを階層的に捉えて推進する考えが重要になるのである。

　したがって、高等学校においてカリキュラム・マネジメントを実現しようとする場合、その内容と範囲、担当する教員や組織によって、学校の状況に応じた階層的段階またはそのタイプがあると考えた方が現実に適合している。小中学校に比べて規模が大きく独自の学校文化を持つ高等学校では、カリキュラム・マネジメントの実現までに次のようなプロセスがある。①教員個人の力や発想を活かす段階（表1のAの段階）、②それを教科・学年・分掌いずれかの組織として展開する段階（表1のBまたはCの段階）、③学校全体で目的的にカリキュラム・マネジメントを推進する段階（表1のDの段階）

　そこで、高等学校で見られる様々なカリキュラム・マネジメントの在り様を授業、教科、学年、学校という階層的な視点で見ると実態をより反映した区分ができる。そのタイ

プが、表1に示したA．授業タイプ、B．教科タイプ、C．学年タイプ、D．学校タイプ
である。

表1　カリキュラム・マネジメントの階層的タイプ

領域	内容（PDCA）	担当する主体
A．授業タイプ	授業に関する諸条件の配慮と整備（例：担当教科に関するカリキュラムの開発、評価の工夫、地域・保護者ボランティアの配置）	授業担当者・担任
B．教科タイプ	教科主体による諸条件の配慮と整備（例：教科の特色化のためのカリキュラム・マネジメント）	教科主任
C．学年タイプ	学年主体による諸条件の配慮と整備（例：学年の特色化のためのカリキュラム・マネジメントの推進）	学年主任
D．学校タイプ	学校全体による諸条件の配慮と整備（例：研修テーマを浸透させるためのカリキュラム・マネジメントの推進）	教務主任・教頭・校長
各タイプの組み合わせ		

⑷　授業のカリキュラム・マネジメントから学校全体のカリキュラム・マネジメントへ

　表1で重要になるのは、Aタイプの取組を含めたカリキュラム・マネジメントの考え方である。高等学校の教科担任にとって、カリキュラム・マネジメントは、日々の授業を充実するための営為でもある。個々の授業に関していえば、授業の実施に際するよりよい条件整備を図ること自体がカリキュラム・マネジメントの重要な一面である。それは、カリキュラム実施に備えてのよりよい条件整備に相当するものであり、教育効果を高めるための条件整備活動でもある。例えば、授業による教育効果を上げるために計画的に行われる外部人材の活用、ティームティーチングなど教員組織の連携、授業の充実のための地域人材や企業・公的機関等の活用、民間教材の活用、web教材やデジタル教材の活用などが、カリキュラム・マネジメントの一環としての重要な条件整備活動といえる。高等学校では、個々の教員レベルで行われているカリキュラム・マネジメントに対しても、管理職の働きかけや支援により教科間相互の関連や「総合的な探求の時間」「特別活動」との関連を図ることにより、学年や学校全体の取組につなげていくことが可能になる。そうした先導的な教員をカリキュラム・マネジメント推進組織の中核に配置することも重要である。

　また、学校が新たな教育課題に取り組もうとする場合、学校内に先導的な実践が進んでいれば、管理職の働きかけと支援によって学校全体の取組が円滑に進むことが研究的に明らかにされている[1]。Dタイプのように学校全体のカリキュラム・マネジメントを推進し

なければならない場合であっても、Ａタイプの取組のような先導的な実践が行われていれば、教務主任・教頭・校長等の支援によって、学年、教科、学校全体をＡタイプの取組をモデルとしてリードすることができるのであり、学校全体にカリキュラム・マネジメントがより円滑に広がっていくのである。

　その際、学校の課題状況に対する教職員の危機感の共有、先駆的に取り組む教員の存在とその実践、そして課題解決につながる実践事例の共通理解などが、学校の課題解決と特色ある学校づくりを目指したカリキュラム・マネジメントを推進するための強力な原動力となるのである。

2　高等学校学習指導要領におけるキャリア教育

⑴　学習指導要領の改訂によるにキャリア教育の重視

　ここでは、前学習指導要領（高等学校平成21年改訂）及び新学習指導要領（高等学校平成30年改訂）において、キャリア教育がどのように扱われているか、その重視度についてキャリア教育に関連する箇所をもとに明らかにする。

　まず、前学習指導要領において特筆すべきことは、キャリア教育という用語が小・中・高等学校を通して学習指導要領において初めて使用されたことである。前学習指導要領において、キャリア教育という用語が使用された箇所は、「総則」の「第5款　教育課程の編成・実施に当たって配慮すべき事項」の「4　職業教育に関して配慮すべき事項」であり、そこで、「⑶　学校においては、キャリア教育を推進するために、地域や学校の実態、生徒の特性、進路等を考慮し、地域や産業界等との連携を図り、産業現場等における長期間の実習を取り入れるなどの就業体験の機会を積極的に設けるとともに、地域や産業界等の人々の協力を積極的に得るよう配慮するものとする」（下線は筆者）とされた。

　この項目は、下線部分からもわかるように、普通科の高等学校においても教育課程の編成・実施に当たって配慮すべき事項である。そして、同じく「総則」第5款の「5　教育課程の実施等に当たって配慮すべき事項」で、「⑷　生徒が自己の在り方生き方を考え、主体的に進路を選択することができるよう、学校の教育活動全体を通じ、計画的、組織的な進路指導を行い、キャリア教育を推進すること」とされた。これらの内容は、平成30年改訂の新学習指導要領にも引き継がれており、学校の教育活動全体を通じて行う計画的、組織的な進路指導は、まさしくキャリア教育のカリキュラム・マネジメントといえるものである。

　また、中央教育審議会答申「今後の学校におけるキャリア教育・職業教育の在り方について」（平成23年1月31日）において、幼児期の教育から高等教育に至るまでの体系的なキャリア教育の推進の在り方が示された。同答申では、従来からキャリア教育によって育成すべき能力として示されてきた4領域8能力をより一般性の高い基礎的・汎用的能力[2]に再整理し、基礎的・汎用的能力が以降におけるキャリア教育の代表的な能力枠組みと

なってきた。基礎的・汎用的能力は、国立教育政策研究所が研究したキャリア発達に関わる諸能力に基づいたものであり、「人間関係・社会形成能力」「自己理解・自己管理能力」「課題対応能力」「キャリアプランニング能力」の四つの能力を柱とするものである。

表2　平成 29・30 年改訂学習指導要領　キャリア教育関連用語の頻度

用語＼校種	小学校	中学校	高等学校
キャリア教育	1	1	4
就業体験（インターンシップ）	0（0）	0（0）	17（0）
職場体験	0	3	0
職場見学	0	0	0
ボランティア	3	4	8
生き方	7	14	55
将来（の生き方）	10	13	29

　表2からわかるように、新学習指導要領では、キャリア教育という用語が小学校で1回、中学校で1回、高等学校で4回使われており、前学習指導要領よりキャリア教育の用語頻度が増加するとともに、「生き方」「将来」という語も前学習指導要領より多く使われている。

　さらに、平成 30 年改訂の高等学校学習指導要領では、公民科に新設された科目「公共」の内容の取扱いについて、「教科目標の実現を見通した上で、キャリア教育の充実の観点から、特別活動などと連携し、自立した主体として社会に参画する力を育む中核的機能を担うことが求められることに留意すること」が特記されている。教科目標の実現と「特別活動」などとの連携に配慮することは、キャリア教育のカリキュラム・マネジメントによって実現していくものである。

⑵　キャリア教育のカリキュラム・マネジメント推進の支援・改善策

　キャリア教育を進めるためのカリキュラム・マネジメントについて、その課題と支援・改善策をカリキュラム・マネジメントの PDCA サイクルに沿って示すことにする。表3の事例は、カリキュラム・マネジメントの PDCA を明解にするために、実際を簡略化して示したものである。将来就きたい職業について、講師のミニ講義を聴き、就業体験などの活動を振り返り「10 年後の私」について自己の考えを作文し、発表するという活動に関するものである。この活動に関するカリキュラム・マネジメントの課題と支援・改善策を PDCA のプロセスに沿って示している。

　表3における支援・改善策の欄からわかるように、教科横断の視点や地域との連携をはじめ、計画性、組織性、改善性などの要素を取り入れることがカリキュラム・マネジメント充実のための鍵になる。

表3　カリキュラム・マネジメントのプロセスにおける課題と支援策（キャリア教育）

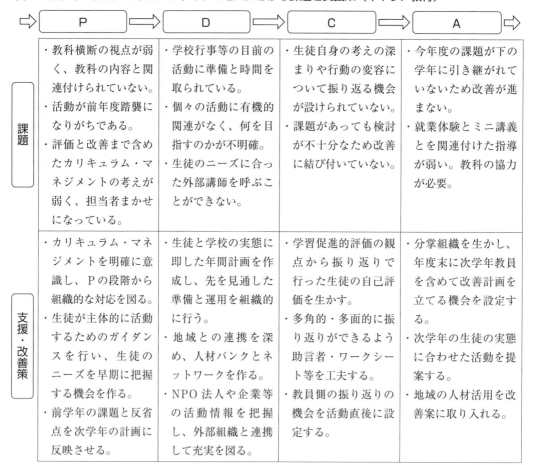

	P	D	C	A
課題	・教科横断の視点が弱く、教科の内容と関連付けられていない。 ・活動が前年度踏襲になりがちである。 ・評価と改善まで含めたカリキュラム・マネジメントの考えが弱く、担当者まかせになっている。	・学校行事等の目前の活動に準備と時間を取られている。 ・個々の活動に有機的関連がなく、何を目指すのかが不明確。 ・生徒のニーズに合った外部講師を呼ぶことができない。	・生徒自身の考えの深まりや行動の変容について振り返る機会が設けられていない。 ・課題があっても検討が不十分なため改善に結び付いていない。	・今年度の課題が下の学年に引き継がれていないため改善が進まない。 ・就業体験とミニ講義とを関連付けた指導が弱い。教科の協力が必要。
支援・改善策	・カリキュラム・マネジメントを明確に意識し、Ｐの段階から組織的な対応を図る。 ・生徒が主体的に活動するためのガイダンスを行い、生徒のニーズを早期に把握する機会を作る。 ・前学年の課題と反省点を次学年の計画に反映させる。	・生徒と学校の実態に即した年間計画を作成し、先を見通した準備と運用を組織的に行う。 ・地域との連携を深め、人材バンクとネットワークを作る。 ・NPO法人や企業等の活動情報を把握し、外部組織と連携して充実を図る。	・学習促進的評価の観点から振り返りで行った生徒の自己評価を生かす。 ・多角的・多面的に振り返りができるよう助言者・ワークシート等を工夫する。 ・教員側の振り返りの機会を活動直後に設定する。	・分掌組織を生かし、年度末に次学年教員を含めて改善計画を立てる機会を設定する。 ・次学年の生徒の実態に合わせた活動を提案する。 ・地域の人材活用を改善案に取り入れる。

⑶　「勤労観・職業観の育成」から「社会的・職業的自立」への転換

　新学習指導要領について、キャリア教育の実施に関して特に留意すべきことは、キャリア教育の目的が、「勤労観・職業観の育成」から「社会的・職業的自立」の一層の重視へと変化していることである。例えば、新科目「公共」の内容に関連して、「特別活動」では、ホームルーム活動の内容に「学校生活と社会的・職業的自立の意義の理解」の項を設け、また、「一人一人のキャリア形成と自己実現」に関して、勤労観・職業観の育成とともに社会参画意識の醸成の重要性を示している。新学習指導要領では、キャリア教育を「勤労観・職業観の育成」を基盤としながらも、「社会的・職業的自立」の力を重視して育成する方向へと変化しているのである。なお、キャリア教育の方向が「勤労観・職業観の育成」から「社会的・職業的自立」の力を育成する方向へと向いていることは、教育基本法の定めによって策定されてきた第1期（平成20年）から第3期（平成30年）の教育振興基本計画の施策内容においても同様である。

　そのため、高等学校におけるキャリア教育は、主権者教育など将来の社会的自立に向け

た教育活動と関連させて実施することが肝要である。以下、事例を挙げて将来の社会的自立に向けた主権者教育のモデルとその支援策を紹介する。

3　高等学校における主権者教育の事例と支援策

(1)　主権者教育の目的

　主権者教育は、生徒が将来社会の中で自立し、他者と連携・協働しながら、社会を生き抜く力や地域の課題を解決する力を社会の構成員の一人として主体的に担う力を養うことを目的とする教育である。主権者教育の内容は、生徒が社会参加するために必要な知識、技能、価値観を身に付けることであり、その方法として、市民と政治との関わりを各教科、「総合的な探求の時間」「特別活動」で教科横断的に学ぶことが重要になる。

　その場合、単に政治の仕組みについて必要な知識を習得させるだけでなく、主権者として必要な能力を育みつつ、生徒に地域のよさや愛着の気持ちを育て、地域の振興に参画する活動を取り入れるよう配慮することなども含めた教育である。現在、公職選挙法の改正により、平成28年から18歳選挙権が導入されたことにより、社会的自立を目指したキャリア教育の観点からも主権者教育の導入の重要性が高まっている。

(2)　地域と連携した主権者教育の事例

　ここでは、主権者教育に先進的に取り組んでいる事例校として、S県立H高等学校に焦点を当てる。H高校は、S県中南部に所在し、創立百年を超す全日制高校であり、普通科（5学級）と理数科（1学級）を併置した学校である。H高校は、文武両道の進学校であり、調和のとれた人間教育、将来の地域リーダーの育成などを目標とした教育を実践している。生徒は、明朗活発で学習に対して真摯に取り組んでおり、生徒のほとんどが大学進学希望である。

　H高校は、平成27年度よりS県教育委員会の学力向上アドバンススクール事業の指定を受け、将来地域社会に貢献する人材、特に地域医療を担う人材の育成を目指し、H高校が同事業の目標として掲げる「地域に大きく貢献する伝統校」の実現に向け、医療系大学・医療機関と連携したインターンシップなどの取組を行っている。

　H高校では、公民科のM教諭を中心として、主権者教育に力を入れ、「現代社会」（1年）及び「政治・経済」（3年）の授業で、カリキュラム・マネジメントの考えに立ち、地域連携を活用しアクティブ・ラーニングを取り入れた実践を行っている。実践の方法として、地域の教育環境を生かし、地域の行政機関及び民間企業からの講師招聘、地域活性化のためのフィールドワーク、レポート及び学習成果報告書の作成とプレゼンテーションなどを取り入れ、課題発見・課題解決型の授業を展開している。こうした地域の教育環境を学校の教育活動に生かすことこそがカリキュラム・マネジメントの取組であり、学校と地域との関係に新しい展開を生むという成果も上がっている。

　さらに、学習の成果を模擬請願の形で地域自治体に提出したり、市長の出前授業を実施したりするなどの活動により、地域との連携が一層強まっている。M教諭の取組は、管理職の支援により事業申請と予算の確保がなされ、学年・学校全体のカリキュラム・マネジメントにつながっている。これらの活動は、平成28年からの18歳選挙権の導入に伴う主権者教育の必要性から生まれたものである。この実践では、様々な地域の教育環境を生かした学習とともに、STOCKリーグ[3]やバーチャル投資といった特色ある方法を組み合わせた学習を行っている（表4、表5）。

表4　H高校における実践
（現代社会年間学習計画：平成27年度関連部分、M教諭による）

時期	学習内容	備考
6月	4〜5名のグループを結成 日経STOCKリーグ申し込み（対象生徒83名、17グループ）	日経STOCKリーグ参加時の共通テーマの明示（地域創生）
8月	「環境問題」「環境・情報倫理」についての探求学習（グループ学習）	グループ内の役割を明確化
10月	S県M市市長による出前授業（10月2日（金）実施）	各HR1時間ずつ実施 市行政と身近な生活との関係を理解
11月	企業訪問（11月9日（月）実施）	オープンスクールの振替日に実施
11月	野村ホールディングス出張授業（11月13日（金）実施）	参加者40名（放課後） 新たな知識を以後の学習に生かす
12月	日経STOCKリーグ向けのレポートの作成と提出	レポート作成の留意点を指導
1月	学習成果報告書（模擬請願）に向けてのグループ学習	レポートの内容を、模擬請願向けに修正 模擬請願の意義を理解
2月	学習成果報告書の作成と提出（2月18日（木）実施）	各グループ責任者20名（放課後） 報告書のまとめ方を指導

表5　H高校における実践の概要
（平成 26〜28 年、M教諭による）

	学年（単位）	事例・テーマ	実施日	内容
政治・経済	3年（2）	①中央銀行の金融政策について（経済・金融）	平成 26 年 11 月 21 日	「日本銀行の金融政策の是非」についてペアワークとグループワークを実施。
		②公職選挙法改正に伴う選挙（投票）権拡大について（主権者教育）	平成 27 年 9 月 8 日	選挙（投票）権年齢が引き下げられたことについてどう考えるか、グループワークを実施。M市選挙管理委員会の協力により、選管担当者による 15 分程度の講義を授業時間内で実施。
		④日本の民主政治の課題（主権者教育）	平成 28 年 6 月 22 日	社会的選択論を踏まえ、座標軸と二次元表を用いて、候補者の情報分析を実践。ワールド・カフェの手法を活用した協働的学習を実施。
現代社会	1年（2）	③現代経済の仕組み及び政治的教養の育成について（主権者教育・模擬請願）	平成 28 年 1 月 20 日	学習の振り返り、M市周辺地域の諸課題の再確認、グループ活動で思考のツールを活用し意見を集約。学習成果報告書にまとめ模擬請願を実施（2 月 18 日放課後、生徒代表がM市市長に提出）。

　そして、表6は、本実践の特色を学習の内容面と方法面からまとめ、推進のための支援を示したものである。本実践では、主権者教育を推進するために、市長の出前授業、地域活性化のためのフィールドワーク（企業訪問等）、模擬請願、学習成果報告書の作成など、地域の教育環境を生かした様々な活動を行っている。この実践は、学校教育の目的を地域社会と共有して、人材育成を図るキャリア教育の一面を持つものであり、新学習指導要領が目指す「社会に開かれた教育課程」[4]の好適なモデルといえる。

表6　H高校における実践の特色とカリキュラム・マネジメント推進の支援

内容的特色	主権者教育（公職選挙法改正、模擬請願等に関する内容）、経済・金融教育（STOCKリーグ、バーチャル投資等）、キャリア教育（地域の産業、民間企業・公共機関との連携、人材育成）
方法的特色	アクティブ・ラーニングとカリキュラム・マネジメントの連動的推進、グループ活動、フィールドワーク（企業訪問等）、調査探求活動、市長出前授業、地域の講師活用（行政機関・民間企業）、レポート作成、学習成果報告書作成、学習成果のプレゼンテーション
推進の支援	管理職の支援（主権者教育の学年・学校全体への拡大、事業申請と予算の確保、人材配置、教育委員会との連絡調整）、市行政の支援（市長の出前授業、市役所職員の派遣、地域活動への協力、学校の取組に関する広報）、大学教員の専門知の提供（主権者教育に関する内容知・方法知の提供、質問紙調査の分析）

　この実践の効果は、事後に授業評価をかねて実施した質問紙調査（回答数 78）によっ

て明らかにされている。肯定率（5段階の4と5）の高かった項目は、「STOCK リーグ
で様々な知識を得ることができた」（64 人＝ 82.1％）、「国や地方の問題に関する理解が深
まった」（61 人＝ 78.2％）、「市長の出前授業で様々な知識が得られた」（57 人＝ 73.1％）で
あった。こうした結果から、この実践では、STOCK リーグや市長の出前授業などの特徴
的な学習方法や地域と連携した学習に高い肯定率が見られた。生徒が将来の自立や社会を
生きるための力を身に付けるという点で、こうした特徴的な学習方法を計画的に取り入れ
ることは効果があるといえる。

　また、国や地方の問題に関する理解が深まっていることは、本実践が地域連携を基盤と
した展開でありながらも主権者教育に関する全国的な動向を視野に入れて実践してきたこ
とによる成果が表れていると考えられる。本実践は、"Think globally, act locally" の具
現を目指した優れた取組であり、主権者教育の先進的事例として、また、新学習指導要領
が理念としている「社会に開かれた教育課程」の実現を目指す場合のモデルとして、他校
の参考になるものである。

　以上が、管理職、市行政、専門家（大学教員）の支援により教員が行っていたカリキュ
ラム・マネジメントの実践が学校全体の取組に発展した主権者教育の事例である。地域の
実情を通して生徒が将来の生き方をより具体的に考える契機になり、社会参画意識や社会
的・職業的自立の意識を醸成していく実践であり、主権者教育を中心としたキャリア教育
の例であるといえる。

【注】
1　山﨑保寿「総合的な学習のカリキュラム開発の動向と課題―高等学校―」新井郁男編『カリキュラ
　ム開発の促進条件に関する研究』教育開発研究所、2012 年、pp.83-98
2　基礎的・汎用的能力とは、キャリア発達に関する基礎的能力と、その基礎的能力を広く活用してい
　く汎用的能力の両方が重要であることから、両者を一体的なものと捉えたものである。基礎的・汎用
　的能力は、「人間関係形成・社会形成能力」「自己理解・自己管理能力」「課題対応能力」「キャリアプラ
　ンニング能力」の四つの能力を柱として構成されている。これらの能力は、分野や職種にかかわらず、
　社会的・職業的に自立するために必要な基盤となる能力であると考えられている。
3　STOCK リーグは、日経が提供している中・高・大学生向けのコンテスト形式による株式学習プロ
　グラムである。
4　山﨑保寿『「社会に開かれた教育課程」のカリキュラム・マネジメント―学力向上を図る教育環境の
　構築―』学事出版、2018 年

第5章
ICT活用による授業づくり支援

泰山　裕

1　カリキュラム・マネジメントを支援するICT

　カリキュラム・マネジメントを実施していくためにはPDCAサイクルを回していくことが求められる。カリキュラム・マネジメント実施においてもそれらを支援するためのICTを活用することができる。本章では各プロセスを支援するためのICTツールとそれを活用する際の考え方を検討する。

⑴　計画（P）を支援するためのICTツール

　カリキュラム・マネジメントを進めるには、どのような場面でどのような資質・能力を育成するのかについて事前に教科等横断的に計画することが求められる。そのためには、各教科等や総合的な学習の時間において、どのような資質・能力が育成されるのかを明らかにし、その関連を検討する必要がある。しかし、それをアナログで紙面上だけでやるのは容易ではない。そのような作業を支援するために、例えば、てんまる（文溪堂）、サクスタ（日本文教出版）などのICTツールを活用することで、効率的にカリキュラム・マネジメントを行うことができるだろう。

① 　教科等横断的なカリキュラム・マネジメントを支援する「てんまる」

　てんまるは得点集計・個人別診断ソフトとして文溪堂から提供されているソフトウェアである。児童生徒の成績を管理したり、学習シートや賞状を打ち出したりすることができるなど、幅広い機能が提供されている。その中に、年間指導計画作成のためのツールがある。各教科等の単元の長さやそこで育成を目指す資質・能力を色で表示することによって、分類項目を意識し、教科等横断的なカリキュラム・マネジメントを実施することができるツールである。

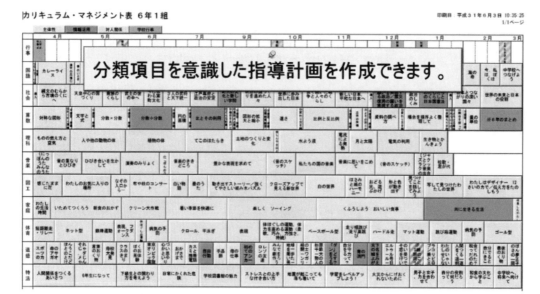

図1　てんまる、カリキュラム・マネジメント作成イメージ
　　（文溪堂、ホームページより）

　教科ごとに単元とその長さを設定し、そこに育成を目指す資質・能力の色をつける。それを教科等横断的に見渡すことで、例えば、単元の時期を入れ替えたり、それぞれの関連を意識したりしながら単元計画を検討することができる。

　例えば、総合的な学習の時間を軸にしたカリキュラム・マネジメント実行する際には、まずは総合的な学習の時間の年間指導計画を大まかに作成し、そこで求められる資質・能力について学校で大事にしている視点で色分けしていく。「主体性」「情報活用能力」「コミュニケーション能力」といった視点である。次に、各教科等の単元の内容や時期をそれぞれ入力し、その単元で特に関連する資質・能力を色分けしていく。そうすることで、図1のように、どの時期にどの教科等において、どの資質・能力が育成されるのかについて、一目で明らかにすることができる。

　そうすることで、総合的な学習の時間で「主体性」の発揮が求められる時期の前後に、その内容に近い教科等の学習の単元を移動させ、そのつながりを意識した指導を行うことが可能になるのである。

② 　スタートカリキュラムの検討を支援する「サクスタ2」

　日本文教出版が提供する「サクスタ2」は、特にスタートカリキュラムに焦点を当てたカリキュラム・マネジメントを支援するためのICTツールである。学習活動のピースを選び、組み合わせていくことで、教科等横断的にスタートカリキュラムを検討することが可能になる。

　例えば、「朝の用意の仕方や返事の仕方を覚える」という目標にどのような教科等の学習活動が関連するかをピースの中から選ぶことができる。例えば、「学活：自分の机の中

標準時間	1時間目	2時間目	3時間目	4時間目		
1日目						
	行　入学式に参加する。(2)(5)	学　学級活動に参加する。(入学式後)(2)(3)	学　学級活動に参加する。(入学式後)(2)(3)			
2日目		できるようになりたいことを発表し、その中から、トイレやスリッパの使い方を覚える。				
	行　始業式に参加する。(2)(5)	生　学校生活の中で、できるようになりたいことを発表する。(2)(9)	学　トイレやスリッパの使い方を覚える。(1)(2)(5)	行　通学団会に参加する。(1)(4)(5)		
3日目	できるようになりたいことの中から、朝の用意の仕方を覚える。また、返事の仕方を覚え、実際に朝の健康観察で行う。	友だちと歌いながら、手遊びをしたり、体を動かしたりして楽しく遊ぶことを通して、仲を深める。		できるようになりたいことの中から、帰りの支度の仕方を覚える。また、学年下校の仕方を知り、実際に交通のきまりを守って下校する。		
	学　自分の机の中の整頓の仕方やロッカーの使い方を覚える。(2)(4) ／ 学　用具や提出物の出し方を覚える。(2) ／ 国　名前を呼ばれたら返事をすることを知る。(2)	音　友だちと歌いながら、手遊びをしたり、体を動かしたりして楽しく遊ぶ。(1)(3)(10)		学　お便りや荷物のしまい方を覚える。(2) ／ 学　靴箱の使い方を覚える。(2) ／ 学　学年下校の仕方を覚える。(1)(2)(3)(4)(5)		
4日目	名刺を交換しながら自己紹介をし合う「名刺交換ゲーム」の準備をする。友だちと歌いながら、手遊びをしたり、体を動かして遊んだりして心ほぐしをする。今までに覚えた友だちの名前を発表し合う（教師は全員の名前を縦書きで板書する）。「名刺交換ゲーム」をすることを知り、自分の名刺を複数枚つくる。用紙の左半分には、(黒板に書かれた自分の名前に貼られている名札シールを手本に)自分の名前を鉛筆で縦書きし、右半分には自分の好きなものをクレヨンでかく。名前を書く際には、字を書く姿勢や鉛筆の持ち方を学ぶ。					
	音　友だちと歌いながら、手遊びをしたり、体を動かしたりして楽しく遊ぶ。(1)(3)(10) ／ 書　人、もの、ことなどに関する文字を見つけて遊ぶ。(6)(8)	国　字を書くときの姿勢や鉛筆の持ち方を知る。(6)(8) ／ 国　適切な筆圧で線や簡単な文字を書き、運筆になれる。(6)(8)	国　見本を見ながら、自分の名前を丁寧に書く。(6)(8)	図　クレヨンの使い方を知り、自分の好きなものや伝えたいことを描く。(6)(10)		

図2　サクスタ2を利用したスタートカリキュラムの完成例
（日本文教出版ホームページより）

の整頓の仕方やロッカーの使い方を覚える」や「国語：名前を呼ばれたら返事をすることを知る」などのピースを選ぶことができるだろう。

　サクスタ2の特徴は、スタートカリキュラムに焦点化していること、そして、カリキュラム・マネジメントを行うためのピースがすでに準備されているということであろう。ピースには教科等の活動とそれにひも付く「幼児期の終わりまでに育ってほしい10の姿」が記載されているため、それぞれのピースがどのような意味があるのかについて検討する材料が準備されている。そのため、その組み合わせ検討することでスタートカリキュラムを検討することがしやすくなるように作成されている。

③　プランを支援するための ICT ツールの特徴

　カリキュラム・マネジメントにおけるプラン（P）を支援するための ICT ツールの例として、てんまる（文溪堂）とサクスタ2（日本文教出版）を紹介した。

　これらのツールに共通するのは、単元の特徴を整理し、その時期やつながりを可視化することを支援している点である。カリキュラムの関連は一から計画し、一朝一夕で完成するようなものではない。まずは教科ごとの単元の特徴を整理した上でそのつながりについて、単元の時期や長さ、つながりの種類などを試行錯誤しながら検討していくことが多いだろう。その際には、一つの単元を拡大したり、縮小して全体を見渡したりすることや、単元の時期の入れ替え、長さの調整などの作業が行われることになる。

　ICT ツールを活用することで、こういった作業を簡単に行えるようになる。

⑵　実践（D）を支援するための ICT ツール

　授業実践を支援するための ICT ツールは多様に存在する。児童生徒の学習を支援するためのツールや、授業の円滑な実施を支援するもの、そのための教材準備を支援するものまで多種多様である。目的に応じて適切なツールを選択することが重要である。

　ここでは探究のプロセスを支援するための ICT ツールに焦点を当てて紹介する。

①　課題設定場面で活用できる ICT ツール

　課題設定は学習活動のスタートである。この段階では、子どもが本当にやりたいと感じるような課題をどのように設定するのかが重要である。課題設定のためには、課題状況を具体的にイメージし、それを自分ごととして捉えられるようにする必要がある。このときに多様な情報を扱うことができる ICT の特性を活用し、動画や写真などを用いて課題状況を具体的にイメージしやすくなるように補助することやそれと自分の思いとのズレを認識させるなどのように、特性を上手に活かすことで子どもの課題設定を支援することができるだろう。

　身近な自然を題材にするとき、子どもが普段目にするところだけでなく、普段目にすることの少ない自然の様子を動画や写真などで見せることによって、きれいだと思っていたものが本当は汚れている部分があるなどの事実に気付くことができる。それによって「なぜ自然が汚れてしまうのか」や「自然環境を守るために自分たちにできることは何か」といったような疑問につながることが考えられる。

　もちろん、課題状況を具体的にイメージするためには、ICT だけでなく、子どもが実際に外に出て観察をしたり、インタビューを行ったりすることも有効である。その際も経験したことを写真や動画、音声データとして記録し、後で振り返る際にも ICT が有効に活用されるだろう。

②　情報収集で活用できる ICT ツール

　情報の収集の段階では、ICT の特性をより活かすことができるだろう。インターネット上には珠玉混合で多様な情報を見つけることができる。テレビ番組などをはじめとした動画情報なども上手に使えば優良な情報源となりうる。

　情報収集の段階でも、観察やインタビュー等の体験による情報収集ともうまく組み合わせて情報を収集させる必要がある。この段階においては、ただ単に情報を集めるだけでなく情報活用能力を発揮しながら情報を整理したり、その真偽を確かめたりするような工夫も求められる。また、集めた情報を収集・管理するという側面からも ICT は有効な道具になりうる。撮影した写真、集めた情報、そのときに思ったことなどを記録し、蓄積していくことで、最後の振り返りにつなげやすくなる。

③　整理・分析場面で活用できる ICT ツール

　集めた情報を整理・分析する段階では集めた情報を比較したり、分類したり、構造化したりしながら自分の考えを作り上げていく。この際に ICT の特性を生かすことは難しい

こともある。その場合は無理に ICT を活用するのではなく、考えることを補助するためのシンキングツールなどを活用しながら、子どもが考えやすくなるような支援が求められる。

　集めた情報をグラフを使って整理したり、実際にシミュレーションによって分析したりすることで自分の考えをまとめることにつなげることができるだろう。

④　まとめ・表現場面で活用できる ICT ツール

　考えをまとめて発表する際にも ICT の活用が有効である。文章やポスターなどにまとめたり、プレゼンテーションを行ったりする際には ICT の特徴を上手に活かすことができる。

　まとめ、表現の際には「何のために」「誰に」表現するのかを充分に意識させた上でどのような方法で表現するのかを選択させることで情報活用能力の育成を図ることが可能になる。

　また、この段階では学習を振り返り、学びを自覚し、また新たな課題を設定するなどの学習活動が求められる。その際には、時間的制約を超えるという ICT の特性を活かして、過去のワークシートなどを個人のタブレットなどに蓄積しておき、そこに記述されている昔の考えと今の考えと比べて学びを自覚させたり、昔の写真やデータと今のものを比べて状況がどのように改善されたのかを明らかにしたりするなどの学習展開が考えられる。

⑤　実践を支援するための ICT ツールの特徴

　実践を支援するための ICT ツールについては、先に述べたように、それぞれの特徴を踏まえ、目的に応じて選択することが求められる。また、ミライシード（ベネッセ）やジャストスマイル（ジャストシステム）などのように、複数のツールが一つになった ICT ツールもある。

　例えば、ベネッセの提供するミライシードという学習支援ソフトでは、「授業支援、協働学習、個別学習」などのツールが組み合わせて提供されており、実践段階における支援や授業設計をまとめて支援することができる。児童生徒の思考やその共有、さらにそれを支える基礎知識の習得などを支援するためのツールが提供されている。ジャストスマイル（ジャストシステム）も同様に学習のためのツール、考えを深めるためのツール、発表内容をまとめるためのツールがパッケージ化され、提供されている。

　このような ICT ツールの活用のもう一つの狙いは児童生徒の情報活用能力を育むことである。私たちが日頃から様々な ICT ツールを組み合わせて活用しながら日々仕事をしているのと同じように、児童生徒にもこのような能力を育むことがこれからますます重要になってくる。そして、このような能力を育むための一番の近道は、実際にこれらの ICT ツールを道具として活用する経験を積み重ねることである。

　また教員自身がこのような ICT ツールの存在を知っていることによって、任せられるところは ICT に任せ、それによって開いた時間をより深い学習へつなげるための時間にしていくなど、授業実践を効果的かつ、効率的に実施することができるのである。

⑶　評価（C）を支援するための ICT ツール

　評価の際には、児童生徒の資質・能力に対する評価を行うことと計画されたカリキュラムが実行されたのかについての評価を行うことの二つの視点を持つことがポイントとなる。

　児童生徒の評価を行う際には学習の様子の観察やアンケート、テストなどの結果を分析することで、計画段階で想定した資質・能力が育成されているかどうかを評価することになる。テストなどは紙ベースで実施することも可能だし、Web 上のアンケート作成ツールなどを用いれば、集計も容易にできるだろう。

　またベネッセの提供する Evit という効果検証ツールでは、アクティブ・ラーニングの効果検証のために事前に準備されたアンケート項目や独自の項目を設定したアンケートを実施、分析するための機能が提供されている。

　これらの ICT ツールを活用することで、児童生徒の資質・能力の評価を行うことができるだろう。

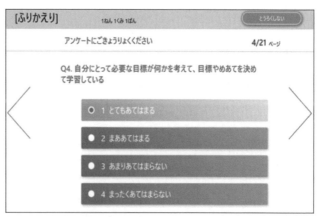

図3　Evit の画面イメージ
（ベネッセ、ホームページより）

　また、カリキュラムが実行されたかどうかのチェックには、日々の学習の記録を蓄積、閲覧するための ICT ツールを活用することができる。

　例えば、内田洋行が提供する「撮ってビュー」という ICT ツールを活用することで、日々の学習記録を蓄積し、閲覧することができる。

　「撮ってビュー」は授業時の活動の過程や結果を撮影し、記録しておくことができる。児童生徒が書いたホワイトボードや授業後の板書などを日時や教科、適当なタグをつけて保存することができる。そして、それをタグで検索し、表示することができるツールである。撮ってビューにはそのほかにも相互コメントなどの機能があるが、特にタグをつけた撮影、一覧化の機能を活用することで、カリキュラム・マネジメントの計画が適切に実行されているかどうかをチェックすることができる。

　例えば、カリキュラム・マネジメントの計画の際に設定した「主体性」「情報活用能力」「コミュニケーション能力」というような視点でタグを作成する。そして、教科等の学習の場面で、それらの能力が育成された際に、日時や教科とともにそれらの視点のタグをつけて、板書や児童生徒のワークシートなどを撮影しておく。そして、学期ごとに「主体性」のタグがついた写真を一覧で表示すれば「主体性」がどの時期のどの教科等の学習で育成されたのかを確認することができる。そうすることで、カリキュラム・マネジメント

の計画が適切に実行されているのかどうか、それによって児童生徒はどのように変容しているのかを評価することが可能になる。

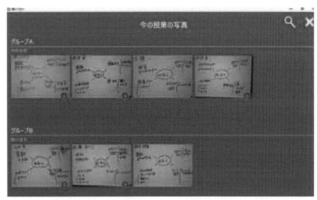

図4　撮ってビューの画面イメージ
（内田洋行、ホームページより）

⑷ 改善（A）を支援するためのICTツール

評価が終われば、その結果をもとに改善を行うことになる。特に改善に特化したICTツールはあまりない。評価の結果をもとに議論を行いながら、これまでに紹介したICT等をうまく組み合わせながら、次の計画につなげていくことが求められる。

2　カリキュラム・マネジメントの視点と実践例

ここまで、カリキュラム・マネジメントの各段階を支援するためのICTツールの例とその活用方法について説明を進めてきた。ここからはそれらを進めていくための視点の例とその視点をもとにした実践の例を合わせて紹介する。

⑴ 教科等横断的な資質・能力を具体化するための視点

カリキュラム・マネジメントを行うためには、計画の段階で育成を目指す教科等横断的な資質・能力について、具体的にすることが求められる。しかし、育成を目指す教科等横断的な能力は「コミュニケーション能力」や「情報活用能力」「思考力」などのように抽象度の高い、はっきりとしない能力であることが多い。

実際にカリキュラム・マネジメントを進めていく際にはそのような大きな能力を具体的な子どもの姿としてイメージし、詳細化していく必要がある。

その際の視点のヒントとなるのが「思考スキル」である。思考スキルとは、思考を行動レベルで具体化し、具体的に捉えるための視点である。学習指導要領においては「考えるための技法」という言葉で表現され、総合的な学習の時間を中心に、思考を具体的な行動目標として捉え、指導することが求められている。

泰山ほか（2014）は、学習指導要領を教科等横断的に分析した結果、表1のように19種類の思考スキルとして整理している。この視点は教科等横断的な資質・能力である思考力を具体的に捉え、指導するための枠組みとして活用することができる。

つまり、どの教科のどの場面でどの種類の思考スキルが育成されているのか、そしてそれはどのように関連しているのかを把握し、計画的に指導することは、まさにカリキュラ

ム・マネジメントそのものである。

　思考スキルは教科等横断的なつながりを検討するための視点であると同時に、児童生徒が思考の方法を意識するために習得すべきスキルでもある。教科等の学習の中でこのようなスキルが活用される場面が準備され、それを児童生徒が自覚的に活用していく中で、思考スキル習得され、活用されることが目指される。

　このような指導を具体化するためには、シンキングツールを活用することも有効である。シンキングツールとは、思考を補助するための道具であり、思考スキルを明示的に指導するための枠組みである。

　思考スキルは概念的なものであるため、それを子どもに習得させ、意識的に活用させるのは簡単なことではない。そこで、シンキングツールを活用し、「比較する」ときにはベン図を使って同じところと違うところを整理する、「理由付ける」ときには、クラゲチャートを使って、頭の部分に考えを入れ、足の部分に主張を支える根拠を整理する。自分の考えを「構造化する」ときには、ピラミッドチャートなどを活用し、一番下に事実、真ん中にそれらの事実をつないでわかること、そして、一番上にわかったことをもとにした自分の考えを書く。このように、同じ考え方をするときには、同じツールを教科等横断的に活用させることで、思考スキルを意識化させやすくなると同時に、教科等の学習を思考スキルの視点で結び付けることができる（表2）。

表1　学習指導要領における思考スキルの種類とその定義

思考スキル	定義
多面的にみる	多様な視点や観点にたって対象を見る
変化をとらえる	視点を定めて前後の違いをとらえる
順序立てる	視点に基づいて対象を並び替える
比較する	対象の相違点、共通点を見つける
分類する	属性に従って複数のものをまとまりに分ける
変換する	表現の形式（文・図・絵など）を変える
関係づける	学習事項同士のつながりを示す
関連づける	学習事項と実体験・経験のつながりを示す
理由づける	意見や判断の理由を示す
見通す	自らの行為の影響を想定し、適切なものを選択する
抽象化する	事例からきまりや包括的な概念をつくる
焦点化する	重点を定め、注目する対象を決める
評価する	視点や観点をもち根拠に基づいて対象への意見をもつ
応用する	既習事項を用いて課題・問題を解決する
構造化する	順序や筋道をもとに部分同士を関係づける
推論する	根拠にもとづいて先や結果を予想する
具体化する	学習事項に対応した具体例を示す
広げてみる	物事についての意味やイメージ等を広げる
要約する	必要な情報に絞って情報を単純・簡単にする

表2 思考スキルを支援するシンキングツールの例
（シンキングツール〜考えることを教えたい〜http://www.ks-lab.net/haruo/thinking_tool/short.pdf より抜粋）

比較する：ベン図	理由づける：クラゲチャート	構造化する：ピラミッドチャート

　このように教科等横断的な資質・能力を具体的なスキルとそれに対応したツールの組み合わせで捉えることで教科等横断的なカリキュラム・マネジメントを計画することができる。

⑵ 思考スキルをもとにしたカリキュラム・マネジメントの実際

　カリキュラム・マネジメントを行うためには事前にどの教科等でどのような資質・能力の育成が求められるかを明らかにする必要があるが、それらをすべて事前計画し、実施することは簡単なことではない。そこで、ここからはある程度の計画をもって実施した実践を振り返ることで次年度の計画につなげた広島県三原市立幸崎中学校の実践例を紹介したい。

　広島県の幸崎中学校では、学校全体で思考スキルとシンキングツールの考え方を活かした実践を行っている。思考スキルと、それに対応したシンキングツールを活用することで、思考力の育成を目指す実践を行っている。

　計画の段階で、どの教科等でどの思考スキルが活用できるかについて検討し、計画を立てているが、そこに縛られすぎることなく、生徒の学習の状況に合わせて、適切な思考スキル、シンキングツールを活用している。

　同時に、各学年、日時、教科、使用したシンキングツールを記録することで、カリキュラム・マネジメントの教科等横断的な視点で、授業をツールでつなぐ取組を行っている。

　この学校の取組は教科等横断的な思考スキルの視点でカリキュラム・マネジメントを行なっていることと同時に、実践後の振り返りからカリキュラム・マネジメントを進めるという点で参考になると思われる。

　シンキングツールは思考スキルに対応付けて指導されており、思考スキルは教科等横断した資質・能力として整理されているため、教科等を超えて同じシンキングツールが活用されることがある。このような実践を記録しておくことで、実践の記録がそのままカリキュラム・マネジメントになるのである。

　例えば、図5のクラゲチャートというシンキングツールは、「理由付ける」ことを支援

するためのツールである。頭の部分に自分の考えや主張を記入し、足の部分にそれを支える根拠を書くことで、考えを支える理由を整理すると同時に、理由付けて考えるための技法を習得するためのものである。

　左側は国語の物語文教材において、物語上の記述の解釈について、本文や読み取ったことの理解を根拠にしながら説明をしている場面である。物語の最後に登場する白い大きな鳥が主人公のキキであるかどうかについての解釈とその解釈の根拠となった記述が足の部分に書かれている。これをもとにお互いの考えを説明、物語の解釈を深めていく際に使用された。右側のツールは特別の教科「道徳」で活用されたクラゲチャートである。「償い」をテーマに登場人物が許されたのかどうかについて自分の考えを頭の部分に記入し、その理由を整理している。その議論を通して、「償いとは何か」について議論を深めていく際に活用された。この二つの場面は、内容は教科の特性によって異なるものの、どちらも「理由付ける」という思考が求められる場面であり、同じシンキングツールが用いられている。

国語で使用されたクラゲチャート　　　　　道徳で使用されたクラゲチャート

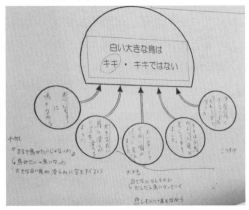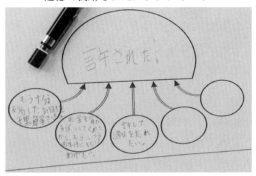

図5　教科で活用されたシンキングツールの例

　中学校は教科担任制であるため、このようなつながりを意識しながら授業することは難しい。そのためにカリキュラム・マネジメントの重要性は一層高まる。しかし、どの単元でどのシンキングツールを使うのかを事前にすべて計画しておくことは難しい。

　そこで、幸崎中学校では、シンキングツール活用記録簿を共有フォルダにおいておき、実践をするたびにそこに活動の記録を蓄積していった。1年間の実践が蓄積されれば、それは次年度以降のカリキュラム・マネジメントの有効な資料になると考えられる。

　作成された活用記録簿が図6である。教科を縦軸に、時期を横軸に取ることで、どの時期のどの教科等でどのシンキングツールが活用されたのかを確認することができる。これはそのまま、どのような思考スキルがどの教科でいつ育成されているのかが一覧になったものである。

H31年度　1年生　シンキングツール活用記録簿

R1.10.4

	国	社	数	理	英	音	保体	道	総	学
4月	KJ法、マトリックス (説明文)			ピラミッド (誤答処理) ドーナツ (花の観察)		ベン図 (混声合唱)		KJ法、ドーナツ (言葉の持つ力)	マトリックス×2, PMI (大人への入門式)	クラゲ、ドーナツ, KJ法 (学級目標決め)
5月	コンセプト (小説)			マトリックス (植物の分類)	ベン図 (紙辞書と教科書付録)	マトリックス (鑑賞「春」)	ベン図 (保体と他教科) クラゲ (望ましい発育発達)		コンセプト (地域調べ) ドーナツ, KJ (地域調べ)	
6月	クラゲ (小説)	ベン図 (弥生時代)	クラゲ (式の間違い) ベン図 (分配法則) フィッシュボーン (負の数の利用, 文字式導入) くまで (文字式)	マトリックス (植物の分類)	PMI (SHOW&TELL)	PMI (実技試験) マトリックス (期末試験)			ステップ (地域調べ)	ステップ (誕生日企画)×2
7月			フィッシュボーン×2 (文字式の利用)							ピラミッド (誕生日企画)×3
8月			くまで (方程式の導入) ピラミッド (等式の性質)							
9月										ピラミッド (誕生日企画)
10月			ステップ×4(方程式の応用) ベン図 (方程式の応用)							

図6　幸崎中学校でのシンキングツール活用記録簿

　この表を見れば、各教科等の指導のつながりが見えてくる。例えば、4月に音楽でベン図を活用して比較する思考をやっており、それは5月の英語や保健体育、そして、6月の社会科の学習につながる、というような流れになっていることがわかる。これをもとに、計画を立てることで、教科等を横断した資質・能力の視点で各教科等の関連を意識した指導を計画することができるのである。

　このような記録簿は例えば、先ほど紹介した「撮ってビュー（内田洋行）」で思考スキルのタグをつけた写真を記録し、一覧で確認するなどを行えばより簡単に行うことができるようになるだろう。

　カリキュラム・マネジメントを行うためにはまず教科横断的な資質・能力を具体化して捉え、計画から実践、評価、改善のサイクルを意識することが求められる。ただ、計画段階で完璧なものを作ろうとするのではなく、実践、評価のプロセスを往還しながら、次年度以降の計画につなげるというのも一つの方法ではないだろうか。

　その際にICTを適切に活用し、効果的、効率的なカリキュラム・マネジメントを行うことが肝要である。

【参考文献】

文溪堂、てんまるサポートチャンネル、http://ict.bunkei.co.jp/tenmaru/
日本文教出版、スタートカリキュラム作成支援ツール「サクスタ2」、https://www.nichibun-g.co.jp/tools/sakusuta/
ベネッセ、ミライシード、https://www.teacher.ne.jp/miraiseed/
ジャストシステム、ジャストスマイル、https://www.justsystems.com/jp/products/justsmile/

内田洋行、撮ってビュー、https://www.manabinoba.com/kyozai/uploads/e8b404ee6eead80
　　38bf2764ae67c96694f0f014f.pdf
泰山裕、小島亜華里、黒上晴夫『体系的な情報教育に向けた教科共通の思考スキルの検討〜学習指導要
　　領とその解説の分析から〜』日本教育工学会論文誌　37巻−4号、pp.375-386、2014年
黒上晴夫、小島亜華里、泰山裕『シンキングツール〜考えることを教えたい〜』http://www.ks-lab.
　　net/haruo/thinking_tool/short.pdf

（ホームページはすべて令和元年 12月 10日　閲覧）

第6章
学校防災教育カリキュラム・マネジメント充実のための支援の現状と課題

村川弘城

1　はじめに

　日本は、古くから災害とともに生活してきた歴史がある。災害の割合は世界でも高く、災害被害額は世界の16.0％、マグニチュード6.0以上の地震回数は世界の22.9％を占めている[1]。日本が占める土地の面積の割合が0.29％である[2]ことからも、日本における災害の規模や回数の異常さが認められる。そのため日本では、地方における財政負担を緩和し、被災者に対して適切に助成できるよう、その規模が特に甚大であり国民生活に著しい影響を与えた場合には、激甚災害指定を行っている。例えば激甚災害指定された災害には、東日本大震災（平成23年）、平成28年熊本地震、平成29年7月九州北部豪雨、平成30年7月豪雨（通称、西日本豪雨）、平成30年北海道胆振東部地震などがある。

　災害とともに生活してきた日本だからこそ、学校においても、古くから避難訓練などの防災教育[3]が実施されてきた。しかし近年、日本以外にルーツを持つ、親が日本語を話せないなどの様々な背景を持つ子どもの存在、核家族化やひとり親家庭、共働きや高齢者の増加、海外からの観光客の増加などの時代背景が、災害時において問題視されるようになった。これらの状況は地域によって大きく異なり、全国一辺倒の防災教育では、とうてい対応し切れない状況にあるのは自明の理である。他に、強力かつ広範囲の災害時には、自衛隊などの公助が十分に行き渡らない、いわゆる公助の限界[4]から、要支援者と支援者のバランスが大きく崩れ、要支援者に十分な支援ができない可能性がある。このため、災害が起きたときから数時間、つまり保護者に子どもを引き渡すまでをどうすればよいのかを考えているだけの防災教育では不十分である。実際には、災害を受けたときに要支援者とならないように被害を防ぎ、公助が来るまでの間自らを守り、他者に対する支援者となれるように、何をすればよいのか考えることができ、支援する能力をもっており、実際に行動に移せなければならない。つまり、強力かつ広範囲の災害が起きた際、大人数かつ多様な能力をもつ被災者たちの、生きるために合わせる力こそが、防災教育において求められる「生きる力」となるのである。そのため各学校が、これらのような点を考慮しつつ、防災教育の在り方について考えていかなければならない。

　本章では、このような背景の中で必要な学校防災教育のためのカリキュラム・マネジメ

ントの充実とそのために利活用可能な支援、そして現状について検討していく。

2　充実した学校防災教育カリマネとは

　学校防災教育では、保護者への引き渡しまでを中心とした避難訓練が主流である。一方企業においては、従来の事業へと早急に復旧することを目指した防災の必要性が問われてきた。このような企業の考え方は、長期化する被害が想定されている現状において、学校防災教育においても注目すべき視点であると言える。そこで本節では、防災教育におけるカリキュラム・マネジメントの充実、いわばこれからの理想的な学校防災教育カリマネについて示すため、企業防災のカリマネとも言える、事業継続マネジメント（Business Continuity Management、以下「BCM」という）と、その元となる事業継続計画（Business Continuity Plan、以下「BCP」という）について触れる。

(1)　企業における防災

　BCP は、「大地震等の自然災害、感染症のまん延、テロ等の事件、大事故、サプライチェーン（供給網）の途絶、突発的な経営環境の変化など不測の事態が発生しても、重要な事業を中断させない、または中断しても可能な限り短い期間で復旧させるための方針、体制、手順等を示した計画のこと」[5]である。BCP は、災害時だけでなく、むしろインフルエンザの流行などを機にその重要性が示されたこともあり、その対象は広範囲にわたる。防災から考えるとその範囲は広すぎるかもしれないが、その中身は単純で、事業を継続していく上で重要なリソースは何かを改めて考え、重要なリソースを守るために何をすべきかを問うたものである。例えば、事業を継続していく上で、従業員は重要なリソースである、従業員の安全や安心を守ることも考慮すべきことであると言える。これは、台風時にも出勤を命じて従業員を危険にさらしたり、嫌気がさして転職されてしまったりしては、事業を継続していくのに支障をきたすからという理由である。しかし、毒性のある化学物質が漏れ出したなど、従業員が来なければもっと大きな問題となる場合もある。この場合、「警報が出ていたら出勤しない」というルールだけに囚われることは問題であり、状況に即した対応力が求められるのである。この対応力の視点がこれまで実施されてきた防災計画との違いとなるのである。BCP と防災計画の違いについて池田（2018）は、次のように述べている[6]。防災計画は、「施設の耐震化、防災設備、防災訓練など対策という予防に重点を置いており」、BCP は「従来からの防災計画を包括しつつ、危機発生後の事業継続のための対応力を備えることに主眼が置かれていることが大きく異なる」。つまり、従業員一人一人が状況に合わせた適切な判断を下すことができるようになる必要があるのである。何らかの方針があったとしてもその意味が理解されていなければ、許可を出す人がいない時、マニュアルにない出来事が起こった時、何を目指して対応すればいいのかわからず判断が遅れる。体制が整っていたとしても、自らの役割を把握しなければ、そ

して自らの役目を果たせる力がなければ、その体制を上手く機能させることができなくなる。手順があったとしても、状況に適した手順をすぐに判断できなければ、もしくは、一人でできないことを協力できなければ、また、協力者がいても説明できなければ、計画は破綻してしまう。このような問題が起こらないようにするために事業継続マネジメント（BCM）がある。

BCM は、「BCP 策定や維持・更新、事業継続を実現するための予算・資源の確保、事前対策の実施、取組を浸透させるための教育・訓練の実施、点検、継続的な改善などを行う平常時からのマネジメント活動」[7]とされている。本書のテーマに沿って、特に、教育・訓練について説明する。BCM は防災訓練によく似ていると感じるかもしれないが、その目的も、その方法もまったく異なる。村上（2011）は、BCM を防災訓練と対比させてその違いを、「特定の災害が発生したことを想定しての演習ばかりではなく、原因である災害を特定せずに、結果として起きる状況に対しての予行演習や、個々の機能や手順が機能するかを体系的・網羅的に実地テストを行う点」と「演習・訓練だけでなく、連絡網情報の維持管理、備蓄品の在庫管理、設備・機材の点検・整備、BCP や事業継続活動全体のレビュー、従業員の教育・意識付けなどによる組織風土づくりといった平時におけるマネジメントを継続的に行う点」の2点で説明している[8]。つまり、この災害ならこの避難方法だといった通り一遍の訓練ではなく、従業員一人一人に対して様々なシチュエーションに対応できるような力をつけさせるとともに BCP の改善を行っていくことを求めているのである。

では次に、BCP や BCM が、学校に適用できるのかを検討する。

(2)　学校への BCM の適用

BCM や BCP は、企業向けに作られたものだが、常に事業継続の可否にさらされている企業に求められる BCP や BCM は、学校の防災教育に比べてハイレベルである。加えて、学校においても、授業を中断しても可能な限り短い期間で復旧させる必要があり、また、そのための平常時からのマネジメント活動は、カリキュラムマネジメントと近いものがある。また、特別支援学校や静岡県など一部の学校で BCP の策定を実施しているところもある。そのため、BCM や BCP の観点を学校に取り入れる価値は十分にあると言える。

ここで、企業における従業員を学校における教職員と考えた場合、子どもたちは顧客と言えるかもしれない。しかし、企業における顧客と明らかに異なる点は、教育・訓練を施すことに価値が存在する点である。企業が顧客に対して防災教育を施すことは、その機会が限られており、また、その企業のねらいにそぐわない場合が多い。しかしその一方で、学校が子どもたちに防災教育を施すことは、その機会を設けることができるだけでなく、学校教育のねらいにも即していると言える。加えて教員にとっては、子どもたちを守ることが事業継続の最も大切な条件ともいえる。もし、BCP や BCM における従業員を、単

純に教職員と子どもたちを合わせたものと捉えた場合、不都合が生じる。なぜなら、BCP や BCM は、事業継続のための計画であり、マネジメントである。これは、School Continuity Plan（SCP）や School Continuity Management（SCM）に置き換えれば済むといった用語の問題ではない。教職員は、事業継続を使命と置き換えることができるが、子どもたちは、事業継続を使命と捉えることができないからである。言い換えると、教職員一人一人に対して様々なシチュエーションに対応できるような力を付けさせるとともにBCP の改善を行っていくことは、学校の継続のため、子どもたちの未来のためである。しかし、子どもたち一人一人に対して様々なシチュエーションに対応できるような力を付けさせるとともにBCP の改善を行っていくことは、子どもたちが自身の未来を守るためでなければならない。

　BCP や BCM における事業継続を、子どもたちが自身の未来を守るためと置き換えた時に、BCP の主眼に置かれている「危機発生後の事業継続のための対応力」は「危機発生後に子どもたちが自身の未来を守るための対応力」となる。このため基本的には、自らを守る自助が基本となるだろう。しかし、自らを守ることだけを考えていては不十分であり、周りの人間と助け合うことも大切である。例えば、宮野ら（1996）の調査[9]から計算すると、自力での脱出である自助、周りの人と助け合う共助、自衛隊や消防に助けられる公助はそれぞれ、45.0%、39.3%、15.7% となる。つまり、4 割近くの人は、共助によって助かったとされているのである。このため、自助と共助、その両方を含んだ対応力を子どもたちにつけさせる必要があるといえる。この力は、BCP の策定と合わせて考えると、自らが被災したときのことを想像し、起こり得ることを想定し、その対策をする能力（以下「被災時対策能力」という）と言える。

　では、被災時対策能力を育むために、BCP の策定はどうすれば良いのだろうか。

(3)　子どもたちのための学校防災教育カリマネ

　BCP の策定として昆（2016）は、図1 のように、ステップ0 で危機対応の意識付けを行い、ステップ1 で緊急時の活動メンバーと BCP の目的を設定し、ステップ2 で安全と安心を確保できるような基本プランを作り、ステップ3 で緊急対応プランを作り、ステップ4 で重要業務の継続・復旧プランを作り、ステップ5 で防災・減災プランを作るよう提案している[10]。そしてそれぞれのプランは、A4 の用紙1、2 枚程度のシートであり、これらのシートをまとめたものを BCP 文書と呼ぶと説明している。このようなシンプルな形で BCP を作成することで、従業員一人一人がそれぞれのプランを活用できる。また差し替えも難しくなく、プランに無い状況に陥った時に適切に対応できるよう教育・訓練し、改定していくことが可能である。山村（2012）は、デモンストレーション的な防災訓練は自己満足であることとし、「計画に潜む課題の抽出とマニュアルの死角を発見するためのものであり、シナリオどおり演ずることは意味がない」と述べている[11]。このよう

に、策定したプランは完成したものではなく、試行錯誤して修正していくことが前提になる。

　図2は、昆のステップや災害における時系列ごとの問題などを参考に、筆者が子どもたち向けに作成したものである。フェーズ1は、昆のSTEP0と1にあたるものである。個々で、災害や防災について学び、興味関心が得られ、何のために学ぶのかが理解できるとよい。フェーズ2は、昆のSTEP2と3にあたるものである。災害が発生した最初の3分間は、いかに自分の命を守るかを考えなければならない。地震であれば頭を守ったり、火災であれば消火のために何が有効かを考えておいたりするべきである。フェーズ3は、

これも昆のSTEP2と3にあたるものである。災害発生から3時間は、他人を助けたり、安全な場所を確保したりするために何が有効かを考えておかなければならない。フェーズ4は、昆のSTEP4にあたるものである。災害発生から3日間は、公助が来るまで、生活をしていかなければならない。何を優先すべきか、心と体を休めるために何ができるのか、どうすれば生活しやすい状況を作れるのかなどを考えておかなければならない。フェーズ5は、昆のSTEP5とそれ以降にあたるものである。フェーズ1から4までで考えてきたことを被災時に適切に実行できるように訓練する必要がある。また、それらの考えは本当に適正であるのかを検討しなければならない。加えて、適切に実行するために必要な準備は何か、どうすれば良いのかを考えることも必要である。BCPと同様これらのフェーズは、教員が子どものために策定するのではなく、子どもたちが、子どもたちの手によって、子どもたちのために経験するものである。

　文部科学省（2013）は、防災教育のねらいを以下の三つで示している[12]。

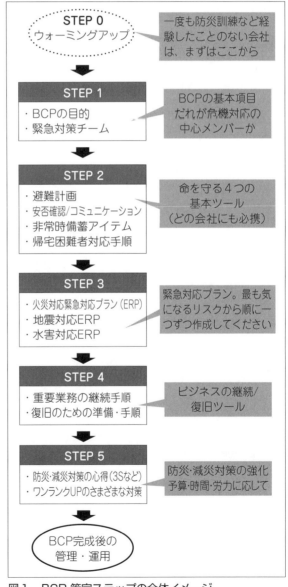

図1　BCP策定ステップの全体イメージ
（昆（2016）から引用）

ア　自然災害等の現状、原因及び減災等について理解を深め、現在及び将来に直面する災害に対して、的確な思考・判断に基づく適切な意志決定や行動選択ができるようにする。

イ　地震、台風の発生等に伴う危険を理解・予測し、自らの安全を確保するための行動ができるようにするとともに、日常的な備えができるようにする。

ウ　自他の生命を尊重し、安全で安心な社会づくりの重要性を認識して、学校、家庭及び地域社会の安全活動に進んで参加・協力し、貢献できるようにする。

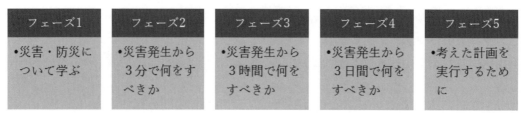

フェーズ1	フェーズ2	フェーズ3	フェーズ4	フェーズ5
・災害・防災について学ぶ	・災害発生から3分で何をすべきか	・災害発生から3時間で何をすべきか	・災害発生から3日間で何をすべきか	・考えた計画を実行するために

図2　学校防災教育のフェーズ

　これらのねらいは、フェーズ1から5のそれぞれの段階で目指すものが異なるはずである。例えば、地震が起きてからの3分間で、減災のための的確な思考・判断に基づく適切な意志決定や行動選択としては、物や壁が落ちてくることへの対応かもしれない。しかしそれが3時間であれば、壁の下敷きになった人への救助（大人を呼びにいく）、津波や地割れへの対応、余震による倒壊への対応、学外であれば避難所への安全な移動に変わるかもしれない。また、3日間となると、1人で行動しないことや、トイレの問題、水などの確保となるかもしれない。このため、経過時間による防災教育の必要性があると言える。次は、これらのフェーズの中で、どのような力が育まれるべきかについて検討したい。

3　充実した学校防災教育カリマネ実現のために利用可能な外部のリソース

　本節では、充実した学校防災教育カリマネにおいて子どもたちに身に付けさせるべき被災時対策能力について、資質・能力の三つの柱である、「知識及び技能」「思考力、判断力、表現力等」「学びに向かう力、人間性等」をもとに説明し、育むために利用可能な外部のリソースについて紹介する。

　なお、前節でのフェーズと照らし合わせると、フェーズ1は第1項、フェーズ2から4は第2項から第4項、フェーズ5は第4項に対応する。

(1)　被災時対策能力における「知識及び技能」

　一つ目の柱は、「知識及び技能」である。

　まず、一つ目の観点である、「知識」についてだが、被災時対策能力における知識は、被災時に役に立つ知識のことである。災害時に使える道具、保存食の場所、何を準備すべきか、家の周りはどういう状況かなどがこれにあたる。また、これらの知識は、単に暗記

をすることでよしとするのではなく、防災に役立つ知識を実際に使ってみて、道具の癖や、応用範囲、かかる時間、災害時の生活、避難経路を歩くなどを実際に体感し、その有用性などが腑に落ちている状態に持っていく必要がある。

　この力を付けるためには、まずは、災害が起きた時にどういったことが起こるのか、防災の基本としてどういったことができるのか、などを学ばなければならない。その中には、防災マップを持って地域を歩いてどういった危険性があるのかを考えたり、地域のお年寄りに昔あった災害のことを聞いたり、災害を体験できるような施設に行ったりと、様々な知識をインプットしなければならない。そしてこれらのことは、学校の中だけで完結できるものではない。学校が地域の一部であること、そこにいる人は地域の一員であることを理解し、災害と向き合う必要がある。

　学校を地域の防災とつなぐための支援をしてくれる団体や施設は様々ある。例えば社会福祉協議会では、地域をつなぐ防災のための啓発講座を行っているところが多い。災害時には学校の中に多くの地域の方が入ってこられるため、学校と地域がつながるような防災教育が必要であることから、社会福祉協議会から受けとれる力は大きい。様々な背景を持つ子どもが増えていることや、高齢者問題、障碍者支援などの社会問題への意識の高まりを考えても、協力する意味は大いにある。厚生労働省（1951）の示す社会福祉法では、その総則で地域住民と相互に協力して地域福祉の推進に努めなければならない[13]ことが示されており、地域の一部である学校との連携もその目的の一つとして捉えることができる。

　次に、二つ目の観点である、「技能」についてだが、被災時対策能力における技能は、被災時に役に立つ技能のことである。火のおこしかたやテントの立て方、トイレをつくるといった技術以外にも、歌がうまい、声が大きいといった能力もこれにあたる。持っていない技能を獲得したり、習熟度が低い技能を高めたりすることも重要だが、自らの持っている様々な技能をもう一度捉え直し、被災時にどういった使い方ができるのかを考え直すことも必要である。

　被災時に役に立つ技能として、アウトドアの技能が生かされる場面が多い。例えば、東日本大震災の際に被災地にテントが送られた際、立てられる人が居なくて倉庫に眠っていたという話があるが、着替えの問題、感染症の問題が起こることを考えた場合、立てられるにこしたことはない。他にも、電気やガスなどのインフラ機能が不能になる可能性が高いが、アウトドアでは現地調達で賄うことを想定していることも多く、あまり問題にならない。このため、様々な不便を楽しむためのアウトドアの知識や技術を防災の観点から学ぶ、防災キャンプという研修プログラムが広まってきている。例えば髙村（2018）は、防災キャンプを家族連れや学生、潜在看護師などに実施し、そのアンケートの回答から、アウトドアを通じた防災教育を行うことで、普段の生活と防災とをあわせて高める可能性があることを示している[14]。例えば、ビニール袋を使って米を炊いたり、洗い物を減らすためにサランラップをお皿に引いたり、火をおこして暖をとったりといった技能は、被災時

に大変役に立つものだが、普段の生活の中で楽しいイベント的に行うことができる。このように防災キャンプは、被災時のために準備して技能を高めるのではなく、普段の生活の質を高める、いわばQOL（Quality of Life）に資することを意識していることからも、有効であると言える。

図3　市民向けに実施した防災キャンプ
（平成31年3月17日高村撮影）

⑵　被災時対策能力における「思考力、判断力、表現力等」

　二つ目の柱である「思考力、判断力、表現力等」についてだが、被災時対策能力における思考力は、自らや周りの人の知識や技能を把握し、被災時に起こり得る出来事を想像し、準備すべき知識や技能などを考えることである。知識が足らず、調べても答えが得られなければ、複数の知識を組み合わせて新たに創造したりすることにつながる。被災時対策能力における判断力は、被災時に起こりうる出来事に対し、自分はどう対応するべきかを考えることである。災害時には、想定しない問題も出てくるため、どのように対応するべきかを瞬時に考えなければならないこともあるが、そういった対応の素早さを鍛えることもこれにあたる。被災時対策能力における表現力は、自らの能力を他者に与え、不足する能力を与えてもらうため、他者に働きかける能力である。自らが獲得した知識を家族や友達に伝えることや、技能をより適切に伝えられるように理解を深めたり、自らの限界を事前に伝えて被災時に援助をお願いしたりすることがこれにあたる。

　これらの力を育むために、例えば静岡県が開発したHUG（Hinanzyo Unei Game　避難所運営ゲーム）がある。HUGは、避難所で起こる様々な出来事を模擬体験しながら、避難所の運営について学ぶことができるゲームである。学校が避難所になったとき、どんな人や物資が来るのか、来た人や物資をどこにどのように配置するのか、被災時に行わなければならない判断を、先に体験することができる。これらの判断は、基本的に大人が行うものではあるが、これらの判断の価値規準を子どもたちが話し合うことは、災害以外のところでも学びになることは大きい。

　また、被災時に適切に判断し、実行できるように訓練したり、それらの考えは本当に適正であるのかを検証したり、適切に実行するために必要な準備は何かを想定しなければならない。その準備の中には、被災時に同じ避難所で仲間となる人に対して、共有する必要

もある。これらを達成するため、企業では連携訓練が行われている。連携訓練の方法としては、「机上訓練」「シミュレーション訓練」「実動訓練」の3種類がある[16]。机上訓練の一つの手法として例えば、クロスロードゲームがある。クロスロードは、分かれ道という名のように、Yes か No で答えられるがジレンマが生じるような様々な状況が書かれたカードを引き、個々人で Yes か No かを答えてその理由を話し合うゲームである。クロスロードゲームは、様々な学校の環境に沿ったカード作りが可能である。例えば大場・吉田（2018）は、自主防災組織の役員に対して地区防災計画策定のためのクロスロードを構築し、実施している[17]。シミュレーション訓練の一つの手法としては、先に述べた HUG などが当てはまる。実動訓練は、訓練の項目を行動ベースで確認するもので、避難訓練もこれにあたる。

(3) 被災時対策能力における「学びに向かう力、人間性等」

　最後の柱である、「学びに向かう力、人間性等」に関してだが、被災時対策能力における学びに向かう力は、上記の知識や技能に興味を持ったり、高めよう、高めたいと思ったりする力である。新たに得た別の分野の知識や技能を被災時対策力と結び付けようとしたり、被災時対策力に関する分野の知識や技能を積極的に学び、高めようとしたりすることにつながるものである。被災時対策能力における人間性は、被災時に上記の「知識及び技能」「思考力、判断力、表現力等」を自分や他者に対して生かそうと思う心である。被災したとしても、一被支援者として支援を受けるだけではなく、支援を受けなくても済むように準備をしたり、自らも支援者として他者を支援、他者と協力したりすることにつながるものである。

　実際に大災害を経験した人は、特段取り上げることなく、「学びに向かう力」が高い状態にある。しかし、他人事でいた人にとっては、大変さ、悲惨さなどの気持ちを共有することが難しい。そのため、災害時のことを疑似体験することが必要になってくる。疑似体験する方法として例えば、国土交通省と東京都が分担して整備している国営の東京臨海広域防災公園、通称「そなエリア東京」がある。そなエリア東京では、地震発生から72時間を体験できる場所や、津波の避難を体験できる場所など、様々な体験学習を行うことができる。特に、災害が起きてすぐの町を擬似的に歩くことができるコーナーでは、自分たちの身に災害が降りかかったときのことをイメージする助けとなる。

　他には、ゲームの力を借りるのも手である。例えば、損害保険協会（2012）の「ぼうさいダック」[15]は、災害が起きた時にとるべきポーズを遊びながら学ぶことができる幼児向けのカードゲームである。次の「思考・判断・表現」にも関係があるものだが、このような防災教育ゲームが、開発・利用されることが多くなってきている。

4　おわりに

　強力かつ広範囲の災害においては、要支援者と支援者のバランスが、要支援者の方に大きく偏ることが予想される。例えば、足が不自由な人、妊婦、持病を抱えた人などは、平時にはある程度自分たちで生活ができるような環境を整えている場合が多く、周りの人から大きな助けを必要としないが、災害時には、整えて

表面　　　　　　　　裏面

図4　「防災ダック」カードの一部
（HP から転載）

いた環境が崩れ、支援が必要となることが想定される。他にも、支援者でも被支援者でもどちらでもなかった人が災害時に要支援者になってしまうだけでなく、支援者側だった人が災害時に要支援者になってしまうことも考えられる。この場合、災害時に要支援者に対する支援が十分に行き届くことは難しくなる。もし、支援者の自助力や共助力などの対災害時能力を高めて災害時に要支援者となることを防いだり、災害時における支援力を高めたり、無支援者が災害時に要支援者となることを防いだり、むしろ支援者となれるように訓練したりすることができれば、要支援者と支援者のバランスの偏りを減らすことができるようになる。

　このため、筆者らは、地域が一体となって取り組む防災について研究を行っている。例えば、強力かつ広範囲の災害時には、すぐに災害派遣医療チーム（D-mat：Disaster Medical Assistance Team）が駆けつけてきてくれるわけではない。そのため、看護師としての資格を持ちながら、育児、退職など何らかの理由でその資格を利用していない、いわゆる潜在看護師の知識や技能が必要になってくるだろうとの想定から、潜在看護師向けに防災教育を行っている[19]。他に、このようなピンポイントでの専門家だけでなく、各地区の防災の担当者や、様々な施設の職員、学校の教職員、家族内でのリーダー、大学生など、災害時に小さなグループ内でのリーダーとなり得る様々な人に対した防災教育をするための教材 B72（Bosai 72hour 防災 72 時間）を開発している[18]。B72 は、災害時の 72 時間を 60 倍速（場合に寄っては 90 倍速）で模擬体験する、させるカードゲームである。参加者は、ゲーム時間内で 2 時間、現実の時間で 2 分に 1 枚カードを引く。そのカードに書かれた状況を元に、自分たちが何をすべきかを考えるものである。それらの内容には、特段問題だと思われないものも含まれているが、それが布石になっており、そこから考え得る問題を想定して置くことで、後の状況に素早く対応することができる。例えば、図 5 は、B72 のカードの一部である。上の 2 枚がイベントカードで、下の 2 枚がアクシデントカードである。7 のイベントカードは、その次に引く 8 のアクシデントカードとつながっており、また、16 のイベントカードも、17 のアクシデントカードとつながっている。読

んで話し合うだけのイベントカードも、話し合って合意形成を図る必要のあるアクシデントカードも、同じ時間が与えられているため、イベントカードの内容をよく読み、起こり得ること、考えなければならないことを先に想定しておく必要があるのである。最大の特徴は、そのカードの内容を自由にカスタマイズできるところにあり、自分たちが学んだことをその中に盛り込んだり、自分だけでは判断できないような問題をあえて盛り込んだりして作成し、保護者や地域の人と一緒に悩むことが可能である。このため、誰でも教材開発者となることができ、教材の開発者をリーダーとした小さな防災教育組織を構築する。そして、プレーヤーは新たな教材開発者となり、その人をリーダーと

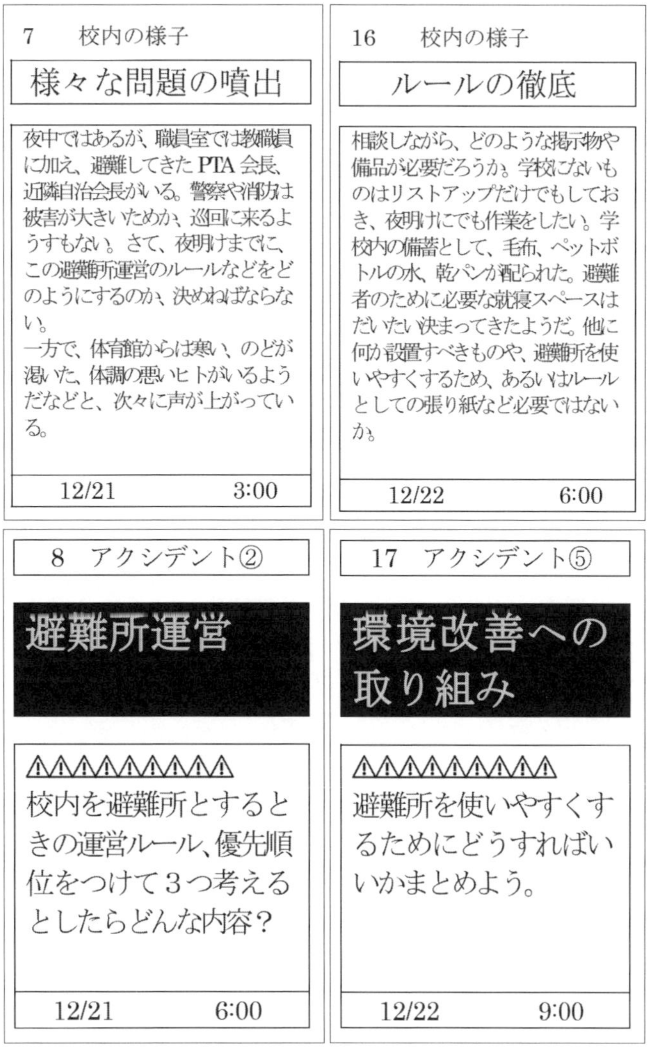

図5　B72 カードの一部

した新たな防災教育組織を構築することができる。ネズミ講のような理屈であるが、このような方法で愛知県の知多半島内のすべての人間を対象とした防災教育を目指したシステム作りを行っている。

　学校においても、地域一体となった災害への対策の必要性を無視できるものではない。防災に関するワークショップを行った際、「地域の人が手伝ってくれるという意識はありませんでした」という教員からの感想が多く、「地域の人が入ってくると思っていませんでした」という感想もある。普段、子どもたちを守るために身元のはっきりしない人を学校に入れることはまずないが、被災時にはそうはいかない。しかし、学校の関係者でない人が学校内で出入りすることのイメージを持って災害への対策を行える教員は少ない。そのため、実際に災害が起きたとき、子どもたちの様子を見ることや自衛隊などとの対応だけでなく、避難者の世話や、けが人の対応など、様々な課題をすべて、教員たちの力だけ

で解決しようとすることになってしまう。従来であれば、大災害が起きた後、インフラが整ったり、自衛隊などの公助が到着したりするまでに3日間耐えることが目安として言われているが、強力かつ広範囲の災害が起きた場合、そのセオリーは崩れ、1週間か、1か月かわからない時間を耐えなければならない。そうなったとき、学校の教員だけで、避難所の運営を行うことは不可能である。もっと、他の力を頼るべきである。それが、地域の力であり、子どもたちの力である。これまで、災害における子どもの役割というのはそれほど大きくはなかったかもしれない。しかし、このような状況を鑑みると、子どもたちも一支援者として何かできることはないかを防災教育の中で考え、その力を育んでいく必要があるのではないだろうか。

【注】

1　日本の世界における災害の割合について
内閣府が発行している、防災白書（平成16年版）内の、「図1－1－1　世界の災害に比較する日本の災害」の中で、マグニチュード6.0以上の地震回数、活火山数、災害死傷者数、災害被害額の世界における日本の割合が示されている。
http://www.bousai.go.jp/kaigirep/hakusho/h16/bousai2004/html/zu/zu1101010.htm
（参照日：2019年9月11日）

2　日本の世界における面積の割合について
総務省統計局（世界の統計2018）によると、世界の陸地面積は130,094,010平方㎞、日本は377,972平方km。計算すると日本が占める割合は0.29%となる。https://www.stat.go.jp/data/sekai/pdf/2018al.pdf（参照日：2019年9月11日）

3　防災教育について
「防災」以外に、「減災」もしくはあわせて「防災・減災」、「復興」といった用語がある。これは、「防災」と言う言葉が、災害による被害を防ぐという意味で捉えられていることから、災害の被害を減らすことを考えることを考えるための「減災」、そしてその両方を事前に考えさせるための「防災・減災」の併記、起こった被害を修復するための「復興」といった形で分けられている。これらは、1995年の阪神・淡路大震災の際、災害を未然に防ぐことには限界があることから、「減災」や「復興」という言葉が使われ出したと言われている。しかし、災害対策基本法によると「防災」は「災害を未然に防止し、災害が発生した場合における被害の拡大を防ぎ、及び災害の復旧を図ることをいう」とあり、「減災」や「復興」の意味も含まれていることがわかる。そこで本書においては、特に区別する場合を除き、「防災」で統一し、「防災」に関して教育することを「防災教育」として表記する。

4　内閣府（2018）平成30年防災白書　p.31
http://www.bousai.go.jp/kaigirep/hakusho/h30/（参照日：2019年9月28日）

5　事業継続ガイドライン－あらゆる危機的事象を乗り越えるための戦略と対応－（平成25年8月改定、内閣府防災担当）から引用。
http://www.bousai.go.jp/kyoiku/kigyou/keizoku/pdf/guideline03.pdf
（参照日：2019年9月11日）

6　本当に使えるBCPはシンプルだった。経営者のための3つのポイント（p.3）から引用（一部省略）

7　事業継続ガイドライン－あらゆる危機的事象を乗り越えるための戦略と対応－（平成25年8月改定、内閣府防災担当）から引用。

http://www.bousai.go.jp/kyoiku/kigyou/keizoku/pdf/guideline03.pdf（参照日：2019年9月11日）

8　危機管理を実践する事業継続マネジメント（p.3）からの引用（一部省略）

9　宮野 道雄、村上 ひとみ、西村 明儒、村上 雅英、大西 一嘉（1996）神戸市東灘区における人的被害と救助活動、総合都市研究（61）、pp.145-154
兵庫県南部地震において、家屋倒壊の際の救助活動に関して実施した聞き取り調査の結果である。状況が分かっている330名のうち、遺体での搬出が178名、自力での脱出が86名、近隣の住民に救助された人が67名、自衛隊が15名、消防が15名、家族が4名、親戚が4名であった。合計数が330を超えるのは、たとえば自衛隊と近隣住民が協力して救助した場合、両方に含まれるからである。遺体での搬出を除くと延べ数が191となり、自力での脱出（自助）が45.0%、周りの人からの救助（共助）が39.3%、自衛隊と消防（公助）が15.7%となる。

10　昆 正和（2016）あなたが作る等身大のBCP、日刊工業新聞社

11　山村 武彦（2012）防災・危機管理の再点検、一進化するBCP（事業継続計画）（p.175-176）から引用

12　文部科学省（2013）学校防災のための参考資料「生きる力」を育む防災教育の展開（p.9）「発達の段階に応じた防災教育」からの引用。本稿では学校教育における防災教育の最終目標に触れたが、ここには、幼稚園段階、小学校段階、中学校段階、高等学校段階におけるそれぞれの防災教育の目標も示されている。
https://anzenkyouiku.mext.go.jp/mextshiryou/data/saigai03.pdf（参照日：2019年9月15日）

13　厚生労働省（1951）社会福祉法　第4条（地域福祉の推進）には、「地域住民、社会福祉を目的とする事業を経営する者及び社会福祉に関する活動を行う者は、相互に協力し、福祉サービスを必要とする地域住民が地域社会を構成する一員として日常生活を営み、社会、経済、文化その他あらゆる分野の活動に参加する機会が与えられるように、地域福祉の推進に努めなければならない」とある。
https://www.mhlw.go.jp/shingi/2004/02/s0217-7c.html（参照日：2019年9月26日）

14　髙村秀史（2018）アウトドアのノウハウを活かした体験型「防災・減災キャンププログラム」―自助力を高め、防災・減災意識をアクティブにするための取り組み―関西野外活動ミーティング2018、大阪キャンプ協会

15　日本災害保険協会（2014）ぼうさいダック
http://www.sonpo.or.jp/news/publish/education/0008.html（参照日：2019年9月26日）

16　内閣府（防災担当）（2013）企業の事業継続マネジメントにおける連携訓練の手引き、p.8、
http://www.bousai.go.jp/kyoiku/kigyou/keizoku/pdf/tebiki13_03.pdf（参照日：2019年9月26日）

17　大場 和久、吉田 直美（2018）布土小学校区における地区防災計画策定のためのクロスロードゲーム構築と実施、日本福祉大学健康科学論集 pp.1-13,2018-03-30

18　村川弘城、山本克彦、髙村秀史、佐藤大介、新美綾子（2018）防災・減災教育のためのシミュレーションゲーム「B72」の試み、日本教育工学会、第34回全国大会

19　Ayako Niimi, Hiroki Murakawa, Daisuke Sato, Katsuhiko Yamamoto, Shuushi Takamura, Fumie Goto, and Keiko Kato（2018）Trial of Disaster Simulation Game D072 in Disaster Nursing Education for Potential Nurses in Japan, The 5th Research Conference of World Society Disaster Nursing.

第Ⅱ部
事例編

第1章
CMN（カリキュラム・マネジメント新潟モデル）の開発と実装
●新潟県

阿部一晴

1　はじめに

　新潟県立教育センターカリキュラム・マネジメント推進チームは、設置4年目を迎える。新潟県内の学校を見渡すと、学校規模や置かれている環境、地域性等、様々な状況の学校があることに気付く。学習指導要領（2017）では、学校の実情に合わせた効果的な教育課程を編成し、組織的かつ計画的に教育活動の質の向上を図ること（カリキュラム・マネジメントの推進）が示され、どのような状況下の学校にもそれが求められている。

　一方、以前から特色のある教育課程を編成することで好循環を生み、年々力をつけている学校は新潟県内にもある。いわゆる地域の中心校や、各種研究指定校として何かを成し遂げようとしている学校である。そのような学校のノウハウを学び、新潟県内のすべての学校に普及することこそ、我が推進チームの使命である。

　初年度、学習指導要領（2017）が示す三つの側面からスタートした研究は、年度ごとにカリキュラム・マネジメント新潟モデル（CMN28）の提唱、CMN分類表の作成、CMNチェックリストの開発と、一歩一歩進みながら各学校でのカリキュラム・マネジメント推進の支援に努めてきた。

2　研究スタイル

　研究のスタイルは、①テーマ設定、②研究協力校の選定（小中高）、③実践・支援、④発表・協議（教育フォーラム分科会）、⑤次年度研究への更新、として行った（図1）。

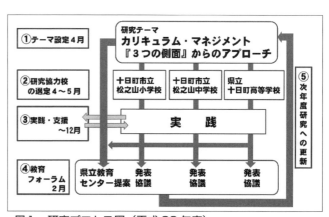

図1　研究プロセス図（平成28年度）

3　研究の実際

⑴　"三つの側面"を生かした教育活動の検証（平成28年度）

① 研究テーマ「三つの側面からのスタート」

　教科等横断的なカリキュラムデザイン、PDCAサイクルの確立、内外リソース活用の三つの側面を意識して教育活動に取り組むことで、どのような効果を生むかを考察した。

② 研究協力校の取組

ア　十日町市立松之山小学校、十日町市立松之山中学校

　次年度に併設型小中一貫校となるため、「小中一貫9年間の学びの充実・改善」を目指したカリキュラム・マネジメントの取組である。実際には、次のような小中合同職員研修（三つ）を新設した。

　　・課題研修…学校課題解決のための個人研修
　　・カリキュラム研修…系統性のある教育課程編成（小・中9年間）
　　・マネジメント研修　各分掌業務の合同研修（会議）

イ　県立十日町高等学校

　アドバンスドクラス（特別進学クラス）を新設した年で、これを機会に「教育目標の実現に向け、教育活動全体の活性化」を目指した取組である。実際には、重点項目を「学力向上」と「積極性の向上」の二つに絞り、共通に必要な力が「言語運用能力」であることを共通認識することができた。

③ 成果

　3校の取組で共通して表出する言葉「つながる」「共通理解」「可視化」を、三つのキーワード、共通に見えてきた取組を五つの視点とし、これらをまとめてCMN28（カリキュラム・マネジメント新潟モデル）とした

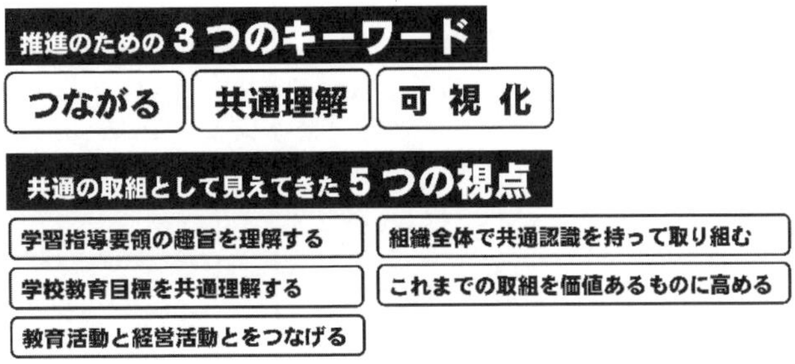

図2　CMN28　カリキュラム・マネジメント新潟モデル

（図2）。CMN28は、各学校がカリキュラム・マネジメントを推進する際の手がかり（行動目標）として位置付けた。

⑵　CMNの導入（平成29年度）

① テーマ「CMN28の実装」

　研究協力校が、それぞれの目的を目指してカリキュラム・マネジメントする際に、3側面に加えてCMN28を手がかりにすることにより、その効果を検証した。

② 研究協力校の取組

ア　十日町市立南中学校

　1学年主任が、中1ギャップ解消や温かい雰囲気で対話ができる学年集団づくりを目指し、既存する様々な教育活動を関連付けたカリキュラム・マネジメントの実践である。小学校との交流のほか、ふるさと探索遠足、ふるさと講演会等地域の人々とのつながりを強化した。学年全体（職員・生徒）の共通意識を持続するために、予定表や便りの発行、学年掲示板の活用等の工夫が効果的に働いた。

イ　村上市立保内小学校

　新潟県小学校教育研究会の指定を受け、生活科・総合的な学習の時間を中核にしたカリキュラム・マネジメントの実践である。地域を素材にした生活科や総合的な学習の時間と、その他の教科とのつながりを強化した。そのプロセス図やグランドデザインを拡大掲示し、年度途中に随時加筆をしながら教育活動を展開した。研究授業とその後のワークショップ型研修を起点にPDCAサイクルを確立した。

ウ　上越市立吉川中学校

　校長の強いリーダシップの下、授業改善を軸に様々な教育活動を関連付けてカリキュラム・マネジメントに取り組んだ。小学校や地域とのつながりの強化、実のあるグランドデザインや視覚的カリキュラム表、吉川中スタンダードの作成、共通理解のためのワークショップ型研修、生徒による授業評価等に取り組み、好循環を生み出した。

エ　県立正徳館高等学校

　教務主任が、地域に根ざした人材育成を目指し、「探究型地域単元」を中核に、既存の教育活動を関連付け、教科等横断的なカリキュラム・マネジメントに取り組んだ。生徒のコミュニケーション能力向上を目指し、学校全体で言語活動の育成に取り組むほか、「探究型地域単元」を通して、地域や商店街の人々との交流、修学旅行先での発表、その後のインターンシップへとつなげた。

表1　CMN分類表（十日町市立南中学校）

③　成果

　3側面に加えて、CMN28を手がかりにすることにより、三つのキーワードと五つの視点を意識し、既存の教育活動の関連が強化されたり、新たな取組が生まれたりした。年度末には、4校の実践を「CMN分類表」としてまとめることができた（表1）。また、共通の課題として、職員の意識を継続させることと、カリキュラム・マネジメントが効果的に働いているかの評価について挙がった。

⑶　チェックリストの開発（平成30年度）

①　テーマ「CMN チェックリスト 2018 の実装」

　平成29年度の課題を受け、成果物「CMN分類表」と学習指導要領（2017）の総則をもとにし、CMNチェックリスト2018の開発を急いだ。小学校用（表2）は、学習指導要領（2017）総則の第2教育課程の編成、第5学校運営上の留意事項の各項目から、中学校用、高校用は「CMN分類表」の縦軸と横軸を再編成して作成した（表3、4）。

②　研究協力校の取組

ア　村上市立保内小学校

　児童の資質・能力の向上に向け、地域と連携した学校運営、研究発表会の開催、若手教員の授業力・指導力向上の三つを重点目標に掲げてカリキュラム・マネジメントに取り組んだ。学校運営協議会の開催、コミュニティ・スクールについての共通理解、「つながり」を重視した生活科と総合的な学習の時間の授業提案、業務改善と研究発表会開催との両立、学力向上プロジェクトによる主体的・対話的で深い学びの実現を図る授業づくり研修、市教育委員会の要請訪問の活用、新潟県教員育成指標を活用したOJT等々、全職員でカリキュラム・マネジメントに取り組み、大きな成果を上げている。チェックリスト（小学校用）を活用することで、学習指導要領の示す方向性に加え、目指す子どもの姿と学校像の確認が定期的に行われ、意識の持続とモチベーションの向上につながった。

表2　チェックリスト2018（小学校用）

教育課程の編成	教育目標	実態把握からの出発	生徒や地域の実態を把握し、それに即した教育目標や重点事項を設定している。	A　B　C　D
		資質・能力の明確化	育成を目指す資質・能力を明確にしている。	A　B　C　D
		家庭や地域との共有	教育目標や教育課程編成の基本的な方針を家庭や地域と共有している。	A　B　C　D
		総合的な学習の時間	教育目標や重点事項と総合的な学習の時間の目標とを関連付けている。	A　B　C　D
	教科等横断的な資質・能力	資質・能力①（学習の基礎）	言語能力、情報活用能力、問題発見・解決能力等を育成するために、教科等横断的な視点から教育課程を編成している。	A　B　C　D
		資質・能力②（諸課題対応）	健康・安全・食に関する力や主権者として求められる資質・能力を、教科横断的な視点で育成するために教育課程を編成している。	A　B　C　D

教育課程の編成	編成における共通的事項（配慮事項）	授業改善	主体的・対話的で深い学びの実現に向けた授業改善を通して、資質・能力を育む効果的な指導を行っている。	A	B	C	D
		系統的・発展的な編成	各教科等及び各学年相互間の関連を図り、系統的、発展的な指導ができている。	A	B	C	D
		外国語活動等の指導	2学年まとめて示した教科及び外国語活動は、児童や学校、地域の実態を踏まえ、児童の発達段階に応じて段階的に指導している。	A	B	C	D
		合科的・関連的指導	児童の発達の段階や指導内容の関連性等を踏まえつつ、合科的・関連的な指導を進めている。	A	B	C	D
	学校段階等間接続	幼児期教育との接続	幼稚園教育要領等に基づく幼児期の教育を通して育てられた資質・能力を踏まえて教育活動を実施している。	A	B	C	D
		中学校・高等学校との接続	中学校教育及びその後の教育との円滑な接続のために、中学校・高等学校学習指導要領を踏まえた教育課程を編成している。	A	B	C	D
学校運営上の留意事項	教育課程の改善と学校評価等	校内組織分担	校長の方針の下、校務分掌で職員が適切に役割を分担し、相互に連携している。	A	B	C	D
		学校評価（PDCA）	学校評価を学校運営の中核とし、カリキュラム・マネジメントと関連付けながら実施している。	A	B	C	D
		各種計画との関連性	学校保健、安全、食育、いじめ防止等の計画と関連付けた教育課程を編成・実施し、効果的な指導を行っている。	A	B	C	D
	家庭・地域社会学校間連携	リソース活用	教育活動の実施に必要な人的又は物的な体制を家庭や地域の人々の協力を得ながら整えている。	A	B	C	D
		異世代交流	高齢者や異年齢の子供など、地域における世代を越えた交流の機会を設けている。	A	B	C	D
		学校間連携	他の学校（幼・小・中・高・特別支援）などと連携・交流をしている。	A	B	C	D
		インクルーシブ	障害のある幼児児童生徒との交流及び共同学習の機会を設け、共に尊重し合いながら協働して生活していく態度を育んでいる。	A	B	C	D

イ　十日町市立南中学校

　生徒の資質・能力（コミュニケーション能力、生命尊重、自制・忍耐、生活習慣）の向上を目指し、道徳教育を中核に、教科等横断的なカリキュラム・マネジメントを行った。目指す生徒像の検討とグランドデザインの再構築、道徳科のカリキュラム編成、教科や行事と道徳教育との関連強化、学校運営協議会の活用、ワークショップ型職員研修等あらゆる取組を道徳教育という柱と結び付けることができた。チェックリストの中学校用（表3）を各活動の立案時にヒント集として活用することで、改善の視点が広がったほか、学校の強みと弱みを再認識することもできた。次は、総合的な学習の時間の単元見直しと、授業改善でもう一本の柱にしたいと考えている。

表3　チェックリスト2018（中学校用）

5つの視点	取組	A　つながる（外・横断的）	チェック	B　共通理解（内）	チェック	C　可視化	チェック
①学習指導要領の趣旨を理解する	職員研修	国・県・市町村教育委員会の方針・情報収集		ワークショップ型研修		研修のの成果物の撮影・掲示	
	大学との連携	大学等との連携、論の導入		論の共有と実装（説得力）		検証結果	
	指導主事の招へい	県・市町村の指導主事との連携		指導主事の講話（説得力）		中央の資料等	
	総則に基づくグランドデザインづくり	保護者・地域と関わりながら作成		職員研修・会議で再検討・共有		拡大掲示・配付・配信	
②学校教育目標を共通理解する	教育目標・教育の基本方針	県・市町村の方針、保護者・地域の意識		全職員での共有		生徒の姿「学校便り」「行事」「Web・メディア」	
	学年目標	学校の方針、保護者の意識		生徒・学年職員との共有		生徒の姿「学校便り」「行事」「Web・メディア」	
	学級目標	学校・学年の方針、保護者の意識		生徒との共有、学級間連携		生徒の姿「学級便り」「授業参観」	
③教育活動を経営活動につなげる	管理職のトップリーダーシップ	行政・外部機関・地域との連携・協力		リーダー会議（企画委員会）での共有		地域への発信・報道機関の活用	
	主任層のミドルリーダーシップ	地域のリソース活用、カリキュラム開発		部会・研修による共有		生徒の姿「発表会」	
	担任等のリーダーシップ	学級の保護者、教科等横断的編成		学級間横の調整、生徒との共有、授業		授業評価の集計・公表等「学級便り」	
	PDCA（定期的なチェック）	各種検査・学校評議委員会		定期的な「CAP」時の現状把握・分析→「Do」		結果を配付・配信	
④組織全体で共通意識を持って取り組む	学年経営計画	地域・保護者と学年（学年PTA・アンケート）		学年職員・生徒		拡大校内掲示・配付・配信…「学年便り」	
	学年職員研修	大学等外部機関との連携		論の導入時の共有・学年職員の協働		評価結果の分析・掲示	
	学力向上のための取組	教科等横断的なカリキュラム作成		研究推進部による提案・全職員での共有		視覚的資料・プロセス図の拡大掲示	
	研究主題・推進方法の提案	学校段階等間連携、教科横断的な視点		研究主題・推進方法の提案・全職員での共有		「年間単元配列表」の作成と実装	
	ビジョンの共有	地域・保護者・市町村教育委員会との連携		全職員（研修）・生徒（集会・授業）		掲示物作成（生徒会の活用も）	
	ワークショップの充実	PTAや学校評議会での導入		職員研修→授業での活用（AL）		「○○中スタンダード」の掲示・発信	
	各種プロジェクト推進	外部リソースの活用・情報収集		学校の方針との関連を全職員で共有		経過・結果の掲示・発信	

⑤これまでの取組を価値のあるものに高める	教科指導	外部指導者導入・校外施設活用	学校・学年・教科部の共通認識	地域・保護者への公表・授業参観	
	特別活動・学級活動	外部指導者導入・校外施設活用	学校・学年で共通認識	地域・保護者への公表	
	生活科・総合的な学習の時間	地域（ふるさと）単元の開発・外部リソース活用	系統的、学年段階的なカリキュラム開発	生徒の姿「発表会」	
	小テスト	Web配信集計システム活用	共通の取組を共有(教科・学年・学級指導)	生徒・保護者への提示「学習の手引」	
	朝活動	教科横断的なプログラム開発	共通の取組を共有(教科・学年・学級指導)	年間計画作成・掲示「学習の手引」	
	家庭学習習慣	保護者との連携、授業とのつながり	共通の取組を共有(教科・学年・学級指導)	学習方法の可視化「学習の手引」	
	校外リソース	校外リソース開拓・情報収集	学年・学級間連携・情報共有	人材リストの整備	
	校内研修・授業研究スタイル	外部指導者導入・他校との連携	職員研修でスタイル検討・共有	地域・保護者への公開	

ウ　県立村上高等学校

　豊かな人間性と社会性を身に付け、地域の発展に貢献する人材の育成を目指し、地域探究活動「村上学」を中心に、教科等の授業及び修学旅行との関連を強化するカリキュラム・マネジメントを行った。村上学フィールドワーク、大学ゼミ体験、村校ゼミ分野別発表会の連携強化、ワークショップ型職員研修での現状把握と共通理解、全教科の年間単元配列表による学習内容の関連付けと可視化、職員同士のアクティブ・ラーニング授業見学等を実施した。チェックリストの高校用（表4）を定期的に活用することにより、PDCA

表4　チェックリスト2018（高校用）

項　目	質　問	いいえ　　　はい	計
1　教科横断で資質・能力の育成	① 個人で、「主体的・対話的で深い学び」の実現に向けて、授業改善に取り組んでいる	1・2・3・4	
	② 同教科・同学年内で、「主体的・対話的で深い学び」の実現に向けた対話を通じ、授業改善に取り組んでいる	1・2・3・4	
	③ 同教科・複数学年またいで、「主体的・対話的で深い学び」の実現に向けた対話を通じ、授業改善に取り組んでいる	1・2・3・4	
	④ 複数教科横断で、育成する資質・能力を明確化し、学習過程の補完・相乗を図る等授業改善に取り組んでいる	1・2・3・4	
	⑤ 全教科横断で、育成する資質・能力を明確化し、学習過程の補完・相乗を図る等授業改善に取り組んでいる	1・2・3・4	/20
2　外部リソース活用（社会と連携・接続）	⑥ 個人・個別の取組（授業・部活動等）において、外部リソースを把握(2)、活用(3)、計画的に活用(4)している	1・2・3・4	
	⑦ 教科の取組（授業・外部検定等）において、外部リソースを活用している	1・2・3・4	
	⑧ 学年の取組（総合学習・学年行事・生徒指導・教育相談・進路指導等）において、外部リソースを活用している	1・2・3・4	
	⑨ 学校全体の取組・学校行事・分掌・委員会の取組において、外部リソースを活用している	1・2・3・4	
	⑩ 関わる組織において、学校webサイト等を利用した情報発信を年間 1・2・3・4 回以上行っている	1・2・3・4	/20
3　CAP-Doサイクルでマネジメント	⑪ 「自己申告シート」に基づき、目標達成に向けて、計画的に業務に当たっている（PDCAサイクル）	1・2・3・4	
	⑫ 計画の進捗・目標達成の程度を不断に点検し、改善を図っている（CAP-Doサイクル）	1・2・3・4	
	⑬ 目標達成度の点検に当たって、各種調査・テスト・アンケート等の客観的評価を活用している（C）	1・2・3・4	
	⑭ 点検結果を基に原因究明・改善計画を行い、プロセスを組織全体に説明し、認識を共有している（AP）	1・2・3・4	
	⑮ 目標達成のため、組織の理解・協力を得ながら業務に当たっている（Do）	1・2・3・4	/20
4　リーダーシップ（牽引力・巻込み力）	⑯ 組織（担当する授業・学級・部活・分掌の分担等）の使命を踏まえて、目的を定め、具体的な目標を掲げている	1・2・3・4	
	⑰ 目標達成に向けて、方向性・優先順位・判断基準を示している（表示している、研修・会議を開いている）	1・2・3・4	
	⑱ メンバーが最高のパフォーマンスを発揮できるように、コミュニケーション（傾聴・動機づけ）を図っている	1・2・3・4	
	⑲ 環境整備（組織内コミュニケーションの場づくり、外部組織との調整・協力要請等、働き方改革）を行っている	1・2・3・4	
	⑳ 信念に基づき決断し、率先して行動に移している	1・2・3・4	/20
5　基本概念の理解・学習指導要領・高大接続改革・学校教育目標と当年の重点	㉑ 学習指導要領について、理解している(2)、説明できる(3)、業務に反映している(4)	1・2・3・4	
	㉒ 進学（就職）に係る最新事情（高大接続改革等）について、理解している	1・2・3・4	
	㉓ 学校の教育目標・特色・校長のビジョンについて、理解している	1・2・3・4	
	㉔ 学年や分掌等の当年の重点目標について、理解している	1・2・3・4	
	㉕ 地域の状況、生徒の実態について、理解している	1・2・3・4	/20
氏名（　　　　　　　　　） 実施日（　　年　　月　　日）			/100

サイクル確立に加え、職員の意識向上につながった。今後は、定期的な職員研修、「村上学」の学習内容精選、教科の授業改善に取り組む予定である。

4　CMNチェックリストの改良

(1)　CMNチェックリスト2018の評価

　研究協力校でチェックリスト2018を活用した振り返りと、新潟県立教育センターにおける教育フォーラム分科会でのパネルディスカッション及び出席者によるグループ協議等の結果、次のような要望が挙げられた。

①内容…内容を精査し、どの学校でも使いやすくなるように改良すること。

②形式…汎用性を高め、小中高で形式を統一すること。

③発信…研究協力校だけでなく、広く県内に広めること。

(2)　CMNチェックリスト2019への更新

　上記の要望を受け、令和元年度の研究に先立ち、小中高共通で使えるCMNチェックリスト2019（3編）①導入編（表5）、②計画編（表6）、③実践編（表7）としてリニューアルした。（新潟県立教育センターWebページに掲載

URL　https://www.nipec.nein.ed.jp/project/curri-mane/index.html）

表5　CMNチェックリスト2019（導入編）

表6　CMN チェックリスト 2019（計画編）

5つの視点	取組内容	A　つながる（外・横断的）	B　共通理解（内）	C　可　視　化
①学習指導要領の趣旨を理解する ［職員研修］	情報収集	国、県、市町村教育委員会の方針、書籍等 □ 校外研修会への参加 □		
	情報伝達・共有	県、市町村の指導主事との連携 □ 大学教授等有識者との連携 □	講義：管理職、担当教諭（教務主任、研究主任） □ 講義：指導主事（県、市町村）、大学教授 □ NITS 校内研修シリーズ動画視聴 □ 読み合わせ □	
	実態把握・自校化・持続	合同研修：学区の他校種、PTA、学校運営協議会 □	ワークショップ型研修 □ チェックリスト（導入編）による定期評価 □	研修成果物の撮影、配付、拡大掲示 □ Web 掲載、たより発行 □
②学校教育目標を共通理解する ［職員研修・各種会議］	現状分析・実態把握	保護者・地域アンケート □ 県・市町村教育委員会の方針（教育の重点等）参照	職員・児童生徒アンケート □ 各種データ（テスト、検査結果）	アンケート集計結果 □
	教育目標・基本方針・重点の作成	合同研修：学区の他校種、PTA、学校運営協議会 □	ワークショップ型研修	研修成果物の掲示 □
	共通理解・持続		「チェックリスト（導入編）」による定期評価 □	教育計画配付、グランドデザイン掲示 □ キャッチフレーズやモデル化 Web 掲載、たより発行 □
③教育活動と経営活動とをつなげる ［カリキュラムデザイン］	現状分析・構想・立案 （CAP − Do）	外部機関・地域との連携・協力 □ 地域のリソース活用（外部講師、校外活動）□ 地域単元カリキュラム開発 □	前年度計画・分析（各部会） □ 学校教育目標との関係確認（各部会） □ 立案、提案（各部会→職員会議） □ 児童生徒との目標共有、学級・授業間調整 □	地域への発信、報道機関の活用 □ 案内作成、Web 掲載、たより発行 □
	事後（Do − CAP）	保護者・地域の参加・協力 □ 保護者・地域アンケート □	職員・児童生徒アンケート □ 分析、次年度計画への反映 □	児童生徒の姿（公開授業、行事、発表会） □ アンケート集計、Web 掲載、たより発行 □

④組織全体で共通意識を持って取り組む[取組の方向性をそろえる手立て]	研修（研究）体制の確立・強化	大学や行政外部機関との連携（情報収集・外部講師）□ 他校・他校種の情報収集□	研究推進組織の確立□ 定期開催のための時間確保□	研究推進計画の可視化、掲示、配付□
	ビジョンの共有	合同研修：学区の他校種、PTA、学校運営協議会□	ワークショップ型研修の充実□ 児童生徒との目標の共有□	「学校教育目標」「グランドデザイン」掲示、発信□ 児童数・生徒会目標の掲示、発信□
	カリキュラム等開発	内外リソース活用の可能性検討□	学校教育目標（児童生徒像）との関係を共有□ 効果的で実のあるカリキュラム（教育活動）開発、共有□ スクラップ＆ビルドの促進□ 「○○学校マニュアル・スタンダード」作成□ プロジェクトチームの設置□	「年間単元配列表」の作成と拡大掲示（随時加筆）□ 「各分掌・行事グランドデザイン」作成、掲示、配付□ 「学年・学級グランドデザイン」作成、掲示、配付□ 「○○学校マニュアル・スタンダード」掲示、発信□
	教育活動	保護者・地域の参加協力□	キャッチフレーズ・スローガン作成	キャッチフレーズ・スローガン掲示、発信□ 活動経過・結果の掲示、発信□
	事後	保護者・地域アンケート□	職員・児童生徒アンケート□	評価結果の分析、掲示□
⑤これまでの取組を価値のあるものに高める[実践例]	教科指導	外部指導者導入、校外施設活用□ 他校・他校種連携□	職員研修で授業スタイル（含AL）検討、共有□ 「学習の手引」「授業スタンダード」作成 共通の取組を共有（教科・学年・学級指導）□	保護者・地域への発信□ 「学習の手引」「授業スタンダード」掲示□ 活動経過・結果の掲示、発信□
	家庭学習習慣	保護者との連携□		
	各種テスト	Web配信集計システム活用□ 各種検定の活用□		
	生活科・総合的な学習（探究）の時間	地域（ふるさと）単元の開発・外部リソース活用□ 他校・他校種連携□	系統的、学年段階的なカリキュラム開発□	児童生徒の姿（発表会）□
	道徳教育・道徳科	外部講師、地域素材の検討□	重点項目の共有、教科等横断的な取組□	「年間単元配列表」の作成と拡大掲示（随時加筆）□

実施日（　　年　　月　　日）

新　潟　県　立　教　育　セ　ン　タ　ー

表7　CMNチェックリスト2019（実践編）

項　目	質　　　問	いいえ　　　　　はい	計
1　基本概念の理解 ・学習指導要領 ・学校教育目標 ・学校間等接続	① 学習指導要領について，ある程度理解している(2)，理解している(3)，業務に反映している(4)。	1・2・3・4	
	② 学校教育目標・重点項目について，　　　　　〃	1・2・3・4	
	③ 学年や分掌等の重点目標について，　　　　　〃	1・2・3・4	
	④ 地域の状況，生徒の実態について，　　　　　〃	1・2・3・4	
	⑤ 入学前及び卒業後の教育や社会との接続について，　　〃	1・2・3・4	/20
2　主体的・対話的で 深い学び 教科等横断で 資質・能力の育成	⑥ 「主体的・対話的で深い学び」の実現に向けて，授業改善に取り組んでいる。	1・2・3・4	
	⑦ 学校が目指す児童生徒像について，ある程度理解している(2)，理解している(3)，授業に反映している(4)。	1・2・3・4	
	⑧ 育成すべき資質・能力について，　　　　　〃	1・2・3・4	
	⑨ 他教科等との関連や，社会との関わりを意識して，授業に臨んでいる。	1・2・3・4	
	⑩ 生活科，総合的な学習（探究）の時間の「教科等横断的な単元」で，児童生徒の資質・能力を育成している。	1・2・3・4	/20
3　PDCAサイクル でマネジメント	⑪ 「自己申告シート」に基づき，目標達成に向けて，計画的に業務に当たっている。	1・2・3・4	
	⑫ 計画の進捗・目標達成の程度を不断に点検し，改善を図っている。	1・2・3・4	
	⑬ 目標達成度の点検に当たって，各種調査・テスト・アンケート等の客観的評価を活用している（C）。	1・2・3・4	
	⑭ 評価結果を分析し，改善計画を作成している（A・P）。	1・2・3・4	
	⑮ 目標達成に向けて，組織の理解・協力を得ながら業務に当たっている（D）。	1・2・3・4	/20
4　内外リソース※活用 ※校内外の人的・物的資器	⑯ 教科指導において，内外リソースの活用を検討している(2)，活用している(3)，計画的に活用している(4)。	1・2・3・4	
	⑰ 生活科，総合的な学習（探究）の時間，進路指導において，　　〃	1・2・3・4	
	⑱ 担当業務（行事・分掌・部活動）において，　　〃	1・2・3・4	
	⑲ 普段から，なるべく多くの内外リソースを発見しようと情報収集に努めている。	1・2・3・4	
	⑳ 担当業務について，たよりや学校Ｗｅｂサイト等を利用した情報発信を行っている。	1・2・3・4	/20
5　リーダーシップ	㉑ 教科指導において，具体的な目標を掲げて日々の授業に取り組んでいる。	1・2・3・4	
	㉒ 担当業務（学級・部活動・分掌）遂行に向け，具体的な目標を掲げて経営等している。	1・2・3・4	
	㉓ 目標の達成に向け，方策（内容・期限・優先順位・判断基準等）を決めて取り組んでいる。	1・2・3・4	
	㉔ 組織が最高のパフォーマンスを発揮できるように，人的・物的環境や情報を整えることができる。	1・2・3・4	
	㉕ リーダー的立場となったときは，率先垂範に努め，職員や保護者，地域から信頼を得ることができる。	1・2・3・4	/20
	氏名（　　　　　　　　　）　実施日（　　年　　月　　日）		/100

新 潟 県 立 教 育 セ ン タ ー

まとめ

(1) 令和元年度の研究概要

令和元年度は、「CMNチェックリスト2019の実装」というテーマで、平成30年度と同じ3校の研究協力校で継続して研究を進めている。そのため、同一校での前年度との比較や、チェックリスト更新の効果検証が可能となる。教育フォーラムでのパネルディスカッションとその後の協議を通して、チェックリスト2019の効果検証を行うとともに、効果的な活用方法についても検討し、その結果を全県に向けて情報を発信する予定である。

(2) CMNチェックリスト2019の発信とアウトカム評価表の作成

CMNチェックリスト2019は、県立教育センターWebサイトに掲載したほか、新潟県教員支援システム（県内小中学校教職員間ネットワーク）でも情報発信している。今後は、研究協力校以外でチェックリスト2019を活用した学校からも広く情報を得て、更なる改善に努めたい。そのためのアウトカム評価表を作成する予定である。

コメント

●本実践の特長

　優れた複数の事例を分析・整理し、その手立て等を一般化するという発想は「教育工学的」である。筆者の「教育という複雑な事象の伝達可能性や積み上げの可能性を高める」「教育の効率性を高める」＊という考えと軌を一にする。小中高の事例校の取組の成果と文部科学省のカリキュラム・マネジメントの3側面を踏まえて、「三つのキーワード」と「五つの視点からなるモデル「CMN28」を開発した。その上で、異なる研究協力校を指定し、検証を行い、「チェックリスト」なるツールを開発した。このような手続きを経て開発されたツールであるために具体的である。例えば、表7「CMN チェックリスト2019（実践編）」の項目⑯では、教科指導における校内外の教育資源活用に関しては、「活用を検討している(2)」「活用している(3)」「計画的に活用している(4)」と明確に示している。

●本実践のカリキュラム・マネジメント上の意義

　本書全体の趣旨である「地方教育行政による学校のカリキュラム・マネジメント実現支援」の先進的事例である。研究協力校で研究（Research）を行い、それを元にモデルを開発（Plan）し、異なる研究指定校で実施・検証（Do/Check）し、チェックリストを開発（Action/Plan）する。チェックリストを広く公開し活用（Do）してもらい、その検証・改善（Check/Action）を図っていく。県レベルのカリキュラム・マネジメントの RPDCA サイクルが回っている。教員には人事異動がある。基本的には教科指導に関しては学習指導要領に準拠した教科書が存在するために異動は大きな問題にはならない。しかし、学校や地域、子どもの実態を反映して計画・実施されるカリキュラム・マネジメントを理解し、学校の一員として年度当初から始動し持てる力を発揮する上で、このような共通の枠組みや視点が設けられていることは、学校と教員の双方にとって人的資源活用の点で有効と考えられる。

●本実践への期待

　このような取組に対して一般的に懸念されることは「画一化」である。新潟県には869の学校があるが（2019年度）、むしろ各学校が実態に基づく特色を発揮した上で、共通理解を図りやすくするためのツールと考える。実態をどう把握し学校として育成すべき資質・能力を決定するのか。その育成のための教科等横断的な「主体的・対話的で深い学び」をどう実現するのか。様々な調査や日々の授業をもとにどのように見直し・改善を図るのかなど、学校のカリキュラム・マネジメント推進のための手順が示されていることで、学校の実態や特性が発揮しやすく、また共通の視点や枠組みがあることで共通理解が図られやすい。特性を発揮し互いが理解し合う「拠り所」としてのツールの存在に期待する。

村川雅弘

＊村川雅弘（2012）「学校・行政の現職教育における教育実践研究の動向と課題」、西之園晴夫ほか編著『教育工学における教育実践研究』ミネルヴァ書房、pp.164-185

第2章
能力ベイスの探究的な授業づくりを中心とした
カリキュラム・マネジメント
●高知県

村川雅弘

1 「探究的な授業づくりのための教育課程研究実践事業」とカリキュラム・マネジメント

　高知県の現在進行中のカリキュラム・マネジメント（後述）には二つの取組が基盤となっていると考えられる。いずれにも筆者は深く関わった。

　一つ目は平成27年度より3年間行った「探究的な授業づくりのための教育課程研究実践事業」である。資料1は平成27年3月に県教委で決定された趣旨文（一部）である。

　平成27年度より、安芸市立清水ヶ丘中学校、本山町立嶺北中学校、四万十市立中村西中学校・同市立具同小学校など5中学校・2小学校が指定校として研究を開始する（28年度より1中学校追加）。長岡幹泰小中学校課長（当時）ほか3名から成る開発評価委員会委員も発足する。筆者は委員長（平成27・28年度、平成29年度は甲南女子大学に転勤したので交代）を務めた。

　第1回目（平成27年4月）の会議の席で、委員長として「探究的な授業づくりのあり方」のタイトルで講話を行った。まず、学習指導要領改訂の概要（資料2）を示した上で、本事業もその方向性で進めていくことを確認した。小・中・高の先進校の事例を取り上げ「資質・能力重視の授業改善」「言語活動（当時はアクティブ・ラーニングや主体的・対話的で深い学びは使われず）の充実」「教科等横断的な授業」（資料3）を提案している。

　その際、研究指定校など一部の学校だけが伸びるのではなく、本事業

> ～略～各教科や総合的な学習の時間において教員が協同して意欲的に探究的な授業づくりに取り組む学校を指定して、その実践研究の過程や成果を他校へ普及していくことにより、中学校の授業の質を高め、生徒の学習意欲や思考力・判断力・表現力等を高めていく。

資料1

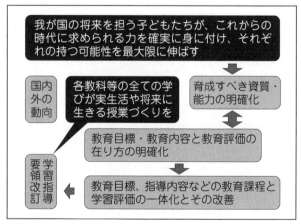

資料2

の成果を踏まえて県下すべての学校が向上するようにとの思いを込めて、富士山ではなく多くの峰々が連なる日本アルプスの写真を背景にした「学力向上のための戦略ピラミッド」（資料4）を提案した。「子どもたちが『相互に理解し相互に尊重し合いながら』『広い意味での学力（資質・能力)』を伸ばし合っていくための『言語活動充実による』授業の工夫・改善を展開していく上で『校内研修の活性化』が必要である。これらのことを各校で実現して行くのが『カリキュラム・マネジメント』で教育委員会や教育センター及び鳴門教育大学等が連携しつつ、学校を支援していく必要がある。各学校のカリキュラム・マネジメントの成熟度に応じて必要な情報やアイデア、助言をしていこう」と述べている。

> ## 資質・能力重視に向けて
> ○「思考力・判断力・表現力」を育むための重要な学習活動として、各教科横断的に「言語活動の充実」を図ることが示されたことは、資質・能力の育成を重視した教育の実現に向けた改革への第一歩である。
> ○中・高校においても教科横断的に育む力を設定し、授業改善を進めている学校が着実に増え、成果を上げてきている。

資料3

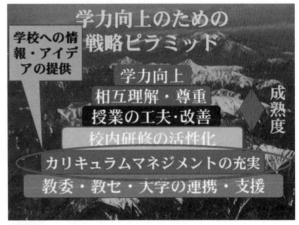

資料4

　この時の事業の考え方が、本書企画の元となった科学研究費基盤研究（C）（代表：村川雅弘、平成28〜31年度）の研究課題「学校カリキュラムマネジメント推進のための地域教育行政による支援モデルの構築」につながっていく。

2 「校内研修を活性化させるためのリーダー育成研修」とカリキュラム・マネジメント

　高知県のカリキュラム・マネジメントに影響を与えたと考えられるもう一つは高知県教育センターで行った「校内研修を活性化させるためのリーダー育成研修」（平成24〜26年度）である[1]。筆者はおおよそ15年ほど前（2004年頃）から本格的にワークショップ研修に取り組んできたが、この高知県での3年間の研修はこれまで行った中でも秀逸である。教育センターでの研修の学びがその場限りとならないようにするために、行政研修と校内研修を連動させた。足かけ3年間で約340名の研修リーダーに対し悉皆で行った。例えば、2年目（平成25年度）の取組の概要は以下の通りである。

⑴　集合研修①：6月上旬

平成24年度の取組で明らかになった「校内研修活性化の各要素」を意識した研修の進め方、「研修ポートフォリオ」（講演や実践交流からの情報を在籍校に生かすための「学びや自己のアイデアメモシート」や「校内研修診断チェックリスト」「校内研修プラン」「ポスターセッションの協議メモ」など12ページから構成。毎回の集合研修に持参）の活用の仕方についての説明を行う。校内研修活性化のための基礎的スキルの育成を図ることを目的に、ワークショップ型研修を専門とする研究者（筆者）による講義・演習を行う。そして、校内研修活性化により授業改善及び学力向上を実現した実践者（西留安雄氏：東京都小学校元校長・元高知県教育センター若年教員研修アドバイザー）による講演を行う。さらに、両者による校内研修活性化をテーマとしたシンポジウムを行う。

⑵　校内研修①：6～7月

研究主任が、夏期休業中または2学期に実施する予定の校内研修プランの作成を行う。校内研修プランは、共通のフォーマット（「目的」「概要」「工夫点」「実施時期」「研修の流れ」「体制」「準備物等」「意図・工夫）」など）を用意した。共通の構成要素を明示することで、各要素を意識して研修の内容や方法が計画され、学校を越えての共有化を図る。

⑶　集合研修②：7月下旬

ワークショップ型研修を専門とする研究者（筆者）による講演を行う。各自が持参した校内研修プランを用いて、校内研修診断チェックリストを基に、校内研修活性化の各要素を意識化させた改善ワークショップを行う（資料5）。研修プランの説明を聞き、他校の研究主任がコメントを行う。その際、付せんの色を使い分ける（青：工夫されている点や参

資料5

考になる点、黄：疑問や問題点、桃：助言や改善策）。

⑷　校内研修②：8～12月

集合研修②で改善した校内研修プランを受講者の在籍校において実践する。

⑸　集合研修③：12月下旬

午前中は、受講者が、在籍校で実践した研修について、ポスターセッションにより情報交換を行う。午後は、お互いが得た情報を基に、グループに分かれワークショップによる

校内研修活性化のためのアイデア整理を行う。「校内研修の年間計画のつくり方」「年間を振り返る校内研修のもち方」「校内研修だよりや研究紀要のつくり方」などの六つの大テーマの下に20チームが取り組む具体的なテーマを決定し、在籍校での取組や午前のポスターセッションで得た情報を基に具体的なアイデアの整理・構造

資料6

化を行った（資料6：15班「言語活動を取り入れた授業づくりのポイント」）。平成25年度だけでこのような成果物は20件作成される。その後、複数年度分の成果はセンター指導主事を中心にデジタル化（パワーポイントの作成）される。

　年間を通して3回の行政研修につながりを持たせ、かつ行政研修と校内研修を連動させる「研修しただけでは終わらない」考え方、また受講生が研修での学びを整理し「見える化し共有化を図る」研修のモデルが提案できたと考える。

3　能力ベイスの授業改善を核にしたカリキュラム・マネジメント

⑴　学校のカリキュラム・マネジメント実現に向けての戦略

　高知県は資料7に示す計画に基づいて3年間にわたり、県下の小・中学校のカリキュラム・マネジメントを、「見方・考え方を基軸にしたカリキュラム編成」「能力ベイスの授業づくり」「学校環境に適した保幼小中学校間連携」を核として進めている[2]。

　「教育課程連絡協議会」担当指導主事（カリキュラム・マネジメント主担当）が企画した研修計画

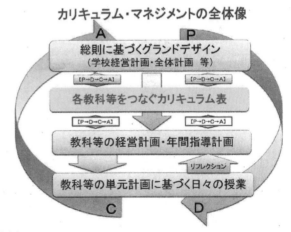

資料7

を東部・中部・西部の3教育事務所が実態に応じて実践する。各教育事務所はカリキュラム・マネジメント主担当が他の指導主事をレクチャーしながら行う。平成29年度から3年間かけて各学校でカリキュラム・マネジメントの一定の型をつくりつつ、授業レベルの改善を進めている。

⑵　学校の中核教員に対する行政研修と校内研修をつなぐ

　資料8は初年次である平成29年度の周知計画である。まず、6月は研究主任対象に、新学習指導要領の、特に総則のカリキュラム・マネジメントの部分の周知徹底を行うために文部科学省の石田有記教育課程企画室専門官（当時：現同課学校教育官（併）カリキュラム・マネジメント調査官）を招き、講話を行っている。演習としては、学年ごとの年間指導計画を基にした教科等の関連及び人的・物的資源の活用の検討・整理（カリキュラム表の作成）の手法を扱っている。各校において伝達講習を行うだけに止まらないように、「教科等横断的な視点によるカリキュラム表」を作成させ、8月の教頭や主幹教諭等の管理職が一堂に会した教育課程連絡協議会において「作成したカリキュラム表の点検・改善の演習」（1学年分だけでも可）を実施している。その際、「カリキュラム表の作成と活用のサイクル」を例示している。そして、教頭や主幹教諭等による伝達講習を行うとともに、各校において「マネジメント・カレンダー」（誰が何をどうつなげているかを記録するシート）の作成を進めている。

　各校においてカリキュラム・マネジメントを推進していく立場にある教頭、教務主任、研究主任、主幹教諭、指導教諭に対して共通に研修を行うとともに、この二つの研修を通

平成29年度新学習指導要領の周知（カリキュラム・マネジメント）

資料8

してカリキュラム・マネジメントの3観点を扱っている。また、各教科等の担当教員対象の研修においても新学習指導要領の趣旨の徹底を行っている。全県下の学校が遍く実行していくためには有効な方法である。

　平成30年度においては平成29年度に作成したカリキュラム表が有効に活用されるように、6月の学力向上研究主任会において、カリキュラム・マネジメントの講義だけでなく、「育成したい資質・能力の重点化を図る単元配列表の編成」と「新学習指導要領の周知・徹底を図るための研修の在り方」の演習を実施し、研修成果を還元するために各校に単元配列表と研修計画の見直しを行っている。8月の教頭や主幹教諭等が一堂に会した教育課程連絡協議会では、「主体的・対話的で深い学びの視点からの授業改善」についての講話に加えて、各校で作成した「単元配列表」と「校内研修計画」に関する情報交換を実施している。そして、情報交換を受けて各校において単元配列表と研修計画の見直しが行われる。この展開は前述の「校内研修を活性化させるためのリーダー育成研修」のワークショップの手法が踏襲されている。さらに、学校経営アドバイザーや指導主事等による学校訪問により、定期的にカリキュラム・マネジメントに関する指導・助言が行われる。そして、各指定校による研究発表会や各種研修会が各教育事務所を中心に展開される。前述の「探究的な授業づくりのための教育課程研究実践事業」の方法が引き継がれている。

　最終年度の令和元年度には、6月の学力向上研究主任会において、特に資質・能力ベイスの授業実践の質的向上に向けての校内研修の在り方及び授業研究を核とした校内研修についての理解を深め、各校において伝達講習を実施すると共に校内研修計画の再検討と実施が行われている。ここでも「校内研修を活性化させるためのリーダー育成研修」のワークショップの手法が踏襲されている。8月の教育課程連絡協議会においては、石田調査官を再度招き、学習評価とカリキュラム・マネジメントとを関連付けた研修を行っている。公立の小・中学校の教頭、主幹教諭、指導教諭、教務主任は悉皆である。東部は約140名、中部は約250名、西部は130名である。各校においては受講生の教頭や教務主任等が伝達講習を行うとともに、PDCAサイクルの充実を図る校内研修を実施している。その間も学校経営アドバイザーや指導主事が定期的に学校を訪問し指導・助言を行っている。

　以上のように3年間を通して計画的・段階的に展開している。行政研修の成果を学校現場に還元するためには、共通の宿題を課し、次の行政研修で確認する。年度末には、実施状況を確認し、未提出の学校には催促する。研究校を指定しその成果を次年度以降の研修で発表・発信してもらっている。

　なお、令和元年度は、教科等横断的な授業づくりを学校種と教科を越えて理解し合うための「授業づくり講座」を実施している。詳細はHPを参照いただきたい。

　また、県教委だけでなく三つの教育事務所の指導主事が総出で、「単元計画に基づく日々の授業改善」の全学年・全教科・全領域ごとのガイドラインの作成を進めている。「資質・能力の系統」「教科の特色（例えば、国語科は言語活動）を生かした学習活動例」

「学習評価例」などが盛り込まれる予定である（令和元年度・２年度に作成）。教科のカリキュラム・マネジメントも県主導で進めている。

(3)　研究指定校の成果の発信と共有化

　高知県は東西に広く、北部は山間部を抱え南北の交通の便も厳しい状況にある。そのため東部、中部、西部の各教育事務所が県教委の方針を踏まえながら推進している。研究指定校を県内にバランスよく配し、各地域のモデル校としての役割を担わせている。

　「探究的な授業づくりのための教育課程研究実践事業」の際も、研究指定校が積極的に授業を公開し、具体的な取組を発信した。例えば、研究指定校の一つの中村西中学校では当該学年の教科書を持ち寄り、学習内容面と学習スキル面において具体的な活動レベルでその関連を分析・整理している[3]。付せんを色分けして活用することで、内容面だけの関連にとどまらず、資質・能力面を意識した関連付けを実現している。この手法は高知県のみならず全国的に拡がりつつある。

　中学校においては、教科等横断に関わる情報交換や授業参観の時間を校時程の中に位置付け週に一度のペースで日常的に行う、異教科による「チーム会」がある。必要に応じてチームを越えて交流する。この取組も「探究的な授業づくりのための教育課程研究実践事業」の指定校であった朝ケ丘中学校の産物（Asagaoka プロジェクト部会）である。中学校において教科等横断的な授業づくりが「絵に描いた餅」に終わらない有効な方法である。

土佐山学舎カリキュラムマネジメントアンケート（平成30年度　4月）
次のことについて、あてはまる番号に○をつけてください。

	質問項目	そう思う	すこしそう思う	あまり思わない	思わない
1	私は、校長が示した学校経営方針を理解している。	4	3	2	1
2	私は、研究主題や研究内容を理解している。	4	3	2	1
3	本校はめざす教育活動に必要な校務分掌がつくられている。	4	3	2	1
4	私は、本校の研究組織で、自分の役割が分かっている。（「学力向上部」「生活向上部」「特活部」）	4	3	2	1
5	私は、研究主題『主体的に学び、豊かに表現する児童生徒の育成』を意識して授業を行っている。	4	3	2	1
6	私は、本校が取り組んでいる「主体的・対話的で深い学び」の視点に立った授業とは、どんな授業なのか理解している。	4	3	2	1
7	私は、各教科の授業において、児童生徒の主体的・協働的な学習を取り入れている。	4	3	2	1
8	私は、既習事項や先の学年で学ぶ内容との関連を意識して授業を行っている。	4	3	2	1

資料9

　また、今回の事業でも、先の事業からの引き続きの指定校である土佐山学舎が自校のカリキュラム・マネジメントの推進状況を明らかにするためのアンケート（資料9）を提案し、県内に拡がりつつある。独立行政法人教職員支援機構の「カリキュラム・マネジメント指導者養成研修」講師である田村知子大阪教育大学大学院教授の配付資料をアレンジしたものである。

4　教育センターにおけるカリキュラム・マネジメントに関わる研修

　高知県教育センターの教諭対象のカリキュラム・マネジメントに関する研修は、中堅教諭等資質向上研修（教諭）の「共通課題研修」（児童生徒への理解及び今日的な教育課題の解決に向けて対応できる能力をさらに高めるとともに、学校運営等を視野に入れた実践に取り組む中で、ミドルリーダーとしての意識を高め、チームマネジメント力や実践的指導力を身に付ける）の中で半日実施している。

　管理職に対しては教頭対象の3年間15日間の「管理職育成プログラム（教頭研修）」における「学校組織マネジメント研修」の一環として2年目に半日研修「カリキュラム・マネジメント」として実施している。直接扱っているのはこの研修のみであるが、2年次研修の「校内研修の活性化（授業改善）」はカリキュラム・マネジメントのPDCAサイクルのDに関わる研修であり、同じく2年次の「学校評価の活用」はPDCAサイクルのCA、「組織活性化に向けたリーダーシップ」はリーダーシップに関わる研修である。教諭から主幹教諭や教頭と経て校長に至るまでの管理職研修体系に基づいて計画・実施されている。

　「管理職育成プログラム（教頭研修）」においては受講者である教頭は自らが受講している各研修の意義や関連を理解した上で、受講後は各校の校長に報告を行っている。しかし、校長や教頭などの管理職が教育センター等で実施される各職階や年次対象に行われる各種研修を関連付けて理解することについては十分ではない。例えばカリキュラム・マネジメントの視点・要素を踏まえて各研修の意義や相互の関連を理解することによって、それらの研修で学んだことを、各校のカリキュラム・マネジメント実現においてつなげて生かすことがより可能になる。研修の成果を各学校の実情に応じて還元することが可能になる。各研修は育成指標を基に目標や内容が作られているが、今後は個々の研修で身に付けられた知識・技能をまさに職階や年次の研修を横断的につなぐことが求められる。そうすることでまた、一つひとつの研修の意味が異なってきて、主催者側の関わり方も違ってくる。各研修の関連付け・体系化を今後の課題として本センターに期待したい。

　本稿執筆にあたり、高知県教育委員会事務局小中学校課の益永美佳課長補佐及び江口千穂指導主事、高知県教育センターの岡村洋一郎教職研修部長、西山貴久学校支援部長、橋田英子教職研修部人権教育・専門研修担当チーフ、多田哲也学校支援部管理職研修担当

チーフに面談調査を行った。この場を借りてお礼申し上げたい。

【注】

1　村川雅弘（2016）「行政研修と校内研修を繋ぎ・生かし合うシリーズ研修」、『ワークショップ型教員研修　はじめの一歩』教育開発研究所、pp.101-105

2　齊藤一弥・高知県教育委員会（2019）『新教育課程を活かす能力ベイスの授業づくり』ぎょうせい、pp.171-181

3　村川雅弘（2016）「総合的な学習の時間と各教科等との関連」、前掲書1、pp.74-78

コメント

●本実践の特長

　学習指導要領総則の規定に示されたカリキュラム・マネジメントの本質は、教育課程に基づく教育活動の質の向上を目指した組織的かつ計画的な学校経営の実現にある。教育課程に基づく教育活動の中心は日々の授業である。したがってカリキュラム・マネジメント推進の観点からは、教育行政には、各学校における①授業づくりと②教育課程づくり、③①②の取組を組織的かつ計画的に支える校内の体制づくりを支援・助長することが求められる。本章で紹介した高知県の取組は、上記①②③に関わる取組を高知県教育委員会、高知県教育センターとして組織的・計画的・継続的に展開している点に、その特長がある。

●本実践のカリキュラム・マネジメント上の意義

　高知県の実践にみられる意義を、筆者が平成29年度、令和元年度に関わった「教育課程連絡協議会」の取組を中心に2点述べたい。1点目は「『説明して終わり』にならないように研修と研修をつなぐ」（資料8　平成29年度新学習指導要領の周知計画）とのコンセプトに象徴されるように、新学習指導要領の周知について、実際に各学校が「カリキュラム表」（単元配列表）を検討する機会を含め展開している点である。

　2点目は、各学校の取組を組織的かつ計画的に支援している点である。このことは、筆者が研究協議の様子を見る中で得られた次のエピソードにも象徴的に表れている。

・　同協議会の参加者は県内のすべての小中学校等の教頭と中堅教員（指導教諭、教務主任等）－各学校のカリキュラム・マネジメント推進の核となる者－である。参加者からは、異なる職位の者がともに研修を受ける機会はこれまでなく画期的である、学校運営と教務運営とのすり合わせを行うことができた、などの感想が聞かれた。

・　同協議会では、カリキュラム表の検討を平成29年度から3年間にわたり継続的に進めてきた。3年間の取組を振り返り参加者からは、やみくもに「単元をつなぐ」のではなく「なんのために」から焦点化することが重要、継続的に検討してきたことで「つけたい力」と単元間のつながりが明らかになった、などの感想が聞かれた。

　このような高知県の取組は、ともすれば伝達に陥りがちな学習指導要領の周知について、学習指導要領の趣旨の理解と、それに基づく各学校の実践とを取り結ぶことを重視している点において今後の教育行政の戦略を考える上で重要な意義を有する。

●本実践への期待

　高知県の取組のよさは「説明して終わり」「カリキュラム表を作って終わり」にとどまることなく、各学校におけるカリキュラム・マネジメントを実際に支援する施策に継続的に取り組み、その中で自らの施策展開の改善も図る行政姿勢そのものにある。令和2年度からの新学習指導要領の下での継続的な施策展開に今後とも期待したい。

　　　　　　　　　　　　　　　　　　　　　　　　　　　　　　　　　　　　石田有記

第3章
学校間と異校種間をつなぐカリキュラム・マネジメントの推進
●兵庫県たつの市

石堂　裕

1　求められる学校間及び異校種間のつながり

子どもたちの資質・能力を育むためには、図1に示すように、異校種間のスムーズな接続及び幼児教育からの学びの連続性を意識した体系的な指導が求められる。例えば、小学校段階を軸に考えた場合、就学前では、子どもたちは、複数の幼稚園、保育所、認定こども園などから入学してくる。そして小学校で6年間を過ごし、複数の小学校で学んだ子どもたちとともに中学校へと進学するのである。

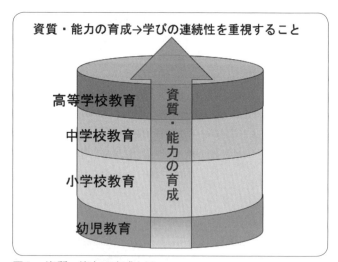

図1　資質・能力の育成とは

仮に、幼稚園、保育所、認定こども園からのアプローチカリキュラムに伴うアプローチシートが共通のものなら、受け入れる小学校は、スタートカリキュラムに反映させやすい。仮に、複数の小学校が、教科書のない総合的な学習の時間において共通の体験活動をしていたなら、受け入れる中学校は、中学校での総合的な学習の時間におけるカリキュラムに反映させやすい。要するに、子どもたちの資質・能力の育成には、複数の小学校での横のつながりや異校種間での縦のつながりが重要なのである。また、小学1年及び中学1年を担当する教員の「ゼロスタートではない意識」が、小1プロブレムや中1ギャップの解消にも効果的であることから、学校間、異校種間のカリキュラム・マネジメントの必要性が高まっている。

2　「たつの市版スタートカリキュラム」の開発

⑴　市内共通のスタートカリキュラムを創ることを目指して

たつの市が、「人格形成の基礎を養う時期」である幼児教育と、「各個人が有する能力を伸ばしつつ、社会において自立的に生きる基礎を培う時期」である小学校教育をスムーズつなぐことを目的に、図2に示すような委員会を設置した。接続期カ

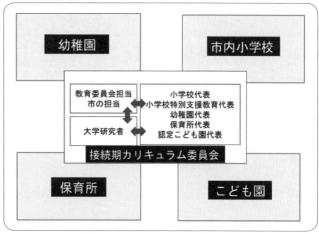

図2　接続期カリキュラム委員会の構成

リキュラムとは、5歳児におけるアプローチカリキュラムと1年生におけるスタートカリキュラムを合わせたものである。

その委員の中心的立場として、カリキュラム・マネジメントする際、トップダウン的なカリキュラムにならないように配慮することが大切である。

作業の手順とその内容
①市内小学校生活科・総合的な学習の時間部会（各校1名）によって、各校で入学後の約1か月にスタートカリキュラムとして行っている内容を洗い出す。 ②明らかになった事柄を付箋に書き出し、分類・整理する。 ③委員会で、「育成すべき資質・能力の三つの柱」及び「幼児期の終わりまでに育ってほしい姿」と関連させながら、三つの項目（Ⅰ返事やあいさつに関すること、Ⅱやくそくに関すること、Ⅲ学習活動に関すること）に当てはめ、教師の声かけの例を考える。 ④市内小学校生活科総合的な学習の時間部会を窓口に、各校において、三つの項目の内容を再度チェックし、その結果をもとに、委員会で校正する。

各校の意見を反映させながら、「厳選30」として完成した「たつの市版スタートカリキュラム」（図3にその一部を紹介）。教師の声かけの例から、1年生の子どもたちに主体的に思考判断させながら、小学校のルールに気付かせようとしていることがわかる。この声かけの例についても、委員会所属の幼稚園、保育所、認定こども園の代表が、実際の子どもたちを想定しながらチェックし、子どもたちに伝わる表現として明記できた。これも、異校種間のカリキュラム・マネジメントに必要なことである。

【Ⅱ　やくそくに関すること】

番号	項目	先生の声かけの例
④	いすのすわり方【社】	○写真と同じように正しいすわり方をまねしてみよう。
⑤	机やロッカーの使い方【自】	○どちらの写真がいいかな。（良い例と悪い例を見せながら） ○どんな入れ方がきれいかな。
⑥	廊下、階段の使い方【自】	○右側を歩くかな、左側を歩くかな。
⑦	トイレの使い方【道】	○みんなが気持ちよく使うためにはどうすればいいかな。 ○立つ場所は、どこに立つといいかな。 ○流さなかったらどうなるかな。 ○スリッパのそろえ方はどちらがいいかな。（写真で示して）
⑧	くつ箱の使い方【自】	○幼稚園、保育所、こども園では、どんな入れ方をしていたかな。 ○くつの入れ方はどちらがいいかな。（写真で示して）
⑨	かさ置き場【自】	○かさ置き場の使い方はどちらがいいかな。（写真で示して）
⑩	手洗い・うがい【自】	○幼稚園、保育所、こども園では、どのようにしていたかな。
⑪	そうじの仕方【自思】	○ほうきの使い方で気を付けることは何かな。 ○ぞうきんの使い方で気を付けることは何かな。
⑫	宿題、提出物の出し方【自】	○どのようにおいているかな。（写真で示して）
⑬	配布物の片付け方【自】	○どちらが正しいかな。（連絡袋に入れる写真とそうでない写真で）
⑭	体操服の着替え【自】	○脱いだ服はどうするかな。
⑮	発表の仕方【言】	○発表するとき、どんなことに気を付けるかな。
⑯	えんぴつの持ち方【数】	○写真と同じように正しい持ち方をまねしてみよう。
⑰	遊具の使い方【道】	○幼稚園、保育所、こども園のときはどんな約束があったかな。
⑱	図書室の使い方【道】	○図書室を使うとき、どんなことに気を付けるかな。
⑲	チャイムの合図【道】	○今のチャイムは、始まりの合図かな、終わりの合図かな。 ○始まりのチャイムが鳴ると、どうすればよいかな。
⑳	登下校【道社思】	○気持ちのよいあいさつって、どんなあいさつかな。 ○交通安全に気をつけることは何かな。

【幼児期の終わりまでに育ってほしい姿】
自自立心　協協同性　社社会生活との関わり　思思考力の芽生え　言言葉による伝え合い
感豊かな感性と表現　数数量・図形・文字への関心・感覚　生自然との関わり・生命尊重
道道徳性・規範意識の芽生え　健健康な体

図3　たつの市スタートカリキュラムの例

⑵　小学校教員の「ゼロスタートではない意識」を高めるために

　小学1年生の子どもたちは、幼稚園、保育所、認定こども園での「遊び」から得た既有の知識を持って入学してくる。小学校1年生では、学び合いを通して、その既有の知識と人や書物などとの対話や体験から得た知識とを結び付けながら新たな知識を生み出すのである。図1にも示すように、小学校教育のスタートだからといって、知識レベルでは、決してゼロからのスタートではないのである。

　そこで、従来まで行ってきた幼稚園、保育所、認定こども園との連絡会議を、子どもたちの情報伝達の機

写真1　アプローチシートに基づいた連絡会議

会だけではなく、幼児期の終わりまでに育ってほしい力のうち、どのようなことに力を入れ、どのような成果があったのかを、アプローチシートをもとに知らせていただく機会を加えることにした。これによって、小学校教員には、「ゼロスタートではない意識」が芽生えることになる。例えば、生活科で予定していたアサガオの栽培について取り組んでいることがわかったり、竹馬やなわとびなどに力を入れていることがわかったりすることで、小学校での授業計画に活かすことができるのである。従来に比べて、少し時間は長くなったが、子どもたちの資質・能力の育成を考えるためには、有効な時間である。

　また、写真2のように、たつの市内の幼稚園、保育所、認定こども園の教員と小学校教員が小学校校区ごとに分かれて、異校種間情報交換会を行うことも、「ゼロスタートではない意識」を育むためには、効果的な活動である。参加した小学校教員の多くが、就学前の「遊び」の様子や「遊び」から得た知識及び技能について知る過程で、小学校での学習内容と重なることを理解する。

写真2　異校種間情報交換会

　図2に示すような接続期カリキュラム委員会での意見交流は、子どもたちの資質・能力を育成するためにの情報を交換するとても貴重な機会であったが、年間複数回開催するこの異校種間情報交換会も、横のつながり（幼稚園、保育所、認定こども園）や縦のつながり（幼児教育と小学校教育）を深める貴重な機会である。

(3)　中学校区内の子どもたちが共通の知識を習得できるように

　中1ギャップ対策として、小学校から中学校へのスムーズな接続に向けた取組は、多くの市町村で行われている。たつの市教育委員会が主催する人間関係づくりプログラム（中学校区の6年生が中学校に集合し、レクリエーションを通して人間関係をつくることを目的としたプログラム）もその一つである。

　さて、中学校が教育課程をつくる際、課題となるのが総合的な学習の時間である。複数の小学校から進学してくるため、小学校での体験知が異なっていることから、単元デザインを仕組みにくい。

　そこで、写真3のように、市の生活科・総合的な学習部会が中学校区ごとに集まり、全体計画の見直しを設定した。総合的

写真3　総合的な学習の時間全体計画の見直し

な学習の時間の全体計画は、各小学校独自で作成していることが多く、同じ中学校区であっても、他校の全体計画を目にすることはなかったが、新学習指導要領の改訂が、全体計画を見直す機会になり、小学校間で、子どもたちの資質・能力の育成につながる体験活動や知識の習得の共通理解を図ることができた。作業の手順は次の通りである。

作業の手順とその内容
①探究課題を設定する。 ②育成すべき資質・能力の三つの柱に基づいて、子どもたちに育みたい力及び目標を設定する。 ③3年生から6年生で扱う地域の教材及び関連教科等の確認と単元の概要を修正する。

　中学校区ごとに行う話合いは、小学校は別であっても、子どもたちに共通の体験知を育むための情報を共有する場である。例えば、たつの市のように、市を挙げて人権教育に取り組んでいるような場合だと、探究課題を人権に設定し、特に5年生では、地場産業である皮革工場を教材として単元をつく

写真4　食肉センターの見学や牛の飼育体験

ることが多い。そこに、写真４に示すような食肉センターの見学や牛の飼育体験を取り入れることで、子どもたちは「命のつながり」として学びを深めることになる。仮に中学校に複数の小学校から進学したとしても、小学校段階で共通の体験知があることから、中学校段階では、さらなる人権感覚を高めるための単元が可能になるのである。

　人権教育や環境教育などSDGs（国連が示した持続可能な開発目標）と関連した課題教育は、幼児教育から体系的に育みたい資質・能力である。ぜひ中学校区ごとにカリキュラム・マネジメントしていただきたい。

⑷　異校種の代表が集うメリットを生かして

　たつの市教育委員会は、「学ぶ力」向上事業を推進している。子どもたちに、「知識及び技能の習得」「思考力、判断力、表現力等の育成」「学びに向かう力、人間性の涵養」を図ることが目的である。この事業の推進には、「基礎基本」「ふるさと教育」「英語・外国語」の三つの部会があり、その一つである「ふるさと教育部会」は、幼稚園、小学校、中学校、高校、市教委の代表で構成されている。異校種の代表が集うメリットを生かし、次のようなマネジメントを行った。

作業の手順とその内容
①ふるさと教育の目標をもとに、三つの柱をつくる。 ②現在実施している事業を三つの柱で整理する（図４）。 ③事業の内容と関連する学習活動を整理し、探究的な学習へと再構成する。 ④社会において自立的に生きる基礎を培う時期である小学校教育での体験活動が、後の中学校及び 　高校段階でのキャリア形成にどう影響しているかを探る。

　主体的・対話的で深い学びを生み出すための授業改善が求められる一方で、働き方改革の側面も忘れてはならない。そこで、ふるさと部会では、新たな活動を仕組もうとするのではなく、図４に示すような現在実施している事業を学習カリキュラムに組み入れることで、より探究的なカリキュラムへと改善していくことを目指している。

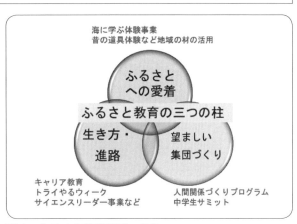

図４　ふるさと教育の三つの柱

　例えば、図４に示す事業のうち、小学校４年生が行う「海に学ぶ体験事業」は、漁船体験や海の幸を用いたカレーづくりなどの海に関するプログラムがある。下記に示すようなこの事業内容と関連した学習活動を示したり、これらを総合的な学習の時間、道徳、そして特別活動などの関連した探究的な単元モデルを示したりすることで、各校の主体的・対

話的で深い学びを生み出す授業改善への道標の役割が期待できる。

探究課題	主な学習活動
自然環境	・川の生き物と海の生き物を比較して、共通点や相違点に気付く。 ・SDGsと関連して、海のゴミから生態系への関心を高める。 ・水生生物調査を通して、川と海のつながりや水の循環を意識する。
地域産業	・漁業組合の方から地域の漁業を学び、関心を高める。 ・漁業という仕事の役割とそこで働く方の思いを知る。
食育	・地産地消、食の安全、そして生き物の命について関心を高める。

3　カリキュラム・マネジメントをするためのポイントの整理

　学校間、異校種間をつなぐためのカリキュラム・マネジメントの進め方について、重視したい主なポイントは次の三つである。

○異校種間が、資質・能力の育成を目的にした接続期カリキュラムでつながること。
　特に小学1年及び中学1年の担当教員は、子どもたちの既有の知識を生かすこと。
○人権教育や環境教育などの課題教育については、中学校区ごとに、学習カリキュラムを交流し、メリットを取り入れること。
○市町村の事業を単独の活動して行うのではなく、学習活動と関連付けることで、探究的な単元への改善を目指すこと。

　子どもたちの資質・能力を育成するためには、幼児教育からの「学びの連続性」が必要である。そのカリキュラムづくりには、学校内だけでの対話ではなく、縦のつながり（異校種間）での対話、横のつながり（学校間）での対話が求められる。そうして完成したカリキュラムが、学習活動での子どもたちの主体的・対話的で深い学びを生み出し、その結果、子どもたち一人一人の確実な知識及び技能の定着や思考力、判断力、表現力等の育成、そして学びに向かう力、人間性の涵養につながるのである。

コメント

●本実践の特長

　市ぐるみで学校間、異校種間をつなぐための行政支援である。幼児教育と小学校教育の接続については小学校区、小学校と中学校の接続については中学校区という単位において、まずは教職員が集まり顔を合わせることが連携の始まりである。市はその連携の場、機会づくりの旗振り役となっている。

　市内共通のスタートカリキュラムづくりの実践については、委員会を設置し、各校を代表するそれぞれの委員から、現場の実践や知恵を集めるボトムアップ方式が採用されている。そして、作成されたカリキュラムを各学校で再度チェックする。このように、委員会と各学校の間を往還させながらスタートカリキュラムを叩き上げている。このような取組を継続し、実践に基づきカリキュラムを評価し改善し、新たな知見を加えていくことができれば、市内のスタートカリキュラムについて、発展的なマネジメントサイクルが確立されていくことだろう。

●本実践のカリキュラム・マネジメント上の意義

　本事例の重要なポイントは、連携の場においてカリキュラム（アプローチカリキュラム、総合的な学習の時間）を持ち寄り、これを囲んでの情報共有と協議を行っている点である。このことにより、「集まる」「顔をあわせる」だけではなく、カリキュラム開発と改善という実質的な中身を伴った協働となっている点である。さらに、小、中、高、市教委の代表が集うメリットを生かして「学ぶ力」向上事業を、縦系列（発展段階）で整理することも行われている。

●本実践への期待

　組織の境界を超えた協働体系をカリキュラム・マネジメントにおいて作り上げているわけだが、その際、このような取組において留意したいのは、やはり組織（校種）によって、ものの見方・考え方、学校文化が異なるという点である。エドモンドソンは、「チームで仕事をする際には様々な境界があることを自覚する必要がある」と指摘する。その違いを克服するために「上位の共通目標を設定する」「人々の考えや心配などに関心を示し情報共有や質問をメンバーに促す」「全員が従おうと思うプロセスの指針を示す」ことが求められるリーダーシップ行動であると述べている*。本実践においても、学校や校種の違いがあることを十分に自覚した上で、境界を越えるための上位目標（市や学校区で育てたい子ども像）やプロセスの方針（カリキュラムの内容・方針、そして連携会議の進め方など）を明確に示すことにより、境界を超えた関係者たちは安心して率直に意見を出し合える環境となるだろう。

田村知子

＊ E.C. エドモンドソン『チームが機能するとはどういうことか』英治出版、邦訳 2012 年

第4章
小中全校展開
校長・教務・研究主任合同研修から各校へ
●京都府京都市

畑中一良

　京都市では、1872年の国の学制発布に先立つ1869年に日本最初の地域制小学校である「番組小学校」が誕生し、2019年に番組小学校創設から150年を迎えている。こうした歴史と伝統を礎に、家庭と地域社会との連携・協働による「開かれた学校づくり」を基盤とする、市民ぐるみ・地域ぐるみの教育を推進してきた。まちの発展を教育の力に託した京都の先人の理念と志を改めて確認し、よりよい学校教育を通じてよりよい社会を創るという新学習指導要領の理念と本市の目指す子ども像「伝統と文化を受け継ぎ、次代と自らの未来を創造する子ども」の実現に向け、本市教育の歩みをさらに進めている。

　新学習指導要領のキーワードの一つであるカリキュラム・マネジメント（以下「カリマネ」という）は、学校教育目標の実現に向けて教育活動をより組織的・効果的に進め、その質を最大限に高めるための手段である。カリマネの3側面を踏まえ、各校で協働的に取組を進めるためには、全教職員が参画してカリマネの体制をつくることが重要であり、とりわけ管理職、教務主任、研究主任がカリマネへの理解を深め、職責に応じてリーダーシップを発揮することが求められる。そこで、2018年8月に小学校、中学校、義務教育学校の校長、主幹教諭、指導教諭、教務主任、研究主任のおよそ750名が一堂に会しての研修会を実施し、「資質・能力」の育成のために各校でカリマネに取り組み、学校改革を行うこと、教科等横断的な視点の基礎資料として「関連単元配列表」の作成・活用に取り組み、授業改善を進めることを確認した。

1　京都市教育委員会事務局のカリマネ支援

(1)　支援体制

　学校指導課には、校長経験のある首席指導主事が配置され、主に学校経営に関する支援・指導を行っている。京都市総合教育センターには、各教科等のエキスパートである指導主事が配置され、校内研究・研修の指導・助言に当たっている。カリマネの展開に向けては、学校指導課、総合教育センターで合同学習会を重ね、一定の方向性を共有した上で、管理職の視点、教科指導の視点など様々な角度で各校の実態を把握している両組織が連携・協力してカリマネの発信や展開を図るため、校長会、教頭会、教務主任会、研究主任会に対する支援や助言、また、定期、不定期の学校訪問を通して、各校への支援、情報

提供を行い、各校の取組推進を図っている。

(2)　冊子「学校教育の重点」(各年度)

　文字通り、京都市の学校教育の重点目標を示すもので、年度末に行われる校園長会で説明され、4月当初の職員会議や研修会にて全教職員に冊子「学校教育の重点」を配布し、校園長から周知し、共有を図っている。

　2019年度版においては、学校教育において重視する視点として、カリマネの視点の下、組織的かつ計画的に日々の教育活動の質の向上を図り、子どもの姿や地域の状況に応じた創意あふれる取組を展開すること、学校運営の柱として、すべての教職員がカリマネの視点をもって実践を進めること、校種間連携・接続の推進として、小中一貫教育の目標を踏まえた系統的な教育課程の編成・実施など、カリマネの視点で具体的な取組を進めることなどを明示した。

(3)　京都市スタンダード

　教員による指導力に大きな格差が生じないように、教科書採択に合わせて全学年・全教科等の学習内容について詳細な年間計画や単元計画等とその評価の視点を「京都市スタンダード」として作成し、全教職員に明示している。約5000ページにわたる冊子が、約400人の作成委員によって作成され、小学校へは各学年1セットずつ、中学校へは担当教科、道徳、総合的な学習の時間、特別活動に関するスタンダードを配布している。また、京都市内のネットワークからいつでもダウンロードできるようにしている。

(4)　学習指導要領解説書

　学習指導要領の記述の意味や解釈についての理解を深め、創意工夫を生かした特色ある教育課程を編成・実施できるように、学習指導要領解説の総則、各教科等1セットを小学校、中学校、義務教育学校全校に配布した。

(5)　リーフレット「カリマネ」

　カリマネは、その意義や必要性を共有し、学校長のリーダーシップのもと、教頭、教務主任、研究主任がそれぞれの役割を明確にしながら、全教職員が一丸となって意図的・計画的・組織的に進めていくものである。取組を進めるために、学校教育目標を見直し、新たな目標の設定、その具現化、次代と自らの未来を創造するために必要な資質・能力の育成に向け、教科等横断的なカリキュラムデザイン、組織、教職員の意識や不断の評価・改善についてのイメージをリーフレットにし、各校に4部ずつ配布した。

　構成は、次の通りである。

　学校教育目標とカリマネ、教育課程編成とカリマネ、総合的な学習の時間とカリマネ、

カリマネによるアプローチ、育成を目指す資質・能力ごとに実施時期や教科相互の関連を考慮した関連単元配列表、カリキュラム・マネジメントの全体イメージ、Ｑ＆Ａ

　また、「カリマネ」と「主体的・対話的で深い学び」の推進は、教育活動の質を向上させるためのものであり、相互に関連している。育成を目指す資質・能力をどのように育むかという観点から、カリキュラムを核に授業改善と組織改善を一体的に行うのがカリマネであるため、リーフレット「主体的・対話的で深い学びの実現に向けて」も合わせて作成し、全校に４部ずつ配布した。

2　実践に向けてのステップ

⑴　学校教育目標、総合的な学習の時間を見直すための年度スケジュール

　2018年度は、準備・計画・試行期間として、次年度に向けて、下記のステップを通して、自校の児童生徒に育成したい資質・能力を意識して、学校教育目標と総合的な学習の時間を見直すこと、また、これらの取組に全教職員が関わる体制をつくることを目標とした。

　　○カリマネの目的・意義の共有

　　○教務主任は、教育活動全体を俯瞰し、関連単元配列表の作成と活用をリードする役割であり、研究主任は、自校の研究主題や育成を目指す資質・能力を常に意識しながら、研究活動をリードする役割であることなど、両者ともカリマネ推進のキーパーソンであるという役割等の周知・共有

　　○育成を目指す資質・能力に基づく教科等横断を意識した関連単元配列表の作成（試行）

　　○研修やワークショップを通じた関連単元配列表の情報交換

　その後、2019年度は、実践・検討・改善期間として、2020年度からの本格実施に向けて、下記のステップを通して、組織的、計画的に自校の教育活動の質を高め、児童生徒の心身の発達の段階や特性及び学校や地域の実態を十分考慮し、適切な教育課程を編成できるよう、カリマネの３側面を踏まえた実践・研究の推進を目標とした。

　　○育成を目指す資質・能力を踏まえた学校教育目標の設定

　　○育成を目指す資質・能力踏まえ、教科等横断を意識した関連単元配列表の作成

　　○教育課程を核に、PDCAサイクルを機能させた授業改善・組織改善（試行）

　さらに、2020年度からは、本格実施として、下記のことを実施する予定である。

　　○教育課程を核にPDCAサイクルを機能させた授業改善・組織改善

　　○学校教育目標、教育課程編成の見通し

　これらを基本としつつ、先行実施できる学校は、前倒しで進め、様々な機会を通じ、他校に情報提供し、全市的な質の高まりにつなげようとした。

⑵　2018年度スケジュール

○「学校教育の重点」とカリマネの校内体制を周知・共有（4月）

　「学校教育の重点」の周知・共有を図るために各校で研修会を実施し、その中で、カリマネに全教職員が関わることを確認した。校長、教務主任や研究主任等への指導・助言を担っている小学校、中学校担当の首席指導主事、指導主事が合同学習会を実施し、今後のスケジュール、カリマネの必要性、総合的な学習の時間を軸とすること、関連単元配列表の作成手順、次年度に向けての学校教育目標の見直しの留意点、教務主任と研究主任の役割について等の指導・助言についての共通理解を図った。

○支部会等による研修と交流（5～7月）

　校長会、教頭会、教務主任会、研究主任会の全市から集まる全体会及び行政区を基本として八つに分けた支部会を開催した。全体会では、学校教育目標の具現化に向け、授業を変えること、組織を変えること、そのために学校長のリーダーシップのもと教務主任・研究主任が中核的な役割を担い、全教職員でカリマネに取り組むことについて、カリマネの3側面とともにリーフレットに沿って説明を行った。

　全体会では情報量が多く、また、聴くだけの研修であったため、8人から10人で構成されている支部会で、少人数での会である利点を生かして理解が不十分であった点を再確認し、各校において、教務主任・研究主任がカリマネの意義等を自身の言葉で説明できるよう、支部会を何度も繰り返し、交流した。

　教務主任会、研究主任会の内容は、次の通りである。

- ・学習指導要領等改訂の方向性
- ・これから求められる資質・能力とは
- ・資質・能力の育成を目指して～カリマネの実施～
- ・カリマネの手順
- ・総合的な学習の時間とカリマネ
- ・総合的な学習の時間の目標・内容・学習活動
- ・関連単元配列表の作成
- ・（次年度に向けて）学校教育目標について
- ・カリマネのキーパーソンとしての役割の確認

　各支部では、教務主任、研究主任合同研修会も開催し、学校指導課首席指導主事、総合教育センター指導主事も同席し、情報交換と指導、助言を行った。

　その後、首席指導主事や指導主事の学校訪問にて個別に指導・助言を行った。

　さらに、8月10日に実施された校長、教務主任、研究主任の3者合同研修会も踏まえ、夏季休業中の終盤に実施された校内研修で教務主任・研究主任が中核的な役割を担い、全教職員でカリマネに取り組むことの共通理解を図り、実践に生かそうとした。中学校区の小学校教員も一堂に会した小中合同研修会の実施も見られた。

○研修活動の拡充（9月～）

　すべての学校で主体的にカリマネ研修を実施し、中には研修を5回実施する学校もあった。首席指導主事や指導主事の定期、不定期の学校訪問により、指導・助言を重ねるとともに、校長会、教頭会、教務主任会、研究主任会の全体会や支部会にて研修会を継続した。

⑶　2019年度スケジュール

　2018年度の取組を踏まえ、次年度からの本格実施に向けて、その質を高めるべく、2018年度とほぼ同様のスケジュールで取り組んでいる。各校においては、進捗状況に差があるものの前進しつつあるので、3者合同研修会は設定せず、教務主任会と研究主任会それぞれで情報交換を行い、夏季休業中の教務主任会では、2020年度に向け、学校教育目標を見直すこと、資質・能力ベースで教科等横断的な視点で教育課程を効果的に編成すること、カリマネの3側面についての確認を行った。

3　校長、教務主任、研究主任の3者合同研修会

⑴　主体的・協働的なカリマネを目指して

　2018年4月から学校教育目標との関連を図るため、関連単元配列表の作成を通して、カリキュラムデザインを体験するなど全市的に様々な取組を進めてきた。市内には、小学校160校、中学校68校、義務教育学校7校あり、これまでの校内での研修や実践の取組、進度は異なる。各校の取組は全市や支部会で交流してきたが、さらに広く深く交流し、京都市全体でその取組を進めるた

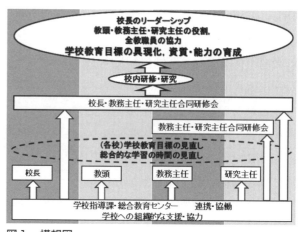

図1　構想図

め、8月10日に校長、教務主任、研究主任の3者合同研修会を上図のような構想（図1）のもとで実施した。校内研修会や中学校区の小学校も交えた小中合同研修会が、夏季休業中の終盤に日常の研修会よりも長い時間設定で実施される。各校において、校長、教務主任、研究主任が共有している情報をその場で伝達し、その後も、各校では、計画的に校内研修を実施し、全教職員が自分ごととして新学習指導要領のポイントを共通理解し、それを効果的に進めていくカリマネに主体的・協働的に取り組めるようにするためにこの時期に3者合同研修会を企画した。

　まず、次年度（2019年度）に向けて、学校で育成していく資質・能力を明確にして学

校教育目標を捉え直す。全教職員が主体的に学校教育目標の設定に関わっているというその体制をつくることが、カリマネの実現には何よりも重要である。さらに、新学習指導要領の趣旨を踏まえることも、子どもたちの未来にとって何よりも重要ことである。校長は、学校全体で自校の子どもたちが、これからよりよく生きていくために何が求められるか話し合う必要があること、教務主任や研究主任は、管理職のリーダーシップのもと、中核的な役割を担うことを周知する場とした。

⑵　講義とディスカッションで促す学校の創意工夫

　午前の全体会では、教育委員会学校指導課より、社会に開かれた教育課程の実現に向けて必要なこと、カリマネの必要性、全体像と実際、学校教育目標と資質・能力、学校教育目標及び総合的な学習の時間見直しについて講義を行った。その後、先行実践校より、教育課程の作成、発信と実現等を目指して、校長、教務主任、研究主任それぞれの立場でどのようなことを行ったのかについて実践を紹介した。

　午後は、7〜8人グループでのディスカッションを実施した。学校訪問等での情報をもとに各グループに推進者を配置し、主体的にグループディスカッションを進めるとともに各グループに首席指導主事あるいは指導主事を助言者として配置した。

　指導・助言に当たっては、教育委員会事務局から、細部にわたり説明を行うと、各校の創造性を損なうことにつながりかねない。各校の創意工夫を促すことにも留意した。

4　各校の取組

　2018年4月より、これまで実践してきた「学習内容一覧表」をもとに「関連単元配列表」の作成に取り組むことにした。各教科等の単元名等を時系列でまとめただけの「学習内容一覧表」は、ここ10年程、中学校が校長会主導で作成し、年間の学習内容を教職員及び生徒、保護者との共有を図っていたが、育成を目指す資質・能力ごとに、実施時期や教科等横断的な視点を考慮した「関連単元配列表（図2）」を作成し、カリマネの3側面の一つを実現するための基礎資料とした。

　今回は、教務主任、研究主任が協働で、2018年度の研修で軸とする「資質・能力」を設定した。各校においては、2018年度の学校教育目標は、既に定められており、中には、ここ数年引き継がれてきた目標もあり、育成を目指す資質・能力が明確でないものも見られた。その場合は、言語能力等の仮の資質・能力を研修用に定めた。次に、教育課程全体を通して育成を目指す資質・能力を具現化する中核として「総合的な学習の時間」に着目し、様々な教育活動を見直そうと取り組み、各校の課題や実態を踏まえた学校教育目標、育成したい資質・能力も併記した「関連単元配列用」の作成に取り組んでいる。「総合的な学習の時間」を中核に据えるのは、探究課題の解決を通して育成を目指す資質・能力を明確に示すことが求められ、探究的かつ横断的・総合的な学習の実施が期待されていて、

育成を目指す資質・能力 例：問題発見・解決能力		(1) 知識・技能： (2) 思考力・判断力・表現力等： (3) 学びに向かう力・人間性等：		
		4月	5月	6月
総合的な学習の時間	（例）地域の「人、もの、こと」から問いを見い出し、解決に向けて個や集団で、調べたり、考えたり、表現したりする力			【□□の単元】探究課題△△について、体験をもとに課題をつかみ、解決するための計画（方法、手順、資料）を立てる
特別活動				
学校行事				
特別の教科道徳				
国語			（10月から変更）レポートの構成のや図やグラフの示し方を工夫し、調べたことを報告する	（3月から変更）聞き手を引きつける発表の工夫をして、ポスターセッションをする
社会			【□□の単元】△△という学習課題について、適切な資料を選び、問題を解決する	
算数・数学				
理科			【□□の単元】△△について、わかったことや気付いたことを交流し、考えを深め表現する	

図2　関連単元配列表の一例

各教科等と関連付けやすく、全教職員の参画が得やすいからである。作成に取り掛かった「関連単元配列用」を教務主任や研究主任が全市研修会、支部研修会や合同研修会のワークショップで交流し、その都度、自校の「関連単元配列用」を見直すことを繰り返すとともに、校内研修で他の教員に伝達した。こうして取組を振り返り、2020年度からの本格実施に向けて、学校教育目標の設定とそれを実現するための教育課程の編成に取り組んでいるところである。

5　成果と今後に向けて

(1)　カリキュラムを俯瞰的に見る意識の向上

　全体研修、合同研修や8～10人程度の研修を繰り返したことで、教務主任、研究主任が中核となっていく意識の高まりが見られ、すべての学校が学校教育目標を見直した、あるいは、見直そうとし、多くの教職員がカリマネに対する意識をさらに高め、「カリキュラム」を俯瞰的に見ようとするようになってきた。

　例えば、京都市の中学校で使用している国語の教科書には、「根拠をもとに」「相手意識・目的意識」や「ポスターセッション」等、言語活動に関する教材が多く取り上げられ

ている。取組を先行している学校では、国語科教員が、「総合的な学習の時間」の内容に合わせ、国語の言語活動に関する内容を関連させて、総合的な学習の時間と教科とのつながりを意識した授業展開をしている。他教科の教員にも情報共有され、自身の教科に取り入れ、教科等横断的な視点で育成を目指す資質・能力を意識した授業づくりに取り組み始めている。また、育成を目指す資質・能力を踏まえ、学年ごとに目指す子どもの姿の具体像を共有した上で、学年進行で成長する姿の具体像を校内全体で修正し、小学校6年間、中学校3年間を見通した取組につなげようとしている。

　育成を目指す資質・能力の自己評価を行うために、甲南女子大学村川雅弘教授にご指導いただき、「できるようになったこと・成長したこと」（知識・技能の習得）、「なぜできるようになったか」（学び方）、「これからどう取り組んでいくか」（学びに向かう力）を3色の付せんに書き分け、さらに、仲間や教員による他者評価をもう1色の付せんに書き、ポジティブな視点で「視える化」を図った。生徒も付せんに書き出すことにより、自身の成長に改めて気付いた様子で効果的な取組であると実感している。

(2)　課題と改善策

　関連単元配列表を作成することが、ゴールだと目的と手段が混同している事例が見られたが、全体会や支部会で交流を繰り返したことで改善されている。

　育成を目指す資質・能力に基づき、教科等横断的に関連する単元や学習活動を矢印で示している事例が見られるが、実践が進むにつれて矢印が交わり、その関連が見えにくくなっているので、資質・能力ごとに色分けするなどの改善の工夫をしようとしている。また、教科等を横断する学習活動について、内容でつなぐ事例は多く見られるようになってきたが、今後、資質・能力でつなぐ授業づくりを進めていきたい。

(3)　カリマネ実践において管理職に期待される役割

　カリマネの3側面を視点に、教務主任、研究主任がリーダーシップを発揮できるようにサポートすること、全国学力・学習状況調査の結果や学校評価等だけでなく、教員それぞれが日々の授業を振り返り、カリキュラムを微調整するよう意識させること、地域社会や教育課程行政と十分な連携を図ることなどが考えられる。3側面を相互に関連させ、カリマネを活性化させるために、校長がビジョンをしっかりと示し、日々の具体的な取組においては教職員のボトムアップを柔軟に受け入れるなど、ポジティブ思考の組織を創り、最後は校長が責任をもって決断することが大切であると考える。

コメント

●本実践の特長

　本実践は、市民ぐるみ・地域ぐるみで教育を推進してきた歴史や伝統を背景に、市の学校指導課と総合教育センターが密接に連携して、市内の学校全体のカリキュラム・マネジメントを構造的、組織的、計画的、具体的に推進している点に特長がある。新学習指導要領の理念と市が目指す子ども像を資質・能力レベルで実現することを目指して、校長、教務主任、研究主任などを中心に情報を共有するとともにそれぞれの役割を果たし合いながら、市内の学校全体としてカリキュラム・マネジメントを進め、教育の質を向上させようとしている。

●本実践のカリキュラム・マネジメント上の意義

　本実践は、①行政と学校の関係者全体を構造的に捉え組織的に取り組んでいる点や、②目標の実現に向けてスッテプを踏んで計画を推進し具体化を図っている点に意義がある。このように対象全体を相互に関わり合うものとして大きく捉え、目標の実現に向けて見通しや重点などを明らかにして具体策を講じていくことは、カリキュラム・マネジメントの考え方にみられる特長でもある。

　本実践では、第一に、カリキュラム・マネジメントの関係者を広く捉え、市内の学校全体が当事者としての意識を高めながら動くように工夫されている。カリキュラム・マネジメントの推進に当たっては、市の学校指導課や総合教育センター、あるいは校長、教頭、教務主任、研究主任などはそれぞれの役割がある。まずカリキュラム・マネジメントの意義や必要性を全市的に共有した上で、関係者が果たす役割を明確にするとともに、体系化され関連付けられた各種の研修で取組情報等を繰り返し交流することなどを通じて、すべての学校で教職員がカリキュラム・マネジメントの実践と改善に取り組む体制を整えている。

　第二に、2018年度を準備・計画・試行期間、2019年度を実践・検討・改善期間、2020年度以降を本格実施期間と位置付け、それぞれの期間の性質に応じステップを具体化して施策が進められてきている。施策の内容も、学校教育の重点、京都市スタンダード、リーフレットなどをもとに、各学校において学習内容一覧表から、資質・能力に着目し、総合的な学習の時間を中核に据えて関連単元配列表を作成・見直す取組が進められてきている。

　こうした意義を踏まえ、カリキュラム・マネジメントを全市的に構造的、組織的、計画的、具体的に推進することは重要である。

●本実践への期待

　地域の教育は市民自らがつくるという精神が明治のはじめから受け継がれてきたように、カリキュラム・マネジメントの意義や必要性が教職員全体に理解されることによって、学校のよりよい教育は教職員自らがつくるという精神が受け継がれることを期待したい。全市的なカリキュラム・マネジメントへの取組体制が整う中で、行政の支援を上手に活用しながら、学校や教職員が創意工夫をし合い教育の質の向上を恒常的に進めてもらいたい。

吉冨芳正

第5章
学校力を高める視覚的カリキュラム表®
●新潟県上越市

新潟県上越市教育委員会

視覚的カリキュラム表®とは

　学校課題は、授業づくりに反映することで初めて解決が図られる。どのようにカリキュラムを構築し、授業を進めていくか、具体的にマネジメントするツールが「視覚的カリキュラム表®」である。年間カリキュラムを実践・評価・改善を含むまとまりとして考えたとき、可視化することによって見通しをもった取組が実現する。そして、実践から改善の営みが、教職員を鍛え、学校力を高める。

1　視覚的カリキュラム表®の特徴

(1)　グランドデザインと視覚的カリキュラム表®

　視覚的カリキュラム表®は、グランドデザインで示された教育の方向性を基に作成した、教科の単元配列の一覧表である。教育活動を教科・領域に表す。図1は、上越市立高志小学校のグランドデザインである。このグランドデザインでは、「学び：『学力の向上』」を中核に取り組み、さらに「豊かな心、社会性の育成」と「健康、体力づくり」に、その実践のよさを生かしていこうという意図を示している。「学びの向上」の取組に、「聞く」「話す」指導工夫『学びのスタンダード〜授業編〜』の活用を通して学習ルールやマナーを進んで守ろうとする目指す育ちの姿を描いている。具体的な手立てとして考えた『学びのスタンダード〜授業編〜』を具現するために、子どもの思いや願いを重視し、体験的に、協働的に学ぶことができる総合的な学習の時間を中核に、国語、道徳、特別活動を大切にしながら取り組むために教科等を配置している。教科等の関連付けを意識することでカリキュラムの中で育む資質・能力を構造的に捉えることができるのである。

(2)　単元全体を俯瞰できる単元配列表としての役割

　視覚的カリキュラム表®では、各教科等で行われる単元が1年間でどのように実施していくのかを俯瞰することができるようになっている。子どもの学びは教科等の学びが相互に関連し、つながり合って習得・活用されていく。子どもの学びがどのように関連付いていくのかを担任が意識するとともに、1年間のすべての単元の配列を、俯瞰し、全体を把

143

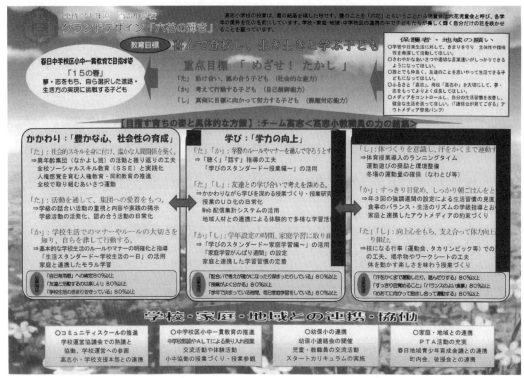

図1　上越市立高志小学校のグランドデザイン

握することで、1単位時間の授業の意味も見いだすことができる。

(3)　子どもの学びを大切にする

　主に教科書に合わせて単元を配列した視覚的カリキュラム表®をもとに教職員で各教科等の単元配列について話し合ってみると、これまでの経験や昨年度の学校評価等から、学び手である子どもの姿が思い浮かんでくる。子どもはどのように学んでいくのか、どのように子どもの学びを育んでいけばよいのかといった様々な視点からアイデアが生まれてくる。

　「総合的な学習の時間で学んだことを詩でまとめさせたいから、国語の詩の単元をその前に行うのはどうか」「社会科で扱う地球環境についての内容では、理科の環境の学習と関連させてはどうか」「道徳科の学びを生かしていく特別活動の在り方はどうあるべきか」など、教科等の枠を超えてつながってくる。このような関係性をわかりやすくするため単元同士を線で結んだり、つながりの意味を矢印で表したりする。また、教育活動全体を見通し、関連行事や季節等を踏まえて単元の実施時期を検討する。

　新潟県が雪国であることから教科書通りにいかない単元もあるため、植物等の飼育活動も実施時期の適切さが重要なポイントとなり、単元の入れ替えも大切な検討内容である。

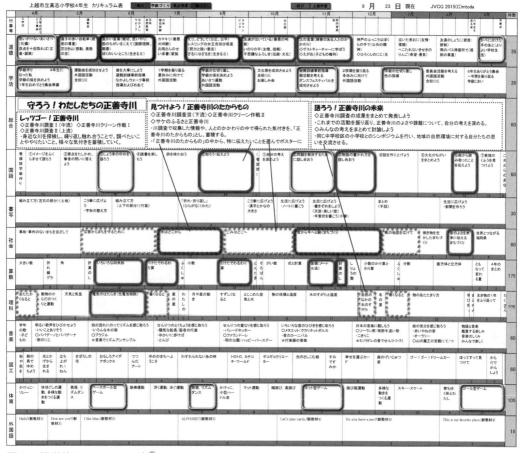

図2　視覚的カリキュラム表®

⑷　重点目標を確認しやすくするボタンの設定

　グランドデザインで明らかにされている重点目標の実現に向けて特に取り組むべき内容をキーワードに置き換え、視覚的カリキュラム表®のボタンに設定する。このボタンの設定により、学校の重点課題を常に意識、課題解決を確実に実行することを促す。

　ボタンは、全部で10個設定できるようになっており、ボタンをクリックすることによって、教科・領域のどの単元で取り組むのか明示され、常に意識できるようになっている。「キャリア教育」「人間関係」「人権教育」「小中一貫」といったボタンが多い中、上越市ならではの「雪」というもの、「はきはき」「ほかほか」等状態を表すもの等、ユニークであり、学校の特色が視覚的カリキュラム表®に表れている。

上越市立宝田小学校（2019年の実践）

　宝田小学校のグランドデザインは、「知・徳・体」の視点から学校課題を解決するために取り組んできたが、新学習指導要領の育成すべき資質・能力の3本柱からアプローチするためにどのようにすればよいかを考えた。そこで、「知・徳・体」と育成を目指したい3本柱で子どもに育む資質・能力を整理し直した。

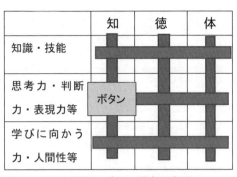

図3　宝田小学校のボタン設定の意図

　各種調査結果から自校の課題を「考える力の育成」と捉え、そのことが図で示した「知」の縦軸と「思考力・判断力・表現力等」の横軸がクロスするところに位置付くことを確認した。そこで、「考える力の育成」のために、授業場面で活用する「思考ツール」

・「知・徳・体」と各教科領域の関連性が明確になる。
・新たな教科等横断的な視点が内容による結び付きから資質・能力を重視した結び付きになる。

を視覚的カリキュラム表®の重点ボタンとして設定し、授業レベルに反映させるようにした。

　このことにより、日々の教育活動と学校として育成を目指したい資質・能力との関連やつながりが明らかになった。また、ボタンを一つに設定したことにより、教育目標の実現に向けた重点的な単元を意識することで、思考力・判断力・表現力等の育成に向けて重点的に取り組めるようになった。どのような思考ツールが有効なのかを今まで以上に考えるようになり、他の授業で生かしていく積極的な取組がなされるようにもなった。

　学校の特色を強く出すほど、新しく赴任する教職員は戸惑うものであるが、宝田小学校では校内研修において「カリキュラム学習会」を位置付け、これまでの取組の伝達、教職員の協働性を重視した検討会、地域巡検等を行い全員が教育活動に関わりやすくしていることは大いに参考になる。

(5)　年間計画のスケジュール管理

　年間を通したスケジュールの管理ツールとして活用する。表計算ソフトで作成されている視覚的カリキュラム表®を開くと、年間計画における現時点の位置付けが明らかになるようになっており、単元の進度を確認することができるようになっている。学期末に慌てて帳尻を合わせるような事態を回避するためにも、こまめに視覚的カリキュラム表®をチェックすることが大事である。

2　学校力を高める視覚的カリキュラム表®の活用

⑴　教職員一人一人のカリキュラム・マネジメント能力を高める視覚的カリキュラム表®

　上越市のカリキュラム・マネジメントの取組では、子どもの学びの変容を計画的にカリキュラムに反映・具体化することが重要である。そのため、どの時期に視覚的カリキュラム表®の見直しを行うかを明確に年間計画に位置付けておくことが必要である。

　「まだ、表現が乏しいので、表現する体験を積ませたい」「社会性を育成したので、異学年交流の機会を増やしていきたい」等、改善したい点を明確にし、教職員の共通理解の下、カリキュラムを柔軟に改善する。また、「学校行事と道徳の指導を関連させて取り組ませていきたいから、内容の入れ替えをしたい」等、教職員の願いも反映させながらカリキュラムを創り続けていく。実践と評価を繰り返すことで、俯瞰的にカリキュラムを見る目が育まれ、教職員一人一人のカリキュラム・マネジメント能力は高まっていくのである。

上越市立吉川中学校（2016年度の実践）

　上越カリキュラムのモデル校としての実践前は、「チョーク&トーク」の一斉授業・講義中心型であり、生徒にとっては説明を聞き、ノートを取るという受け身の授業になっていた。このような実態から、「学び合い」の授業や授業のUD化の方向性を打ち出し、具体的に取り組もうと試みたが、授業の改善には至らなかった。その大きな障壁が「教科間は互いに干渉しない」という職員の意識や雰囲気だった。そこで、視覚的カリキュラム表®の活用を通して、課題解決的なアプローチで授業改革を推進することとした。

　そこで、まずはSWOT分析を用いて、学校の強みと弱みを踏まえた戦略作りに取り組んだ。また、職員一人一人が当事者意識をもって研究推進に取り組めるようにするためにカリキュラム作成に直接携わるようにした。

　毎月の授業研究協議会では全職員が一斉に各自が気付いたことを視覚的カリキュラム表®に書き込む時間を設定した。長期休業中には視覚的カリキュラム表®の更新に取り組んだ。

　これらの実践を通して、「知・徳・体」の学力向上に関わる内容を整理した「学力向上総合プラン」と学び合いに重点を置いた授業改善を全校で進めるための「吉川中スタンダード」を作成した。これら二つの具体物を基に、教科の壁を越えた実践を目指していった。研究授業の研究協議会では、毎回小グループでのファシリテーションを取り入れ、相当教科に関係なく全員発言をすることを通して、吉川中スタンダードの実践と検証の積み重ねを目指した。

　職員のコミュニケーションが活性化され、同時に生徒自身が考えたり話し合ったり

する授業に改善され、生徒の学習意欲の向上が見られたのであった。

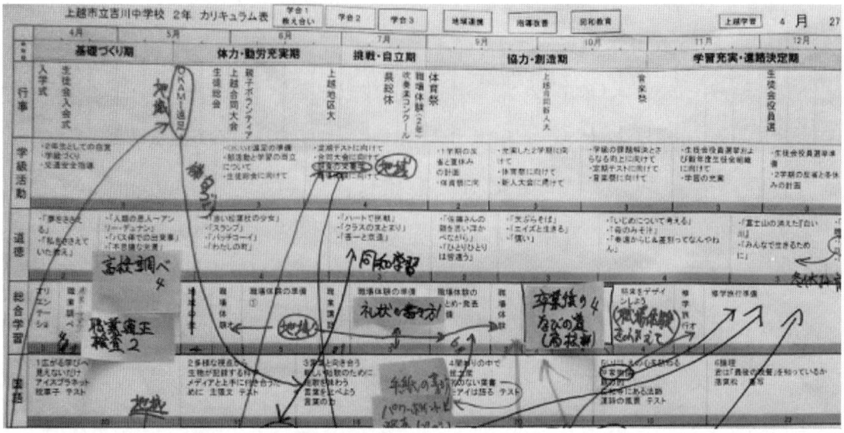

図4　書き込みをしたカリキュラム表®

⑵　教職員の協働性を高める視覚的カリキュラム表®

　何よりも大切なことは、教職員全員で視覚的カリキュラム表®を用いて研修を行うことである。教職員の経験や知識量は一人一人違い、子どもをみとる力も違うことから発言の内容も違う。しかし、教職員が子どもの姿で語り、学級の実態を基にこれまでの実践を振り返り、改善していくことにより、子どもを理解する力が高まっていくのである。一つのチームとして、それぞれの専門性を生かして、連携、協働していくことを通して、指導の在り方を共通のものとして享受し合えるようになる。

⑶　保護者・地域への効果的な共有ツールとなる視覚的カリキュラム表®

　すべての上越市立小・中学校は、平成24年度からコミュニティ・スクールとなり、学校の経営方針や目指す子ども像などについて熟議を行ってきている。学校運営協議会委員と教育目標や目指す子ども像の共有を図りながら、学校評価を通して教育活動の改善を図っている。学校運営協議会は地域住民、保護者、教職員等で構成されており、すべてが学校教育について精通しているわけではない。そこで、年間の教育活動を可視化し、学習内容や教科等横断的な視点が示された視覚的なカリキュラム表を活用する。協議内容が明確になることから話し合いが活発になり、地域の方々の意見から人的・物的資源、地域の資源を効果的に取り入れていくことにつながる推進、そして特色ある学校教育が具現化につながるのである。視覚的カリキュラム表を用いた地域との連携は、学校のカリキュラム・マネジメントの重要な視点と言え、学校作りの方向性、地域に根ざした学校経営の戦略と言える。

　このようにして授業を展開することにより、地域の方との交流が盛んになる。また、学校が地域の中心となり、教育活動の推進が地域活性につながっていることもある。

第5章　学校力を高める視覚的カリキュラム表®●新潟県上越市

上越市立春日小学校

図5　学校運営協議会及び支援本部の位置付け

　春日小学校には、地域の方が主体となった「春日小学校支援本部」があり、町内会、後援会、PTA等を取りまとめ、学校の支援を行っている。

　定期的に視覚的カリキュラム表®を用いて、教育活動の具体的な支援について検討している。

　春日小学校支援本部をはじめ、学校運営協議会、地域の団体、保護者、これまで春日小学校の教育活動に関わった方全員を対象として、「カリキュラム検討会」を行っている。学級担任からは、生活科、社会科、総合的な学習の時間を中心に、いつどんな支援が欲しいかを要望し、その実現に向けて集まった地域の方は何ができるかを考えて、具体的な教育活動を考えていく。「秋野菜やきな粉作りなどについて、栽培の仕方や携わっている方、詳しい方を紹介してほしい」「上越地域の農業、食糧生産について講話をしてほしい」「上杉謙信公に関わる学習を行いたい。有意義な時

図6　カリキュラム検討会の様子

間になるようアドバイスをいただきたい」等、生活科や総合的な学習の時間の充実に向けて、地域と学校が連携し、求める子どもの姿の実現に向けて取り組んでいることは、子どもが意欲的に取り組むことにつながり、また、教職員の具体的なカリキュラムデザインを促進させている。

　廊下には、いつでも、誰でも見られるように視覚的カリキュラム表®を拡大したものを貼っている。日常的にカリキュラムを確認したり、想定したりできるようになっている。関連教科等を線で結んであり、教科等横断的な視点で学びをつなげて考えられるようになっており、子どもや来校した保護者、地域の方々も、学びの連続性や関連性をいつでも確認できるようになっている。

図7　視覚的カリキュラム表®

3　創り続ける視覚的カリキュラム表®の重要性

　平成 19 年度より、カリキュラム
研究推進のため、上越市では「上越
カリキュラム」として、カリキュラ
ム研究推進のため、上越カリキュラ
ム研究推進委員会と上越市立教育セ
ンターが中心となって「カリキュラ
ム研究」「カリキュラム研修」「カリ
キュラムモデル開発」を進めてい
る。学校の実態や実践を踏まえた
「カリキュラム研究」を行い、その

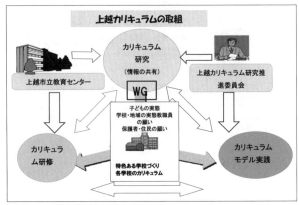

図8　上越カリキュラム組織図

実績を生かす形で「カリキュラム研究モデル校」の実践、併せてカリキュラム研修として
教職員を対象とした育教センターの研修を行ってきている。上越カリキュラムは、子ども
と生成するカリキュラムであり、特色を生み出すカリキュラムである。さらに、学校が国
や県の方針、社会からの要請をすべて受け止め、ゼロから作成するカリキュラムではな
く、上越市全体として、共通のもの、必ず押さえるべきものを整理し、作成したカリキュ
ラムである。そこから、自校のカリキュラムをどのようにマネジメントし、学校作りをど
のように進めるのか、地域に根ざした学校経営の戦略を描き、主導権を発揮するカリキュ
ラムとなっている。

　視覚的カリキュラム表®は、各学校の特色ある学校づくりを授業で具現化するために、
計画、実行、評価、改善・適用を繰り返し、各校の教育活動の質の向上に努めている。求
められる資質・能力がいかに変わろうとも、時代に求められていることを具現していくシ
ステムの柔軟性がある。

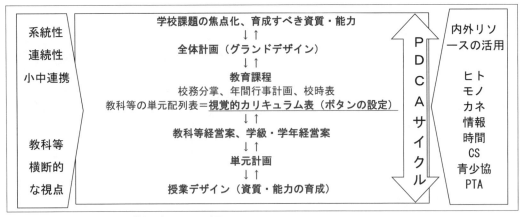

図9　上越カリキュラム「往還」イメージ図

　上越市では、各種調査等においてカリキュラム・マネジメントに関する数値はいずれも高く、各校のカリキュラム・マネジメントの充実、意識の高さが伝わる。しかし、このような中で、もしかすると、子どもの実態に基づいていないのではないか、視覚的カリキュラム表®が形骸化し活用しきれていないのではないか、一単位時間の授業改善に終始しているのではないかといった課題がある。その課題解決につながる視点が「往還」である。教職員の振り返りや学校評価と連動し、カリキュラムを創り続けていくことを大事にしてきた様相を表したものであり、それぞれの場面のPDCAサイクルの機能を意識しながら研究を推進していく必要がある。

　視覚的カリキュラム表®はあくまでもツールであり、教職員の扱い方で学校教育の質の向上につながる。そのためには、全教職員で視覚的カリキュラム表®を通して計画、実施、評価、改善・適用のPDCAサイクルを回すことが重要である。視覚的カリキュラム表®には、地域との連携の推進による特色ある学校づくり及び協働性の向上による教職員の力量向上等、学校力を向上させるヒントがたくさん生まれる可能性を秘めているのである。

4　これからの時代に求められる上越カリキュラムの取組への期待

　これまでの取組の延長線上として、これからの時代に向けて上越カリキュラムでは組織マネジメントの視点を生かしながら学校課題に対応していくことがさらに求められる。校長には、これまでと同様その目指す子どもの姿の具現化に向けて実践を積み重ねていくマネジメント力も必要であるが、さらにこれからは、20年後さらには50年後の地域がどのような姿になっているかを想定する力が必要であると考える。目の前の子どもや職員、地域の実態を敏感に察知しながら、長期的ビジョンに基づいてグランドデザインを変更したり、カリキュラムを改善したりする推進力と柔軟さを含めたリーダーシップが必要である。

【参考文献】
・田村学『カリキュラム・マネジメント入門』東洋館出版社、2017年
・『上越カリキュラム開発研究』上越カリキュラム開発研究推進委員会、2008年
・『上越カリキュラムハンドブック』上越カリキュラム開発研究推進委員会、2013年
・『平成28年度上越カリキュラム共創』上越カリキュラム開発研究推進委員会、2017年
・『平成29年度上越カリキュラム共創』上越カリキュラム開発研究推進委員会、2018年
・『平成30年度上越カリキュラム共創』上越カリキュラム開発研究推進委員会、2019年

コメント

●本実践の特徴

　上越市は我が国のカリキュラム開発研究のメッカである。生活科や総合的な学習の時間の創設に少なからぬ影響を与えてきた。特に大手町小学校は学習指導要領改訂に資する実践に基づく知見を研究開発学校として発信し続けている。視覚的カリキュラム表は生活科や総合的な学習の時間を重視し、それを核に教科関連を図る土地柄の中から生まれた。そのための共通のツールとしての視覚的カリキュラム表は人事異動先の学校の特色あるカリキュラムの理解の上に基づく実践を支える上で極めて有効と考える。

●本実践のカリキュラム・マネジメント上の意義

　カリキュラム・マネジメントの側面の一つである「教科等横断的な学びの実現」を全市的に取り組んできた。注目すべきは吉川中学校の取組である。全教員で気付きを視覚的カリキュラム表に書き込む研修を毎月実施し、長期休業中に更新を行っている。カリキュラム・マネジメント二つ目の視点である「PDCAサイクルの確立」にも活用できるだけでなく、短いスパンで互いの教科の内容を理解し自己の専門教科に反映することができる。このような取組を大いに期待したい。三つ目の側面の「地域の人的・物的資源活用」においても有効な方法をとっている。全市的に取り組んできたコミュニティ・スクールの熟議においても視覚的カリキュラム表を活用している。生活科や総合的な学習の時間だけでなく、各教科においても学習活動で活用できる資源についての具体的な情報やアイデアが多様な立場からもたらされる。

●本実践への期待

　上越市教育委員会の小・中学校一覧から視覚的カリキュラム表の内容の確認を試みた（令和元年10月）。小学校50校・中学校22校のほとんどがグランドデザインを公開しているが、視覚的カリキュラム表を公開している学校は3校のみである。年度始めの計画で実践を踏まえて随時変更されていく性格のものであるために公開していない学校が大半であることが伺える。確認できた視覚的カリキュラム表及び作成の指針と考えられる『上越カリキュラムハンドブック』（2013）から、総合的な学習の時間を含む各教科等の関連が単元や教材のレベルで示されているが具体的な関連付けが見えにくい。当該学年の教科書を持ち寄り、例えば「市民に対するアンケート結果を円グラフで整理する」「成果発信のためのパンフレット作成において説明文の構成を活用する」など具体的なレベルで、「学習内容面」と「資質・能力面」で関連付けを図り、拡大した視覚的カリキュラム表に貼って整理するワークショップ*を行うことを勧めたい。

村川雅弘

＊　村川雅弘（2016）「総合的な学習の時間と教科等との関連」、村川雅弘『ワークショップ型教員研修はじめの一歩』教育開発研究所、pp.74-78

第6章
幼・小・中・高 13 年間をつなぐ総合的な学習の時間を要とした カリキュラム・マネジメント
●大分県佐伯市

渡邊　崇

1　はじめに

　新学習指導要領では、「社会に開かれた教育課程」のもと、地域との連携・協働の取組を通して地域への愛着や誇りを醸成するとともに、地域課題を解決していく力や、持続可能な社会の作り手となる資質・能力の育成が求められている。

　この、地域と協働し、地域を知る取組は、佐伯市においては生活科や総合的な学習の時間を中心に行われてきた実績があり、今後、さらにその充実を図ることの必要性から、「学校を核としたふるさと創生事業」として、生活科及び総合的な学習の時間を要に、学校を核とした地域の活性化を推進する取組をとおして、夢や希望をもってふるさとの未来を創造する資質・能力を備えた人材の育成を目指すこととした。

2　「目指す姿」の共有と「モデル」の提示

　事業を推進するにあたり最も大切にしたのは、学校の実態や現場のニーズである。目指す方向が同じであれば、カリキュラム・マネジメントも効果的に機能する。そこで、市内の学校に対してアンケートを行った。内容は、「生活科・総合的な学習の時間の実施における成果と課題」である。

　多くの成果がある一方で、課題として多く挙げられたのが、「小学校、中学校で同じ活動の繰り返しになっている」「どのような力を付ければよいのかが明確になっていない」「ねらいに即した学習活動が行われていない」という点である。

　さらに、指導者の思いとして、生活科・総合的な学習の時間の実践に対する自信のなさや、地域を知らないことに対する不安感が挙げられた。

　そこで、「市としてどのような資質・能力の育成を目指すのか」「学校や現場の教師は何をするのか」等を具体的に示すことから始めた。

(1)　「育成を目指す資質・能力」の系統立てた整理

　「ふるさとを愛し、ふるさとの未来を創造する」ために求められる資質・能力は、幼稚園から高等学校までの 13 年間を見通して、新学習指導要領に示されている育成を目指す

資質・能力の三つの柱に沿って整理し、「13年間を見通した、幼児教育・生活科・総合的な学習の時間における育成を目指す資質・能力系統表」（以下「系統表」という）として完成させた（図1）。中でも重要な資質・能力として捉えているのは、ふるさとを「自分ごと」として捉える『課題の設定』、探究の過程を振り返り、自己の学びを深める『ふり返り』、伝統・文化の継承、ふるさと・社会とのつながりや発展について考える『地域貢献』である。

13年間を見通した、幼児教育・生活科・総合的な学習の時間における育成を目指す資質・能力系統表

佐伯市教育委員会
学校を核とした「ふるさと創生プラン」作成会議

「ふるさと創生事業」で目指す姿	ふるさとを愛し，ふるさとの未来を創造する力

校種			幼稚園	小学校			中学校	高等学校
段階			ふるさとであそぶ	ふるさとにふれる	ふるさとを感じて・知る	ふるさとについて考え・伝える	ふるさとともに未来を描く	ふるさとに向けて行動に生かす
視点		資質・能力が身についた園児・児童・生徒の全体像	資質・能力が身についた園児・児童・生徒の姿					
何を理解しているか，何ができるか（生きて働く「知識・技能」の習得）	知識・技能	○ふるさとのもの・人やそれらに対する思い・願いを理解している。 ○探究の過程に応じた技能を身につけている。	豊かな体験を通じて，感じたり，気付いたり，分かったり，できるようになったりする。「知識及び技能の基礎」	ふるさとには何があるか，それがどのような関係にあるか気付く。 自分自身の成長に気付く。 活動や体験を通して，習慣や技能を身につけている。	ふるさとには何があるか，その特徴がわかる。 情報を比較・分類するなど，探究の過程に応じた技能を身につけている。	ふるさとで暮らす人々やその土地の良さがわかる。 情報を比較・分類・関連づけるなど，探究の過程に応じた技能を身につけている。	ふるさとと社会との関わりがわかる。 情報を比較・分類・関連づけ・多面的にみるなど，探究の過程に応じた技能を身につけている。	ふるさとと自分との関わりがわかる。 情報を比較・分類・関連づけ・多面的・構造化するなど，探究の過程に応じた技能を身につけている。
理解していること・できることをどう使うか（未知の状況にも対応できる「思考力・判断力・表現力等」の育成）	課題の設定	○物事を多面的に見たり考えたりして，課題を設定し追究している。	気付いたことや，できるようになったことなどを使い，考えたり，試したり，工夫したり，表現したりする。「思考力，判断力，表現力等の基礎」 幼児期の終わりまでに育ってほしい10の姿	ふるさとに関心を持っている。 身体全体でふるさとと関わっている。 すすんでふるさとに働きかけている。	自分の関心からふるさとについての課題を設定し，解決方法を考えて追究している。	ふるさとの思いをふまえて課題を設定し，解決方法や手順を考え，見通しを持って追究している。	ふるさとと社会との関わりを考えて課題を設定し，仮説を立てて検証方法を考え，追究している。	ふるさとの未来に向けた課題を設定し，立てた仮説に適合した検証方法を明示して追究している。
	情報の収集	○多様な観点から情報を収集している。			教師の支援により手段を選択し，情報を収集している。	自分なりの手段を選択し，情報を収集している。	目的に応じて手段を選択し，情報を収集している。	目的に応じて臨機応変に適切な手段を選択し，情報を収集している。
	整理・分析	○自分の考えを，経験や知識と結びつけて分類・整理するなどして情報を扱っている。		比較したり分類したりして対象を捉えている。 違いに気付いたり良さを生かしたりして他者と関わり合い，試したり予測したりして創造している。	問題状況における事実や関係を，事象を比較したり分類したりして理解し，多様な情報の中にある特徴を見付けている。	問題状況における事実や関係を，整理した情報を関連づけて理解し，多様な情報の中にある特徴を見付けている。	複雑な問題状況における事実や関係を，事象を比較したり因果関係を推論したりして理解し，視点を定めて多様な情報を分析している。	複雑な問題状況における事実や関係を，比較したり因果関係を推理したりして自分の考えを形成し，視点を定めて多様な情報から帰納的・演繹的に考えている。
	まとめ・表現	○目的や意図に応じて，効果的に自分の考えをまとめ，表現している。		まとめたものを相手に伝えたり，交流したりして，表現している。	相手に応じてわかりやすくまとめ，表現している。	相手や目的，意図に応じてわかりやすくまとめ，表現している。	相手や目的，意図に応じて論理的に表現している。	相手や目的，意図に応じて根拠を示して論理的に表現している。
	ふり返り	○探究の過程をふり返り，自己の学びを深めている。		活動や体験をふり返り，生活に生かそうとしている。	学習したことをふり返り，生活に生かそうとしている。	学習の仕方をふり返り，学習や生活に生かそうとしている。	学習の仕方や進め方をふり返り，学習や生活に生かそうとしている。	学習の仕方や進め方を内省し，現在及び将来の学習や生活に生かそうとしている。
どのように社会・世界と関わり，よりよい人生を送るか（学びを人生や社会に生かそうとする「学びに向かう力・人間性等」の涵養）	主体性	○より高い目標を立て，努力しようとしている。	心情，意欲，態度が育つ中で，よりよい生活を営もうとする「学びに向かう力，人間性等」	自分のよさや可能性を生かして，意欲と自信をもって生活しようとしている。	課題の解決に向けて，探究活動に取り組もうとしている。	課題の解決に向けて，探究活動に進んで取り組もうとしている。	課題に誠実に向き合い，解決に向けて探究活動に進んで取り組もうとしている。	課題に真摯に向き合い，より適切な解決に向けて探究活動に進んで取り組もうとしている。
	自己理解	○自分の長所や短所を理解し，自己の生き方を考えている。			自分のよさや自分のできることに気付き，課題解決に向けて取り組んでいる。	自分らしさを発揮して探究活動に向き合い，課題解決に向けて取り組んでいる。	自分のよさを生かしながら探究活動に向き合い，責任をもって探究活動に取り組んでいる。	自分の特徴を生かし当事者意識を持って探究活動に向き合い，計画的に着実に探究活動に取り組んでいる。
	内面化	○経験したことを自分に生かし，次の課題に取り組もうとしている。			探究的な課題解決の楽しさを味わい，次の課題に取り組もうとしている。	探究的な課題解決の経験を自信につなげ，次の課題へ進んで取り組もうとしている。	探究的な課題解決の経験を自己の成長と結びつけ，次の課題へ積極的に取り組もうとしている。	探究的な課題解決の経験の蓄積を自己肯定へとつなげ，さらに高次の課題に取り組もうとしている。
	協同性（協働性）	○課題解決に向けて，他者と力を合わせて考え，実行しようとしている。		身近な人々やふるさとに関わり，集団や社会の一員として適切に行動しようとしている。 身近な自然と関わり，自然を大切にしたり，遊びや生活を豊かにしたりしようとしている。	課題解決に向けて，身近な人と協働して探究活動に取り組んでいる。	課題解決に向けて，他者と協働して探究活動に取り組んでいる。	課題解決に向けて，互いの特徴を生かして協同的に探究活動に取り組んでいる。	課題解決に向けて，互いを認め特徴を生かし合い，協同的に探究活動に取り組んでいる。
	他者理解	○自分と異なる意見に耳を傾け，様々な立場の人から学ぼうとしている。			自分と異なる意見や考えがあることを知り，探究活動に取り組もうとしている。	異なる意見や他者の考えを受け入れながら，探究活動に取り組もうとしている。	異なる意見や他者の考えを受け入れながら，探究活動に向き合い，互いを理解しようとしている。	異なる意見や他者の考えを受け入れながら，探究活動に向き合い，互いを尊重し理解しようとしている。
	地域貢献	○伝統・文化の継承，ふるさと・社会との繋がりや発展について考えている。			自分とふるさととのつながりに気づき，ふるさとの活動に参加しようとしている。	自分とふるさととのかかわりを考えながら，進んでふるさとの活動に参加しようとしている。	ふるさとと自分・社会とのかかわりを考えながら，積極的にふるさとの活動に参加しようとしている。	ふるさとと自分とのあり方を考えながら，よりよい社会の実現に向けて活動に参加しようとしている。

図1　系統表

⑵　各学校での取組へと広げるために

このような資質・能力を育むためには、ふるさとの様々な人・もの・こととの出会いや関わりを繰り返す活動を、各学校の実態に合わせて展開していく必要があった。

そこで、佐伯市内の全小中学校、高等学校の代表を集めて、佐伯教育事務所管内地域授業改善協議会を行い、「系統表」の説明と、各学校での具現化に向けた研修プランの提供、自校のカリキュラムを評価・改善する演習を行った。

参加した教員は熱心に演習に取り組み、市の「系統表」をベースに、各学校において育成を目指す具体的な資質・能力を定めて取り組む方向性が確認された。

その後、各学校では、研修に参加した教員が中核となり、学校全体での組織的な取組を実現することにつながった。

(3)　実践モデルの提示

　「系統表」の学校ごとの具現化とはどのようなものなのか、市内の小中1校ずつを「モデル校」として指定し、取組の様子（研究内容や授業）の公開を通して、その成果や課題を市全体で共有できるようにした。

　授業公開は、市内の幼稚園から高等学校のすべてに参加を呼びかけ、より多くの教員に研修の機会を提供し、自らの実践や自校の取組の参考となるように位置付けた。

　「モデル校」では、市の「系統表」の枠組みを利用した自校の系統表を作り、それを基にした実践の計画・実施・評価・改善が行われていた。公開当日は、実践を通して成長した子どもたちの様子をまん中に、授業の視点に沿った振り返りや、モデル校内でのカリキュラム・マネジメントについての協議が行われた。

　地域や学校の実態に応じた指導計画の作成や「学びのインフラ整備」など、校種や学校規模は違えども学ぶべき所は多く、「系統表」の具現化についての理解を深め、自校の実践での手がかりを得られる貴重な場となった。

3　系統表でつながる学校ごとの取組

　各学校では、「系統表」の枠組みを利用して自校の付けたい力を設定し、ふるさとのひと・もの・ことを活用した、その地域ならではの実践が行われるようになった。

　全市展開となった現在、この姿を持続可能なものとするための工夫が必要と考

図2　協議会の様子

図3　研修の様子

え、学校ごとの実践を「つなぐ」取組を行っている。

(1) 実践の手がかりとなる情報の提供

　佐伯市では、平成30年度から、年度始めに各学校が設定した、生活科・総合的な学習の時間に係る「付けたい力」の一覧を提出させ、全体計画や年間指導計画と合わせて、各学校での実践における進行管理や指導の際の拠り所としている。

　さらに、年度末には、各学校に「実践報告書」の作成を依頼し、市全体としての成果・課題を把握するとともに、改善策を探り、次年度へつなげるようにしている。学校にとっては、育った子どもたちの姿を通してカリキュラムを評価する場となり、より良い実践に向けた工夫が生み出されていくことにつながっている。

　しかし、学校によっては、カリキュラム・マネジメントが浸透していないところもあるので、単元プランを評価・改善する手立て（研修プランや研修ドキュメントなど）の提供や、他校の実践を紹介する等の支援も行っている。

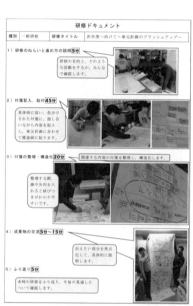

図4　校内研修プラン、研修ドキュメント

(2) 同校種の部会を通してつながる

　学校ごとへの支援と並行して、各学校の生活科・総合的な学習の時間担当者が所属する部会での「横」のつながりも充実している。

　部会の中では、市の方針や取組の進捗を説明して協議する場を設けたり、地域の素材を発掘する研修プランの提供をしたりするなど、部会のニーズに合わせた取組を行った。それは、情報を一方的に伝えるのではなく、部会を推進する教員

図5　部会の様子

との事前の打ち合わせを通して情報を共有し、お互いに「何ができるか」考える中で生まれてきた取組である。

このような取組を積み重ねることで、部会の中での実践交流や事例研究、学校ごとに作成している系統表や単元プランの共有など、学校間のつながりが強くなってきた。

⑶　校種を越えて、学校外ともつながる

「系統表」は、園児・児童・生徒の13年間の育ちを見通したものであるが、この「系統表」を実効性のあるものにするためにも、教科横断的な指導はもちろんのこと、指導する教員が様々な人・もの・こととつながっていかなければならない。

図6　連絡会の様子

一例として、異校種の先生方が意見交換をする連絡会の設定や、学校現場での取組がさらに充実するよう、市の観光課や商工振興課等からの情報提供が行われる会議（ふるさと創生プラン作成会議）も、市教委主催で行っている。

この会の中で得られた情報からヒントを得て、高等学校の主催するコンテストに小学校が応募したり、体験活動を実施する際の交通手段として市のバスを利用したりするなど、互恵的な関係が生まれてきた。

今後も、関係機関と積極的に情報を共有し合い、「ふるさとを愛し、ふるさとの未来を創造する」ために求められる資質・能力の育成を目指して、組織全体として協力し合うことが必要だと思われる。

⑷　未来へつなぐのは子どもたち

カリキュラムは教員によって計画・実施・評価・改善されていくが、学びの主体は子どもである。

子どもたちの中に「自己の学びのカリマネ」が根付いていくことが、今後求められる。

そのためにも、学びの振り返りを充実させたり、他学年や他校との交流を通して自分たちの姿を見直してみたりする場を充実させる必要がある。

そのような経験を通して、学びに向かう力や学び方のさらなる高まりが期待されるところである。

4　つながりを「動かす」ために

　地域のカリマネの核が教育委員会であれば、校区のカリマネの核は学校である。

　市全体の取組が同じ方向を向いて機能するには、各学校の管理職との共通理解を図ることが重要であり、各学校には管理職のリーダーシップの下、機能的な組織を作る必要がある。さらに、校種間、学校間の教職員の相互理解を促すためにも、まずは管理職同士の相互理解が求められる。

　その上で、取組についての情報発信を保護者や地域に対して行うということで、より高い教育効果を生み出すことができると思われる。

5　学校を核としたふるさと創生を目指して

　生活科・総合的な学習の時間を要に、13年間の育ちを見通した学校教育を通じて園児・児童・生徒を育てていこうとする取組は、始まったばかりである。この取組の中で見られる子どもたちの笑顔と真剣な姿が、地域社会で現実の問題と向き合い、その解決に真摯に取り組んでいる大人たちに、よりよい社会の在り方を考え行動する上でのきっかけとなることを期待しているところである。

　佐伯市教育委員会では、ふるさとを舞台に学び、そこで育まれる自分自身の成長を自覚するとともに、仲間と協働して地域を創る子どもの姿を、2020年11月に開催する「ふるさと創生祭」で、佐伯市民に向けて発信する。それに向けて、学校ごとのカリキュラム・マネジメントはさらに充実していくと考えられる。

　生活科・総合的な学習の時間を核として、学校を中心に佐伯市が元気になる。それこそが、「学校を核としたふるさと創生」の実現であると思われる。

コメント

●本実践の特長

「ふるさと」をテーマに幼稚園から高等学校まで13年間を見通した資質・能力の系統表を作成している。幼児教育、生活科、総合的な学習の時間、そして、総合的な探究の時間をつなぐ資質・能力の系統表を作成することで、地域全体でカリキュラムを検討している。また、作成した系統表は実践をもとに見直すことでより質の高いものに改善している。

●本実践のカリキュラム・マネジメント上の意義

本実践の意義はたくさんある。まず、1点目は系統立てた資質・能力の育成が期待できることである。総合的な学習／探究の時間では、学校ごとにテーマを設定し探究を進めていくため、場合によっては、校種を超えて同じテーマを探究する可能性がある。その際に、このような系統表があることで、その段階で育成を目指す資質・能力やそれまでの段階で育成されてきたもの、今後育成を目指す資質・能力を確認することができる。そうすることによって、同じテーマに対するものでもどのようなアプローチを取るべきなのかを検討することができる。むしろ、同じ対象に多様なアプローチで迫ることができ、それにより質の高い探究が進められることが期待できる。2点目はこの資質・能力系統表が実践を共有するための共通言語になっていることである。学校ごとの取組をこの系統表をベースとして共有することでお互いの実践を確認することができる。さらにこの系統表は教員間だけでなく、地域とつながるための共通言語にもなっている。それが地域全体で子どもを育てるという「開かれた教育課程」の成立にもつながっている。

●本実践への期待

本実践の特徴は、地域全体で子どもを育てるという理念を総合的な学習／探究の時間のカリキュラム・マネジメントを通して実現していることである。

総合的な学習の時間で地域をテーマにする価値は高い。子どもはその地域で生活しているための、探究のテーマは自分ごとになりやすい。また、子どもが地域をなんとかしようという思いを持っていれば、地域の人たちもそれを支援したいと思う。その架け橋に系統表があることが本実践の特徴であり価値である。

各学校での実践を検討するために系統表はどのような具体度があればいいのか、同じテーマに違うアプローチで取り組むことで深まる探究とはどのようなものか、地域をテーマに探究を深めていく学習に地域はどのように関わればいいのか、そして、それらを13年間経験した子どもはどのような資質・能力が育成されるのか。これから同様の実践を進めていく他の地域が参考にするために、これらの成果が整理され、提案されることを期待したい。

泰山　裕

第7章
「子ども主体の学び」全教室展開に向けて
～子どもの学びに即したカリキュラム・マネジメント～
●広島県福山市

広島県福山市教育委員会

1　福山100NEN教育

　福山市は、広島県の南東部に位置する、人口およそ47万人の中核市で、小学校76校、中学校33校、義務教育学校1校、中高一貫校1校の市立学校に、およそ3万6000人の児童生徒が在籍している。平成27年4月、3年間の準備期間を経て、「子供たちが、自ら考え学ぶ授業」づくりを柱に、全中学校区において小中一貫教育をスタートした。本市小中一貫教育が描く未来は、

① 　カリキュラムに基づく『自ら考え学ぶ授業』が定着し、子供たちは元気で、知・徳・体をバランスよく身に付けている。

② 　『大好き！福山～ふるさと学習～』を通して、仲間や地域の人と福山の歴史や文化などについて学ぶことで、子供も大人もみんな福山を大好きになっている。

③ 　『すべては子供たちのために』を合言葉に、市民一丸となって次代を担う子供たちを育てている。

という姿である。

　市制施行100周年となる平成28年1月、次の100年に向けて小中一貫教育の取組を行動化できる確かな学びにするために、「福山100NEN教育」を宣言した。宣言では、「ESDの2観点」（①人格の発達や人間性を育む　②関わり、つながりを尊重できる個人を育む）を持って、これまでの取組をつなぎ、継続・積上げていくことを掲げている。

　変化の激しい社会に必要な資質・能力を、本市では「21世紀型"スキル＆倫理観"」（以下「"スキル＆倫理観"」という）として整理している。その育成に向けて日々の授業を中心とした全教育活動をつなぐことで、現代社会の様々な問題を自らの課題として捉え、それらの課題解決のために、様々な人々と協働して、持続可能な社会を創造する「行動化できる力」につながると考えている。

2　学びの地図「カリキュラム・マップ」

　現在、すべての学校が、自校で作成した「カリキュラム・マップ」（以下「マップ」という）に基づく教育活動を行っている。「マップ」は、子どもたちに必要な"スキル＆倫

理観"を育成するために、各教科や行事等のつながりを明確にした教育計画である。

　「マップ」の一番上には、小中一貫教育を通して義務教育9年間で育成することを目指し、各中学校区・学校で設定した"スキル＆倫理観"と、それらを身に付けた「目指す子ども像」を示し、その実現に向け、各教科等で育成する力と重点となる単元を定めている。教科横断的な視点で、関連する単元の配列を工夫したり、教科等で身に付けた力の行動化に向け、学校行事の目的や時期を見直したりするなど、育成する"スキル＆倫理観"と学ぶべき教育内容の全体像を見渡すことができる地図として1枚に集約し、日々の教育実践の中で評価・改善を進めている。

　この「マップ」は、福山100NEN教育の1年目（平成28年）、すべての学校が、約1年をかけて作成した。

(1)　カリキュラム編成の過程

ア　全教育活動をつなぐ

　まず、各中学校区・学校で育成する"スキル＆倫理観"に向けて、すべての教育活動をつなぐために、"スキル＆倫理観"の明確化に時間を費やすとともに、これまで市教委が作成・提出を求めていた様々な指導計画を含め、各学校が独自に作成していたすべての計画を整理した。

　そして、"スキル＆倫理観"の育成に必要な内容を吟味・抽出し、重点的な取組とその関連が見渡せるよう、1枚のシートに書き込んでいった。

イ　全教職員で作る

　育成する"スキル＆倫理観"を全教職員が共有し、一人一人が起点となって教育活動を行うために、市教委主催の教育課程編成に係る研修を見直した。

　これまで年2回の教務主任研修で行っていた時数管理を中心とした内容から、毎月の校長研修と年3回の教務主任研修を軸に教育課程の意味から問い直す内容に変え、年間スケジュールを示して実施した。さらに、この間の教頭研修や経験者研修等も「マップ」の作成でつないでいった。

表1　平成28年度　カリキュラム編成に係る研修

月	研修	内容
5	教務主任研修	各校で育成する "スキル＆倫理観" の設定
6	校長研修	次年度カリキュラム編成スケジュールの提示
7	校長研修	各校で設定した "スキル＆倫理観" の協議
8	教務主任研修	各校で設定した "スキル＆倫理観" を校区で協議及び焦点化
9	校長研修	「マップ」（様式案）の提示及び意味・価値について共有
	臨時研修	「マップ」の意義を踏まえた作成の方向性について確認
10	校長研修	・各校における次年度カリキュラム編成の状況等の交流
11	校長研修	・カリキュラム・マネジメントに係る教職員の意識の交流
12	校長研修	・内容等に係る具体的な助言・支援等
1	校長研修	作成した「マップ」を基に，自校の次年度教育活動やカリキュラム
2	教務主任研修	編成の特徴等を交流
3		次年度「マップ」の提出

⑵　「マップ」1枚の意味と価値

　こうした取組により、各中学校区・学校が、それぞれのペースで校区合同研修や校内研修を行うことにつながり、育成する力や重点単元等を全教職員で協議することができた。

　それは、一人一人の教職員が、自らの校務分掌の意義を、"スキル＆倫理観" の育成という観点から捉え直すことにつながり、その結果、各学校が作成・提出する指導計画も「マップ」1枚とした。

　「マップ」の意味と価値は、すべての教職員がその1枚を見れば「私が、"いつ・何を" すべきなのかわかる」ことであり、カリキュラム全体の中にどう位置付いているのかを意識しながら、日々の授業を中心とした全教育活動を行うことにある。

　この年（平成28年）に本市全教職員を対象としたアンケートにおいても、自校・校区で設定した "スキル＆倫理観" やその育成に向けた教育活動等への意識の向上が見られる。

表2　教職員アンケート

（平成28年度 小学校：1,091人 中学校：579人 計1,680人）

質　問	7月	12月	3月
自校の児童生徒に育成する「スキル＆倫理観」を理解している。	23.2%	47.3%	60.9%
担当する学年・教科等において，育成する「スキル＆倫理観」をイメージして，教育活動を進めている。	56.4%	52.8%	63.0%

数値は、6段階評価の内「とても当てはまる」「当てはまる」（上位2段階）と回答した割合

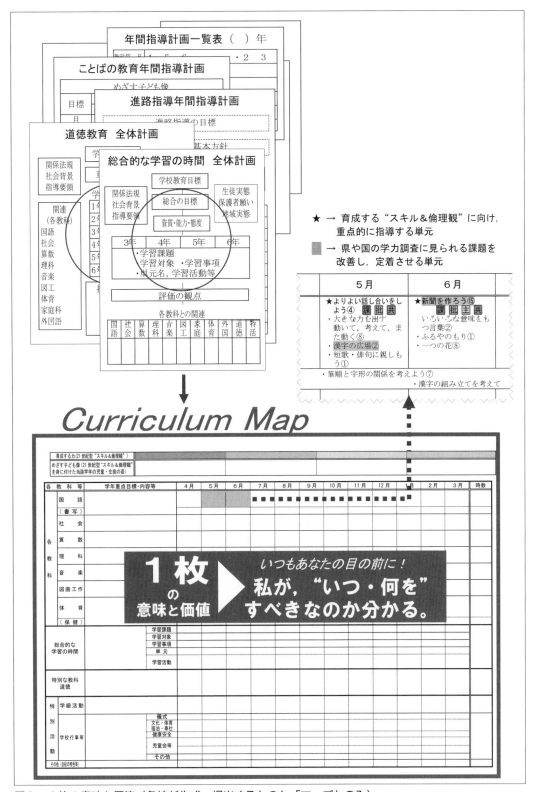

図1　1枚の意味と価値（各校が作成・提出するものも「マップ」のみ）

3　子どもが学ぶ過程に即したカリキュラム

(1)　子どもはどう学んでいるか

　3年間の準備期間も含めた小中一貫教育の取組を通して、知・徳・体に係る様々な調査で、知識・技能の定着、「主体的・対話的で深い学び」に係る意識の向上、暴力行為発生件数の減少、体力テストの県平均以上の種目数の向上等、数値による結果が表れてきた。

　一方で、日々の授業での子どもたちの様子を見ると、発表や話し合いをしているものの、教員の質問に答えるのみで、面白そうに活き活きと学んでいないという状況が見られた。

　こうした中で、平成28年4月から、子どもたちが、学力の基礎となる言葉や数を理解・獲得する過程を追い続ける「学びづくりフロンティア校事業」をスタートさせた。

　これは、乳幼児期における教育・保育の環境が、就学後の学びの基礎となる「語彙数、ことばの情報処理能力等に大きく影響する」という知見に基づき、小学校入学時、既に身に付けている力に差があることを前提としている。

　その中で、一人一人の子どもが、どのように間違えたり理解したりしているのかを見るために、2小学校の1年生の国語と算数の授業を中心に、ほぼ毎日、子どもたちの様子を動画で撮影し、つぶやきや発言、行動などを文章に起こしたり、ノートやテストの記述を集めたりしてきた。

図2　授業の様子

　その中でわかってきたことは、

・　計算や文章を読むことができても、その内容を理解できているとは限らない。

・　教師が教えた通り順番に理解するのではなく、子ども同士で話したり、活動したりしながら個々のペースで言葉や数を獲得している。

・　子どもの疑問や思考は、様々な経験や知っていることに触れながら広がり、教科や学年の枠を越えていく。

ということである。

　こうした一人一人異なる学ぶ過程に即した子ども主体の学びの実現に向け、1年生担任と担当指導主事が話し合いながら授業を行っていった。子どものつぶやきや発見から柔軟に計画を変更したり、遊びながら試行錯誤できる活動や子ども自ら選択し決定する場を設定したりすることで、子どもたちは学ぶことの面白さを実感するとともに、文章を読んで正しく場面を理解したり自分で粘り強く考えたりする力が向上していることも明らかになってきた。

⑵ 教科・学年の枠を越えるカリキュラム

「学びづくりフロンティア校事業」で追い続けた子どもたちの学びの姿は、校長研修をはじめ各種教職員研修において動画や具体的事例を示し、「子どもたちはどう学んでいるか」「子ども主体の学びづくりに向けた教師の役割は何か」等を協議していった。

そして、福山100NEN教育3年目となる平成30年度、「『子供主体の学び』全教室展開～学びが面白い！～」をテーマに掲げ、教師が子どもたちのつぶやきを聴き、行動や表情を見ながら、臨機応変に展開する「子ども主体の学び」づくりに取り組んでいる。

同年10月には、子どもが学ぶ過程に即し、小学校の教科・学年の枠を越えた教育課程を編成・実施する「学びづくりパイロット校」を募集した。これまでの研修等を通して、子どもを中心にした学びを問い続けてきたことにより、希望をした学校が7校（南、水呑、坪生、今津、多治米、新市、千年）あり、校長及び担当者との面談の後、パイロット校として指定した。

ア 学びの過程を重視したカリキュラムの工夫

本年度（令和元年度）、すべてのパイロット校において、日々の授業における子どもたちの学ぶ過程から、教科や学年を横断・縦断したり、異年齢集団で学んだりするカリキュラムを編成・実施している。

例えば、南小学校、坪生小学校、今津小学校は、生活科や総合的な学習の時間の単元と関連する教科の学習内容を明らかにしてカリキュラムを編成し、体験活動の中で必要な教科の力を身に付けることを目指している。その内、今津小学校は、歴史・文化、国際、防災、産業のテーマから、3年生から6年生の児童が自分で興味あるものを選び、「縦割り総合」として異年齢グループによる探究活動を行っている。

こうしたカリキュラムは、教師に教えられたり指示されたりするのではなく、子どもたちが自分で工夫したり選んだりできる時間や場所を十分に確保できるよう編成されている。

イ 「学びのメカニズム」を生かした評価の見直し

一人一人の子どもの理解する方法やスピードが異なること、子どもたちの思考は教科書通り、計画通りではないことから、評価の在り方についても見直しを始めている。

例えば、千年小学校や水呑小学校は、単元ごとではなくもう少し長い期間で学力の定着等を確かめるために、これまで実施していたテストを変更したり、自分たちでテストの作成に取り組んだりしている。

また、水呑小学校、今津小学校は、学期ごとの評価を記していた通知表を学んだ過程がわかる作文や作品等を綴じたファイルに変え、1学期末に面談を行い、子どもと保護者に学習の様子や次への目標等を説明している。面談後、保護者を対象にアンケートを行った今津小学校では、「子供の伸びや学びがわかった」「子供の課題や今後がわかった」という問いに、95％以上の方から肯定的な回答を得ている。

本市の「学びづくり」の取組は、認知科学の視座から「学びのメカニズム」を研究され

ている慶応義塾大学・今井むつみ教授から指導・助言をいただいている。これまでの取組を通して、教師は、今まで以上に子どもたちの表情や反応をしっかりと見ながら授業を行おうとしており、子どもたちは、より主体的に学ぼうとする姿が見え始めているところである。

4　多様な学びの場の提供

福山100NEN教育4年目となる今年度（令和元年度）は、一人一人の個性や考え方を大切にすることを「カラフル」という言葉に集約し、これまで以上に、すべての子どもが「学びが面白い！」と実感できる学びづくりに集中させた取組を四つの柱で進めている。

前述の「学びづくりフロンティア校事業」や「学びづくりパイロット校事業」は、『主体的・対話的で深い学び』の取組である。

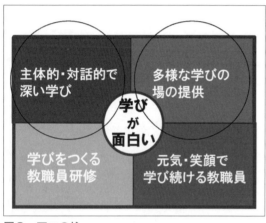

図3　四つの柱

さらに柱の一つ、『多様な学びの場の提供』では、平成28年に公布された「教育機会確保法」、平成30年6月「Society5.0に向けた人材育成」で示された「個別最適化された学習」「異年齢・異学年集団による協働学習」なども踏まえ、子どもたちの能力や適性に応じた多様な学びの場、環境を整える取組を進めている。

⑴　校内フリースクール「きらりルーム」

集団で学ぶことが難しくても、興味のあることから取り組めるリビングルームのような教室として、平成30年4月、長期欠席者が多い中学校5校、2学期に1校追加し、計6校に、校内フリースクール「きらりルーム」を設置した。今年度（令和元年度）は、さらに小学校2校を加え、計8校に設置している。

専任の担任を中心に、本人の願いを把握しながら、自分で決めて自分のペースで学ぶことを大切にしている。最初に設置した5校では、昨年度、100人以上の生徒が利用し、欠席日数30日以上の生徒が約60人減少した。

その要因は、不登校だった子どもがフリースクールを利用するようになっただけでなく、「きらりルーム」での子どもたちの声や姿から、これまで当たり前のこととして実施してきた様々な取組や考え方を問い直し、すべての教室がすべての子どもたちにとって、それぞれの違いを認め合える「学びの場」となるよう、教員の生徒に対する働きかけや声かけ、見方が変わってきたことにある。

　一昨年度から市全体で取り組んでいる生徒指導規程の見直しも、「きらりルーム」設置校が先頭となり、子どもたちが考え守るもの、多様な価値観を認め合えるものへと変えていっている。

⑵　新たな学校の設置

　教育上の配慮が必要な子どもたちを対象とした小中一体型「特認校」の設置（令和4年度）に向けた準備を始めている。地域の協力をいただきながら、多様な人や自然と触れ合う体験的な学習を行う独自教科の創設、ICT教育機器の活用などにより、一人一人の興味や理解に応じた学習を行っていく。

　また、同年、広島県教育委員会と連携し、異年齢での活動を基本とした多様な学びを通じて自律と共生を学ぶ「イエナプラン教育校」を官民で協力して設置する。現在、子供主体の学びに向けた授業研究、イエナプラン教育協会の講師を招聘した校内研修等を行い、県・市教委と一緒に異年齢のカリキュラムの作成に取り掛かっている。

5　「子ども主体の学び」全教室展開に向けて

　「カリキュラム」とは、学校教育の目的や目標を達成するために、教育内容を総合的に組織した教育計画である。「学校教育の目的や目標」とは、すべての子どもたちが「わかる面白さ」や「ともに創り出す喜び」を実感し、学びに向かう力、学び続ける力を含めた"スキル＆倫理観"（資質・能力）を身に付けることである。そのベースとなる「カリキュラム・マップ」も、1年間を見通しながら、子どもたちの姿によって柔軟に変容するものでなければならないと考えている。

　引き続き、すべての教職員が自らの役割を考えながら、子どもたち一人一人の学ぶ過程を大切にした「子ども主体の学び」づくりに取り組み、生まれ育った環境にかかわらず、自ら学び続ける力で、たくましく未来を切り拓いていける子どもの育成を目指していく。

コメント

●本実践の特長

　福山市が全市的に展開している「カリキュラム・マップ」は、近年作成されることが多くなった「単元配列表」と呼ばれるものに福山市独自の工夫を施したものである。この「マップ」作成の実践には二つの特徴がある。1点目は、子どもの学びを動画で撮影したり記述を集めたりして分析した結果、自前の結論として「子どもの学びは教科や学年を超えていく」という確信を得た上で、だからこそ事前に教師が関係を見ながら「マップ」を作成する意義を明確にして推進した点である。2点目は、全体計画や年間指導計画をすべて廃止し、「カリキュラム・マップ」に集約させた点である。これは働き方改革に資するだけでなく、この1枚を見れば「私が、"いつ・何を"すべきかわかる」という、「マップ」の「意味と価値」を強調する施策である。

●本実践のカリキュラム・マネジメント上の意義

　「単元配列表」作成を推進する自治体が増えている。中にはなぜ「単元配列表」を作成するのか意義を理解しないまま義務として作成する学校もあると聞く。それは本末転倒、手段の目的化である。本来は、目的が先にあり、それを実現するためのツールが「単元配列表」である。福山市ではそれが徹底されている。令和元年6月に福山市教育長にインタビューの機会をいただいた。その際に語られた「カリキュラム・マネジメントそのものが学校経営だとはっきり位置付けた」という言葉が印象に残っている。カリキュラムを核とした学校経営を真っ向から創出しようとしている。また、「目的の手段化」に対する警戒について繰り返し強調されていた。「子どもの学びは教科や学年を超えていく」からこそ「マップ」をつくる。子どもの学びのためのカリキュラム・マネジメントという理念が通底している点の意義は大きい。福山市は「マップ」の「意味と価値」を徹底的に強調してきた。また、「マップ」を活用しながら学校が行う実践の中で育成を目指す「スキル＆倫理観」について、各学校が明らかにするように推進してきた。施策実現のために、校長・教務主任の研修を平成28年度に何度も開催し、市と学校がコミュニケーションをとりながら、1年間かけてプラットフォームを確立した。パイロット校の実践から新たな知見も出てきている。

●本実践への期待

　先述した教育長へのインタビューの際、学校評価を「マップ」との関係において見直していく構想についても語られた。グランドデザイン、「マップ」、学校評価というカリキュラム・マネジメントのツールが有機的に連動し合い、誰にでもわかりやすい、筋の通ったカリキュラム・マネジメントへの政策がまた一歩進むことが期待される。

田村知子

第8章
地域カリキュラムの先導的実践としての「知多カリ」
●愛知県知多地方

八釼明美

1　地域としてのカリキュラム・マネジメント

　愛知県知多地方（半田市・常滑市・東海市・大府市・知多市の5市と阿久比町・東浦町・南知多町・美浜町・武豊町の5町から構成される地域）の地域カリキュラムに「知多地方教育計画案」（以下「知多カリ」という）がある。知多カリは、60年以上の歴史をもち、現在は小・中117校、教員約3200名が使用しており、それらを享受する児童・生徒数は、約5万5000名である。この知多カリは、知多地方の各市町の教育委員会で組織された知多地方教育事務協議会の委託を受けた知多教育事務所指導の下、各教科等の編集部会で編成する。

　筆者は、平成27年度発行版（小学校）生活科のカリキュラム及びスタートカリキュラム（以下「スタカリ」という）の編成に関わった経験をもとに、地域カリキュラムとしての知多カリの編成方法とその役割及び成果等について述べる。

⑴　「教育課程の礎」としての知多カリ

　知多カリ（小学校、中学校）は、教科書採択に合わせて改訂を繰り返しながら、子どもたちに必要な力を育むための「教育課程の礎」として位置付けられてきている[1]。

　平成23年度発行版（小学校）、24年度発行版（中学校）の編成時は、学習指導要領で重要視された「言語活動の充実」を念頭に各教科等のカリキュラムを編成した。平成27年度発行版（小学校）、28年度発行版（中学校）は、スタカリ[2]の編成と道徳の別葉づくりを目玉とした。また、小学校及び中学校における道徳の教科化に伴い、平成30年度発行版（小学校）、令和元年度発行版（中学校）は、採択された教科書に基づいた「特別の教科　道徳」のカリキュラムを編成した。そして、令和元年度発行版（小学校）、令和2年度発行版（中学校）は、今次学習指導要領で示された「育成を目指す資質・能力の三つの柱」に合わせて、「生きて働く知識・技能」「思考力・判断力・表現力等」「主体的に学習に取り組む態度」の3観点に沿った指導方法と評価方法を示すことを改訂の柱とした。

　教育の動向に合わせて改訂され続けてきているこの知多カリは、知多地方の教員にとって、なくてはならないバイブルとなっている。またこの知多カリは、各小中学校にデータ

（CD-ROM）で提供されるとともに、ウェブサイト「知多カリマネージャーサポートページ」からも、ダウンロードできるようになっている。さらに、そのデータは、Excel形式の週案に反映させることもできるようになっている。

(2)　知多カリのつくり

　知多カリは、各教科等とも、「前文」「年間計画例」「本文」「指導案例」から構成されている。

　「前文」は、学習指導要領や学習指導要領解説を基に、編成の方針を記している。学習指導要領や学習指導要領解説を読み解くには時間がかかる。それを知多カリ編成の方針と

1	スタートカリキュラムとは
2	スタートカリキュラムの編成の意義
3	スタートカリキュラムのねらい
4	スタートカリキュラムの編成方針
5	スタートカリキュラムの編成上の配慮事項
6	スタートカリキュラムの実施上の配慮事項
7	スタートカリキュラムにおける各教科等の学習内容と時間計上

資料1　知多カリのスタカリの「前文」の柱立て

ともにダイジェスト版として記している。資料1は、スタカリの「前文」の柱立てである。

　「年間計画例」（資料2）は、学習指導要領に示されている、各教科等の標準指導時間を年間に割り振った表としている。スタカリについては、20日間分を示している。合科的・関連的に編成し、一覧化している。

　「本文」は、1時間ごとの学習展開を、子どもの学習活動と教師の留意事項とで構成している（資料3）。スタカリにおいては、特に、幼稚園・保育所等から聴き取りした指導内容を参照して執筆した箇所や、実施の際の考え方、指導のコツ等を、独自に「幼保小接続事項あり」「幼保小」と記載している。

　「指導案例」については、各教科等ともに「ワード版」「一太郎版」で示されている。なお、この「指導案例」は、知多カリ内に示されている「指導案の書き方」に則り作られている。「単元の目標」「本時のねらい」「評価規準」「形成的評価」の関係性、文末表現の仕方等、細かなところにまで、留意事項が示されている。知多地方の教員は、「指導案の書き方」や「指導案例」を参照して各教科等の指導案を作成する。「指導案の書き方」及び「指導案例」というスタンダードがあることで、知多地方の指導案の質は保持されている。

○　時間計上の方法は、パッケージ方式とする。4週間実施の後、まとめて計上する。
○　知多地方教育計画案　スタートカリキュラム「どきどき　わくわく　1ねんせい」は、下記の時間数によって構成されている。
生活…13　国語…12　書写…2　算数…7　音楽…4　体育…5　図画工作…4　道徳…3　学級活動…8　児童会活動…1
学校行事…5　合計 64 時間

		1時間目	2時間目	3時間目	4時間目
①学校生活・かかわりのはじまり	1日目 中単元単元等		「にゅうがくしきに　さんか　しよう」		
	1日目 時間計上にかかわる各教科等	（行）入学式	（学）入学式後		
	1日目 学習内容	入学式に参加する。	学級活動に参加する。		
	2日目 中単元単元等	「しぎょうしきに　さんか　しよう」	がっこうの　せいかつ・はじめまして「じぶんで　できる　ことを　ふやそう」①	たのしい　いちにち「とうげこうの　しかたを　おぼえよう」①	
	2日目 時間計上にかかわる各教科等	（行）始業式	（生）がっこうの　せいかつ・はじめまして口絵 P2～5（生活上の自立）（学）ぼくも　わたしも　1ねんせい＿／机・ロッカーの使い方、朝の用意	（行）通学団会	
	2日目 学習内容	始業式に参加する。	（生活上の自立）「がっこうの　せいかつ・はじめまして」を基に、自分でできるようになりたいことを発表する。また、その中から、用具を机の中に整理してしまう、ランドセルをロッカーにしまう、提出物を出す等、登校後に行うことを知る。	（精神的な自立）通学団会に参加して、登下校の仕方を知り、実際に交通のきまりを守って下校する。	
	3日目 中単元単元等		がっこうの　せいかつ・はじめまして「じぶんで　できる　ことを　ふやそう」②	がっこうの　せいかつ・はじめまして「じぶんで　できる　ことを　ふやそう」③　たのしい　いちにち「とうげこうの　しかたを　おぼえよう」②	
	3日目 時間計上にかかわる各教科等	（生）がっこうの　せいかつ・はじめまして口絵 P2～5（生活上の自立）（生）べんりてちょう＿あいさつ P114、115（国）なんて　いおうかな P10、11（学）ぼくも　わたしも　1ねんせい＿／トイレの使い方		（生）がっこうの　せいかつ・はじめまして口絵 P2～5（生活上の自立）（学）ぼくも　わたしも　1ねんせい＿／帰りの支度／下校の仕方	
	3日目 学習内容	（生活上の自立）べんりてちょう「あいさつ」や「なんていおうかな」を基に、時や場、相手に応じてさわやかに挨拶をしたり、名前を呼ばれたら、「はい」と元気よく返事をしたりすることを知る。また、トイレの場所、使い方、スリッパの揃え方を知る。		（生活上の自立）（精神的な自立）配布物や机の中の用具をランドセルにしまうなど、帰りの支度の仕方を知る。また、学年下校の仕方を知り、実際に交通のきまりを守って下校する。	

資料2　知多カリのスタカリの「年間計画例」（一部）

日・時間	学　習　活　動	留　意　事　項
	「がっこう　せいかつを　たのしく　しよう」② ○生活科の教科書口絵 P8、9「たのしい　いちにち」を基に、これからの学校生活の中で、友達と一緒に行う活動について発表し、学校生活のおよそを知る。 「教室で、みんなと字を覚えます。」 「放課にみんなと遊具で遊びます。」 「授業が終わったら、同じ係の友達と黒板を消します。」 「お姉さんが、『グループになって給食を食べます』と言っていました。」等 ○幼稚園や保育所等と小学校の様子を比べて、気付いた事を発表する。	幼保小接続事項あり ・ただ単に「勉強します」などと発表させるのではなく、集団の中で生活していることや、学校の施設などにも着目させて、発表させるようにする。 ・みんなで学校生活を送ることは、楽しいことであることを認識させ、意欲的に学校生活を送ろうとする気持ちがもてるように、声がけしながら発表させる。 ・幼稚園や保育所等での生活と小学校での生活を比べて、似ていることや違っていることに着目させる。幼保小

資料3　知多カリのスタカリの「本文」（一部）

⑶　教科書に準拠した知多カリの編成と組織の活用

　知多カリは、各教科等の編集部によって編成する。知多カリ各教科等の編集部は、教科書採択の年の１学期に召集され、組織される。

　各教科等ともに、１学年分のカリキュラムを一人で作成する。そして、それらをまとめる代表者、そして、指導者としての校長で構成される。したがって、生活科の場合、１年生、２年生の担当者２名と、それらをまとめる代表者、校長の４名で構成される。ただし、生活科の代表者は、生活科のカリキュラムの統括に当たるとともに、スタカリの編成をも担当する。

　教科書が採択されていない１学期の内は、学習指導要領や学習指導要領解説の内容についての見識を深め、「前文」や「指導案例」づくりをする。そして、教科書採択直後となる９月から、一気呵成に「年間計画例」や「本文」の編成に当たる（資料４）。ただし、スタカリ編成の場合、合科的・関連的に作成しなくてはならないため、各教科等で作成する「年間計画例」との整合性が必要となる。具体的には、生活科の代表者は、小学校代表者会議で、各教科等の代表者に、各教科書内の学習内容からスタカリとして編成するにふさわしい学習内容を選定するように依頼する。各教科の代表者によって選定されてきた学習内容を集約し、生活科部会の校長の指導の下、基本案を生活科部会の部員で決定し、さらに小学校代表者会議で承認をもらう。スタカリにおける「前文」の「7　スタートカリキュラムにおける各教科等の学習内容と時間計上」に記載された学習内容については、各

教科の１年生のカリキュラムの「年間計画例」内の学習内容に、「スタカリ扱い」の旨を記載することとなる。

　何事も手探りでの編成ではあったが、この小学校代表者会を活用したことで、横の連携が可能となり、各教科等の部会の知見を反映させることができた。

9月	○　教科書採択
9月	「前文」(スタカリP.1〜4)の作成
10月	「年間計画例」(スタカリP.5〜8)の作成
11、12月	「本文」の作成(スタカリP.9〜38)
1月	仕上げ・提出(スタカリP.1〜38)
2月	○　「知多カリ」等のネット配信
3月	○　「知多カリ」CD−ROMの各校配付

資料４　知多カリのスタカリ編成計画

2　スタートカリキュラムの編成

　知多カリは地域カリキュラムであるものの、知多地方の５市５町が使用する広域カリキュラムである。各市町の実態や、各学校の運営方針や、各担任の持ち味を生かしてアレンジができるように、スタンダードに編成する必要がある。

　知多カリ平成27年度発行版（小学校）に向けて、初めてスタカリを編成することとなった。これまでの知多カリの「入門期の教育課程」という適応に重きを置いたカリキュラムをどのように編成し直すとスタカリになるのか。また、どのように展開すれば、スタ

カリになるのか。全国的にもスタカリの具体例は乏しく、未知の取組となった。

　平成20年告示の「小学校学習指導要領解説　生活編」で、「スタートカリキュラム」という用語が初めて明記された。ここでは、「幼児期の遊び中心の生活経験を踏まえた、合科的・関連的な学習の導入が低学年に必要であり、その中核を担うのが生活科である」と示された。すなわち、「幼児期の遊び中心の生活経験を踏まえた、生活科を中心とした合科的・関連的な学習」をスタカリと読み取ることができる。適応に留まることなく、スタート期においても、各教科等のねらいが達成できなくてはならない。

　知多地方が採用することになった1年生の全教科書の内容を見てみると、冒頭以降、スタート期の学びを意識した作りになっている。その編集内容から、スタート期のねらいを策定し、「前文」に掲載した。ま

> ○合科的・関連的な指導ができる編成とする
> ○生活科を中心とした編成とする
> ○大単元から各教科等に分化していく編成とする
> ○幼保小接続事項の内容を盛り込んだ編成とする
> ○学びや活動に必要感・必然性のある編成とする

資料5　知多カリのスタカリの編成の方針（意図は割愛）

た、それだけでなく、どうして生活科を中心とした合科的・関連的な学びがこの時期に有効なのか等を理解した上で、効果的に知多カリのスタカリを実施してもらえるように、小学校学習指導要領や小学校学習指導要領解説生活編を手掛かりに、「○合科的・関連的な指導ができる編成とする」を含めた五つの編集方針とそれらの意図を「前文」に記すようにした（資料5）。

3　知多カリのスタカリの Check・Action

　知多カリのスタカリの編成や活用・認知について検証するために、平成27年（2015年）5月、筆者は、知多市内の教務主任（10名）に紙面アンケートを配付し、1年生担任への聞き取りを依頼した。28名の回答を得た。

⑴　知多カリのスタカリの編成についての調査

　回答のあった知多市内の1年の担任28名中26名が知多カリのスタカリを使い、その全員が「役立った」と答えている。また、知多カリのスタカリについてよかった点について、資料6の内容を挙げている。作り手としての編成の意図が、現場レベルにおいて、概ね現場に伝わっていることが伺える。

> ・1年生が楽しめられる指導内容の例が挙げられている。
> ・幼保小のマークがあり、つながりがわかりやすい。
> ・自立に着目して構成され、分かりやすい。
> ・合科的・関連的な扱いがよい。
> ・入学した1年生が、学校生活に慣れていくために必要なことが段階を追ってすべて盛り込まれていた。
> ・学習内容に系統性があった。
> ・1年生で押さえておくべき入門期の内容がまとめられていて、わかりやすい。

資料6　知多カリのスタカリの編成についての意見

(2)　知多カリのスタカリの活用に関わる調査

　一方で、活用については、資料7のような意見が聞かれた。作り手は、スタカリの一つのモデルとして提案したが、現場では、示された通りの学習活動を展開しなくてはならないと捉えてしまっている教師がいることが伺える。知多カリのスタカリの実施上の配慮事

> ・「がっこうに　いる　ひとと　なかよく　なろう」のインタビューが入学間もない児童には難しい。
> ・学校探検で図書館の司書と話す等の活動があったが、学校の実情でできないところもある。アレンジすればよいが、もう少し活動しやすくしては。
> ・給食の開始は実際にはもっと早いので、4時間の内容にするのをもっと早くするとよい。
> ・学校行事との関係もあり、100％展開するのは難しい。

資料7　知多カリのスタカリの活用についての意見

項「②児童の実態に柔軟に応じた取組とすること」の中で、「スタートカリキュラムは、児童が学校生活に適応できるようにつくられた特別なカリキュラムであるが、目の前の児童の実態を最優先し、学校が柔軟に対応して指導に当たる」としているが、活用に当たっては、作り手の意図と使い手の活用の実態にずれがあることがわかった。

(3)　知多カリのスタカリの認知に関わる調査

　知多カリにおいては、平成27年度発行版（小学校）に初めて、スタカリが掲載された。知多カリのスタカリを活用したのは28名中26名で、このうち21名が「前文」を読んでいた。知多カリのスタカリの運用の仕方をきちんと理解できた学校現場では、概ね円滑にスタカリが運用されていたと想定できる。また、入学前までに知多カリのスタカリの「前文」を読み、1年生の担任に指導や助言をした教務主任は、10名中7名だった。一方、2名（同一の小学校）が知多カリのスタカリを使用せず、これまでの「入門期の教育課程」を使用していた。カリキュラム・マネジメントの要となる教務主任が、知多カリのスタカリの存在を知り、「前文」をきちんと読んでいないと、学校全体の取組となりにくい。教務主任の意識化を図る必要がある。

(4)　知多カリのスタカリの成果

　成果の一つ目は、「小学校学習指導要領」や「小学校学習指導要領解説　生活編」に記されていることを「活用する際に1年生の担任や学校に周知したい内容」として「前文」に記すとともに、「計画一覧」や「本文」に具現したことが挙げられる。それは、1年生の担任のアンケート結果において、「前文」に記した内容を知多カリのスタカリのよさとして挙げていることからもわかる。

　成果の二つ目は、スタカリの「前文」に、「7　スタートカリキュラムにおける各教科等の学習内容と時間計上」として、スタート期に取り上げる各教科等の学習活動と時間数を一覧表として掲げた点である（資料8）。合科的・関連的な指導のイメージが沸きやすくなったと考える。また、策定に当たっては、知多カリの各教科の編集部会の組織力を活

7 「どきどき　わくわく　1ねんせい」における各教科等の学習内容と時間計上 （計64時間）及び生活科との関連

各教科等	学習内容（単元名・教材名・学習分野）		時間	生活科との関連
生活13	すたあと　ぶっく	がっこうの　せいかつ・はじめまして	1	**（生活上の自立）**
		たのしい　がくしゅう	1	**（学習上の自立）**
		たのしい　いちにち	1	**（精神的な自立）**
	がっこう　だいすき	みんなで　がっこうを　あるこう	2	（教師の引率の探検1）ア
		こうていを　あるいて　みよう	2	（教師の引率の探検2）イ
		ともだちと　がっこうを　たんけん　しよう	2	（グループの探検1）　ウ
		がっこうに　いる　ひとと　なかよく　なろう	2	（グループの探検2）　エ
		こうていを　たんけん　しよう	2	（グループの探検3）　オ
国語12	さあ　はじめよう	あさ	1	（学習上の自立）
		こえの　おおきさ、どうするの	1	（生活上の自立） （学習上の自立） ウエオ
		なんて　いおうかな	2	（生活上の自立） （学習上の自立） ウエオ
		どんな　おはなしかな	2	（学習上の自立）ア
		どうぞ　よろしく	2	（生活上の自立） （学習上の自立）
		うたに　あわせて　あいうえお	2	（学習上の自立）
		ことばを　つくろう	2	（学習上の自立）
書写2	はじめの　がくしゅう	がっこうの　もじたんけん	1	（学習上の自立）ウエオ
		じを　かく　しせい／えんぴつの　もちかた／たのしく　かこう	1	（学習上の自立）
算数7		オリエンテーション	3	（学習上の自立）
	かずと　すうじ	5までの　かず	4	（学習上の自立）
音楽4	あつまれ！おんがくなかま	さんぽ／ことりのうた／ちゅうりっぷ／やぎさんゆうびん／ちょうちょ／おつかいありさん／こいのぼり／めだかのがっこう／かえるのがっしょう／ばすごっこ／いぬのおまわりさん　等	2	（学習上の自立）イ
	おんがくに　あわせて	かもつれっしゃ／サンダーバード　等	2	（学習上の自立）
体育5	オリエンテーション		1	（生活上の自立） （学習上の自立）
	器械・器具を使っての運動遊び（固定施設）		1	（学習上の自立） （精神的な自立） イ
	ゲーム（鬼遊び）		2	（学習上の自立） （精神的な自立） ウ
	体つくり運動（体ほぐし）		1	（学習上の自立）ア
図工4	おきにいりを　かこう		2	（学習上の自立）イウエオ
	ともだち　いっぱい		2	（学習上の自立）
道徳3	きそく　正しく　気もちの　よい　毎日を		1	（生活上の自立） （精神的な自立）
	気もちの　よい　ふるまいを		1	（生活上の自立）
	やくそくや　きまりを　まもって		1	（精神的な自立）

学級活動8	にゅうがくしきに　さんかしよう＿入学式後		2	（生活上の自立）
	ぼくも　わたしも　1ねんせい	机・ロッカーの使い方、朝の用意／トイレの使い方／帰りの支度／下校の仕方／学習の準備／チャイムと放送／靴箱、手洗い場の使い方／雨の日の用意・過ごし方／朝の会・帰りの会／雨の日の下校	3	（生活上の自立）（学習上の自立）（精神的な自立）ア
	おいしい　きゅうしょく		1	（精神的な自立）
	そうじを　はじめよう		1	（精神的な自立）
	がっきゅうの　かかりを　きめよう		1	（精神的な自立）
児童会活動1	1ねんせいを　むかえるかいに　さんかしよう		1	（生活上の自立）
学校行事5	にゅうがくしきに　さんかしよう＿入学式		1	
	しぎょうしきに　さんかしよう＿始業式		1	
	とうげこうの　しかたを　おぼえよう＿通学団会		1	（精神的な自立）
	ほけんしつに　いって　しんたいそくていを　しよう＿身体測定		1	
	けんこうしんだんを　うけよう＿健康診断		1	

資料8

用した。小学校代表者会の各教科等の代表者と連携して作成したことは、知多地方のスタカリ編成そのものが、生活科を中心とした教科横断的な取組となり、今後の知多カリのスタカリ編成上の大きな指針となる。

　成果の三つ目は、「年間計画例」を掲載したことで、スタカリの全体像や合科的・関連的な指導をイメージしやすくなった点である。さらに、全教職員に配付し、共有することが可能であるので、スタカリを学校全体の取組とすることも可能となる。

　成果の四つ目は、「本文」を作成するに当たり、幼稚園・保育所等の教師や保育士と連携し、幼児期の指導方法を取り入れた点である。これにより、幼児期の教育をイメージしながら実践することができると考える。また、「本文」の書き方は、知多カリ編集委員会で一定の約束事項があるものの、各教科等部会の工夫を制限していない。それにより、各教科等部会の編集委員が、自信をもって指導方法を提供できたと考える。

(5)　知多カリのスタカリと知多カリの課題

　課題の一つ目は、資料7からもわかるとおり、作り手としての編成の意図と現場レベルにおける活用の仕方にずれがあった点である。「前文」には、運用の方法等を示しているが、この「前文」を全教員が解釈し、工夫をして指導ができるようにする必要がある。このことから、「知多カリ編集委員会」は、カリキュラムを作ることだけでなく、地方教育行政と連携を図り、知多カリ活用に関する集合研修や校内研修の計画・実施など、現場において有効にカリキュラムを運用するための仕組みまで示す必要があると考える。なお、知多カリ令和元年度発行版の生活科代表者には、これらの点、及びこれからの編成に必要な「資質・能力の育成」や、「幼児期の終わりまでに育ってほしい姿」の反映方法につい

て引継ぎをしている。

　課題の二つ目は、教務主任の在り方である。教務主任は、幼稚園・保育所等や1年生の担任、あるいは管理職と一番近い位置にいる。そのため、学校を巻き込んだカリマネに積極的に関わったり、1年生の担任を指導・支援したりしていくことが大切である。スタカリの運用が、学校全体のものとなるように、教務主任の役割として知多カリに記載することも考えられる。なお、筆者は、カリキュラム・マネジメントの視点を踏まえたスタカリ及びその運用における教務主任の役割に関して提案している[3]。参照されたい。

【注】
1　知多地方教育計画案平成27年度発行版（小学校）　知多地方教育計画案　冒頭文
2　知多地方教育計画案平成23年度発行版（小学校）までは、「入門期の教育課程」となっていた。
3　八釼明美「生活科を中心としたスタートカリキュラムのカリキュラム・マネジメント―ツインマネジメントサイクル図を応用した実践モデルの提案―」、日本生活科・総合的学習教育学会『せいかつか＆そうごう』第26号、pp.4-15、2019

コメント

●本実践の特長

　本事例は、広域で教師がまとまってカリキュラムづくりに取り組み、それを各学校に提供することで地域全体として教育活動の充実を図ろうとしているところに特長がある。

　本事例では、愛知県知多地方の5市5町の教育委員会で組織された知多地方教育事務協議会の委託を受けた知多教育事務所の指導下、各教科等の編集部会を構成してカリキュラムの編成に取り組み、そのデータを各学校で活用できるよう提供している。

　学校を支援する取組としては、教育委員会が主体となって共通カリキュラムを作成し学校に提供する事例がみられるが、本実践がそれと異なるのは、複数の市町がまとまって地域カリキュラムの作成・提供・活用が行われている点である。このことによって、市町を越えた人事異動があっても、一定の教育内容を担保できるというメリットがある。

●本実践のカリキュラム・マネジメント上の意義

　本実践は、カリキュラム・マネジメントの諸要素や要素間の関係でいえば、主にカリキュラムのP（計画）の部分に地域の教師がまとまって取り組むことによって、各学校の教育の質を保障するとともに、教師の負担を軽減しようとするところに意義がある。

　教師のカリキュラムづくりについての知識や経験、能力、それに費やせる時間も、学校教育にとって有限な資源である。学校の小規模化や教師の年齢構成のアンバランスなどにより、そうした資源は減少していると考えることができる。このため、学習指導要領や教科書が変わるたびに、一つの学校だけで全学年、全教科等のカリキュラムをつくることは難しさを増している。そこで、市町村の単位を越えて同一教科書を使用する地域の学校や教師が力を出し合って共通のカリキュラムを開発し、各学校の実態や教育の重点などに即してアレンジして活用することは、教育の質を維持向上させる上で有効な手立てとなる。

●本実践への期待

　本実践は、地域の学校の校長をはじめとするリーダーの見識とカリキュラムづくりに関わる教師の熱意に支えられている。こうした伝統はぜひ絶やさず受け継いでいただきたい。こうした伝統のない地域では、まずリーダーたちが協力して腰を上げることが大切になる。

　また、教師のカリキュラムづくりへの教育委員会の理解と積極的な支援は不可欠である。しかし、小規模市町村の教育委員会の指導体制もまた限界がある。知多地方のように5市5町の教育委員会が広域で連携し合うことは有効である。よりよい授業を追究してカリキュラムをつくることは、本来、教師の仕事である。複数の市町村をまたいで、カリキュラム・マネジメントの充実に資する学校や教師の自主的な連携が深まるよう、関係者の行動を期待したい。

　各学校でこうした提供されたカリキュラムを生かしていくためには、各教師がカリキュラムの趣旨や内容の理解に努め、目の前の児童生徒の実態に即してアレンジしていくことが不可欠である。各学校では、研修や授業研究と関連付けて、共通カリキュラムの活用を図っていくことが大切である。

吉冨芳正

第9章
ICT中心の学校カリキュラム・マネジメント支援、
コミュニティ・スクール
●徳島県東みよし町

中川斉史

1　ICT中心の学校カリマネ

　地域を素材とする学習を進める上で、地域の方々と学校の関係が良好であればあるほど活動は活発となる。そして、地域の方々と子どもたちとの関係は、さらに重要である。コミュニティ・スクール（学校運営協議会制度、以下「CS」という）は、地域の教育力を学校運営に生かし、その結果、地域と学校の結び付きが強くなり、地域と学校の関係がこれまで以上に近くなる。

　CS構想が登場してから15年以上経つが、県下全域がCSになっているところもあれば、なかなかその導入が進んでいない所もある。いずれの学校もそれぞれ思いがあるので単純に、どちらがいいなどということはないが、現在では、文科省の方針として、教育委員会に対して、CSを導入することが努力義務となっている。

　そもそもCSは、地方教育行政の組織及び運営に関する法律第47条の6に基づいた「学校と保護者や地域の皆さんがともに知恵を出し合い、学校運営に意見を反映させることで、一緒に協働しながら子どもたちの豊かな成長を支える仕組みである。

⑴　CSの実際

　東みよし町は、CSとして2008年度から町内の学校で順次展開してきた。東みよし町のCSの原点は「地域の子どもは地域で育てる」であり、「この町が好き」と言える子どもの育成を目指している。

　町内の学校ではそれぞれ、「茶道教室」「生け花教室」「丸付け隊」等、地域の協力を得て行う活動を進めたり、それまで行っていた学校独自の活動を整理し、学校支援隊による活動へと発展させたりしている。

　例えば、交通立哨においても、安全見守り隊特別班を結成し、登校時の道路横断などの安全監視を毎朝欠かさず行うなど、CSの活動において、地域と学校、子どもたちのつながりがさらに強くなっている。

　特にCSになる前から伝統的に行ってきた諸活動をCSの活動に置き換えることで、地域と学校のつながりが恒常的となり、地域が学校を応援することの意味付けができるな

ど、学校支援隊を中心とした活動において、地域の方々と子どもたちの交流が盛んな学校もある。そして、地域全体が学校の教育活動や子育てについて、CS 活動として、学校をベースとした様々な活動が積極的に行われている。

　例えば、足代小学校では地域の伝統的な養蚕や獅子舞、地域の古墳、昔遊びなど、地域の歴史を伝承する方々のほとんどすべてが学校支援隊として登録され、学校の活動に積極的に関わっている。そのほか、絵本の読み聞かせやミシン指導、絵手紙作成、和楽器など、教科単元に関連する活動においても、各単元の指導について、支援隊が協力することが学校のカリキュラムに位置付いている。

　CS 活動をカリマネとして位置付けるために事務職員が連絡調整の窓口として支援隊に対し、常時連絡が取れるようにしている。そのため、常勤の事務補助員を町内すべての学校に置き、事務職員と作業の平準化を行っている。また、図１のような「学校支援隊ハンドブック」なども作成され、新しく支援隊に参加する方へのくわしい説明ができるようにしている。

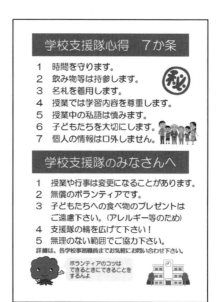

図１　東みよし町学校支援隊ハンドブック（抜粋）

⑵　町内全体の ICT 活用カリキュラム

　CS の活動が、地域のよさや特長を活かした広い意味でのカリキュラムとして捉えるならば、それと同様に、町内の ICT 環境整備と巡回型 ICT 支援員の配置が、ICT を活用した学校間格差を埋めるのに大きな効果を生んでいる。町内全体で ICT 活用の年間計画を立てたり、具体的な活動を教科に埋め込んだりする計画ができていたとしても、実際に整備されている ICT 機器を、スムーズに授業で活かすためには、ICT 支援員の存在がとても大きい。

特に小学校では、担任学年が毎年大きく替わることと、ICT 機器のリプレイスや追加などによる利用方法の変化が頻繁であるなどの状況がある。それに加えて、校務支援システムや個別最適化による授業評価に関する情報の入出力など、従来のような同僚性を活かした教え合いで対応できるような時間がとれない状況がどの地域でも起こっていると思われる。

表1　巡回型 ICT 支援員の業務

ICT 支援員の業務（抜粋）
新規赴任職員への個別研修（職員）
情報セキュリティ研修（職員）
キーボー島登録準備
ローマ字入力指導（3年生）
修学旅行・宿泊活動・社会見学のまとめ指導
コンピュータペイント指導
プログラミング学習指導
クラブ活動支援
情報モラル指導
統合型校務支援システム支援
ネットワークトラブルシューティング
外部（販社・入札・町情報ネットワーク部署）との連絡調整

東みよし町では、2013 年度より巡回型 ICT 支援員を配置し、曜日を決め学校現場の支援を行っている。主な業務内容は表1の通りである。このことにより、ICT 活用に関する学校間の差は少なくなり、教育委員会が整備する ICT 機器がさらに有効的に活用されている。また、ICT を使った授業を計画する上で、ICT 支援員が授業の内容に応じた適切なアドバイスをするだけでなく、他の学校の同学年でどのようなことを行っているかという情報を伝えることで、授業のヒントをもらうこともできている。

つまり、巡回型 ICT 支援員の存在そのものが、地域の ICT 活用のカリマネに大きく貢献しているといえる。

(3)　CS と ICT 活用を活かした地域学習

このような環境の元、CS をベースに、ICT 活用を活かした地域学習として、「わが町の未来を担う人づくりプロジェクト」というプロジェクトを企画し、町内すべての学校の5・6年生の総合的な学習の時間の取組として実施した。このプロジェクトでは、地域内の様々な場所を取材することからはじまる。そのためには、CS を活かした、学校と地域の協力が不可欠であった。

さらにこのプロジェクトでは、統一した成果物としての地域ガイドブックの冊子を作成することがゴールであり、そのためにはどの学校においても、ICT をふんだんに利用しながら活動を行うことが必要となった。

そして、このプロジェクトにおいても、ICT 支援員がこれらのカリキュラムを連絡調整し、主たる活動をコーディネートした。

(4)　全体計画

自分のふるさとのことをよく知ることで、将来他の地域で生活するとしても、自分の育った町のことを自分の言葉でしっかりと他人に語れるような大人に育ってほしい。そのためにも小学校高学年の時に地元の様々な施設を取材し、地域の方から話を聞かせてもら

うことが重要だと考えた。

　これまで子どもたちは、低・中学年で教科等の学習として地元の産業などを見学することはあった。そして、高学年でもう一度それらを取材・見学することで、地元の歴史や産業などの学習を踏まえた、より高次元な視点で取材することができると考えた。

　写真撮影や、インタビューなどの取材を基に冊子を作るという活動を、5年生の「日本の産業の学習」や6年生の「歴史の学習」を学んだ上で行うため、これまでの教科学習をさらに発展的にし、総合的な学習の時間とのクロスカリキュラムを実現した形となる。

　また、子どもたちが取材先で撮影した写真は、タブレットからクラウドにアッ

表2　町内統一の年間計画（5・6年生）

実施月	各学校担任（ICT支援員伝達内容）
5月	・各校への事業説明 ・年間計画提示
6月	・地域おこし協力隊の方の各校訪問 ・冊子分析手法伝達 ・地域に関するブレーンストーミング
7月	・取材先決定
8月	
9月	・校内での取材練習開始 ・タブレット操作に慣れる活動
10月	・G Suite for Education操作法伝達 ・取材計画
11月	・取材開始（写真・動画） ・編集作業
12月	・レイアウト校正 ・動画ナレーション作成 ・原稿校正
1月	・発表原稿作成 ・発表練習
2月	・成果発表会

プされ、それらの写真を各自が冊子編集ソフトで利用する。子どもたちは写真のレイアウトや文字の入力など、本物の冊子に近付けるための作業をPC上で行う。

　これらの活動においては新学習指導要領で謳われている「学習の基盤となる資質・能力としての情報活用能力」の育成につながる活動がかなりの部分を占める。教科特有の知識・技能が、より汎用的な資質・能力へと高まることを期待しての活動になっている。

　また今回のように、同じ町内の学校で同じカリキュラムで総合的な学習の単元を行うことは、特に情報活用能力の小学校間の差を埋める実践として、大きな意味を持つ。まさに、小中連携を見越した一つの形が、このような具体的な活動として形にあらわれたのは、大きな成果といえるだろう。具体的な年間計画は表2に表す。

2　実践例：町おこしの冊子をつくる

① テーマ設定

　自分たちの校区にある、特徴的な場所や店などについてブレーンストーミングし、取材先を検討した。子どもたちだけの発想に加え、図2のように、地域おこし協力隊の方などのアドバイスもいただいた。取材先の決定後、インターネットや資料などから取材先について調べ、質問項目を洗い出した。

　地域おこし協力隊の方からは、「東みよし町の魅力」について、外から見た印象を熱く語ってもらい、自分たちが住んでいる町が、他にない魅力があることを意識することと

なった。そして、地域の方との接点の多い地域おこし協力隊の方の協力で、取材先との連絡調整もスムーズとなった。

② 担当者連絡協議会

本プロジェクトは4校で同時に行うが、活動そのものは各校で行う。そのため、カリキュラムの進捗状況の確認が重要になってくる。特に、カメラとして利用するタブレットの活用や、クラウド上に保存する写真の取扱いなど、ICT支援員の巡回日でない日に、それぞれの学校で活動してもらうため、定期的な打ち合わせが必要である。図3は、その際のICT支援員による技術部分の伝達の様子である。

ただし、それらの時間や回数を短縮するために、町内で利用できるオンライン上の共有ドライブを利用したり、googleスプレッドシートの共有を利用したりした（図4）。

これにより、共通のワークシートの利用や進捗状況の確認が相互にできた。

③ 校内での取材練習

この冊子は取材、撮影、文章、編集に至るまでのすべてを子どもたちが行った。そのため、いきなり現地で取材をするのではなく、まず、事前準備として、それぞれの学校内で、校長先生や職員室にいる先生方等にインタビューをし、質問内容や、インタビューの

図2　地域おこし協力隊の方からの話

図3　担当者連絡協議会の開催

> **指導者用マニュアル**
>
> **授業の流れについて**
>
> 1　**ゴールの明確化**
> ①冊子の例を見せる
> ②校区内の町の魅力について，自分たちが調べて，紹介パンフレットをつくること
> ③この作業は，町内4校で取り組んでいるものであること
> ④3学期に，町内の住民に向けてここで調べたことを発表するイベントを行い，そこで各学校の取組を発表してもらう（代表者）
> ⑤活動としては，取材，インタビュー，写真撮影，動画撮影，冊子の記事作成が中心
>
> 2　**具体的活動（担任）**
> ■各学年または，5・6年生合同で，行ってください
> ■授業内容の記録を写真に残しておいてください。その際，日付のフォルダにして整理してください。定期的に，そのデータをコピーさせてください。※報告書に利用するので，利用する写真が決まったら，後で確認を各校にお願いします。コピーさせてもらう段階では，そのままのデータをいただきます。なお，コピー作業は，谷藤ICT支援員が行います。
> ■定期的に児童アンケート，指導者アンケートを行います。児童アンケートは，現時点では紙です。タブレットが来たら，タブレットを使ったアンケートになります。指導者アンケートはwebで行います。
>
> ①冊子の例を見せます。・・・・こんなものを3学期はじめに完成させるということを示します
> ②プレゼンNO1を見せます。
> ③ワークシートNO1を配り，記入させます
> ④発表させ，意見を板書します

図4　共有された授業進行マニュアル

仕方、写真・動画の撮り方、写真と文章のまとめ方などを経験させた。そして、取材したことが、どのように記事になり、写真となって掲載されるのかという一連のイメージを持たせることができた。

④　取材計画

　取材の前に、事前に自分たちで調べられること
について詳しく調査した。取材対象が地元に関係
することが多いため、インターネットを利用して
もそれほど情報は出てこないが、逆に、他地域の
方や専門家から見た地域の対象物についての記事
があることで、新たな見方ができることを知るこ
とにもつながった。

　そしていよいよ取材開始。グループに分かれ
て、それぞれの取材先を訪れ、写真撮影、動画撮
影とインタビューを行った。図5のように、取材
先の方のお話を聞く中で積極的に自分の言葉で
次々と質問をしていく子どもたちの姿が印象的で
あった。

図5　観光施設での取材

⑤　冊子分析

　取材で集めた資料やインタビューをまとめる前
に、冊子分析を行う。作成する冊子は、本格的な
仕上がりにするため、お手本となるプロの記事
を、図6のように実際の冊子にて分析し、レイア
ウトや空白の置き方、写真のトリミングの仕方な
どを学習した。

　特に、空白がどのように使われているかを意識
することにより、空白もデザインの一部であると
いうことに気付き、文字と写真を詰めて配置して
しまうと、とても読みにくいということ
を理解した。

図6　市販の冊子の分析

⑥　編集と校正

　編集作業では、子どもたち一人一人
が、パソコンを使って、実際に誌面を作
成し、何度も校正をしていく。キャプ
ションの書き方や、書き出しをどのよう
に工夫するかということを何度も検討し
た。

　実際に校正に使った用紙は図7の通り
である。キャプションの内容や、空白の

図7　全員で書き込んだ校正シート

空け方など、グループ内で相互に構成を進めていった。

⑦　冊子の完成

　　完成した冊子は図8・図9である。そ
れぞれの校区にある特徴的な写真を表紙
にし、基本レイアウトを同じにすること
で、同じプロジェクトでの成果物である
ということがわかるようにした。そし
て、町内各地にある公共施設、観光施設
や取材先などに届け、自由に手に取って
見ていただくようにした。さらに、タク
シー業者や宿泊施設からは、この冊子が
観光客に大変評判がよいとの報告も受けている。

図8　完成した冊子（4校分）

⑧　成果発表会

　　年度末には、本プロジェクトで関わった町内の5・6年生全員が、町立体育館を中心と
する会場に集まり、図10のように保護者や一般の方々を対象とした成果発表会を開催し
た。

　　各校の代表者による全体プレゼンのあと、会場を四つのブースに分け、各校が持ち時間
15分の枠の中で発表し、全員がその成果を発揮することができた。CS の支援隊の皆さん
も駆けつけ、子どもたちに直接「よい発表だった」「すごいね」という感想を伝えていた
場面を多く見た。

　　何よりも、同じ町内で学習している同学年の子どもたちが一堂に会し、異なる取材先の
ことを発表し合うという機会を得たことが大きな意味を持ったといえる。それぞれの学校
の発表内容や態度を吸収し、より広い視野が広がったのではないかと思える。

図9　冊子の内容

　　また、「小学生から元気をもらった」「礼儀正しい子どもたちに出会えてうれしかった」
「自分たちが大切にしてきたこの仕事内容を、小学生に興味を持ってもらえてうれしかった」
「地域の歴史・文化・産業・自然のよさに子どもたちの目を開き、地域の人たちとの交流

を通して、地域のよさに気付く機会となり、わが町の発展・未来への夢を考える機会となるだろう」など、日頃子どもたちと接する機会の少ない地域の方にとって、取材を受けること自体に大きな価値を感じていることがわかった。

図10　多くの町民が参加した成果発表会

　教員からは、「このプロジェクトに関わり指導してきた、写真のレイアウトや、文字の空間の空け方など、相手にとって読みやすい紙面がどのようなものなのかということがとてもよくわかり、さっそく自分が作成する学年通信などに反映させている」という感想が寄せられた。

まとめ

　本実践で伝えたかったことの一つは、「CSと地域教材の関係」である。社会に開かれた教育課程を実現するにあたり、地域と学校がつながることが、とても大切であることは周知の事実である。しかし、「こういうことをしてもらいたい」「もっとこれもしてあげるのに」というような両者の思惑が少しずつズレてくると、互いに気を使うばかりで、よい結果にならない。地域には、教材となるネタがたくさんあるのだから、CSを上手に活用して、授業に生かすためのカリマネが必要である。

　これらの活動において校内の各学年の授業の様子もわかっており、地域とのつながる機会の多い管理職が率先して、学校全体のカリマネを行い、地域との関係を把握しておくことが重要である。特に、学校管理職は予算の配分と管理を大枠で行いつつ、地域の思いを各職員に伝えることができる位置にあることを意識し、「地域で育てる子どもたち」という観点で全体のカリマネを整える必要がある。そのためには、学校としてのゴールを決めておくことだけでなく、各学年のゴールと、それに向かう活動と地域の関係を絶えず調整しながら、学校カリキュラムをマネジメントすることが求められる。

　もう一つは、「ICT支援員による町内全体のICT活用カリマネ」である。ICT支援員に期待する支援内容は、近年では技術的内容から、授業に関する内容へとシフトしてきている。つまり、巡回型のICT支援員は、それぞれの学校で同時期に行われている、教科等の単元に応じたICT活用教材をそのまま他校に紹介することで、結果的に、それぞれの担任のICT活用の差が埋められる。その結果、校内でのICT活用年間カリキュラムが継続的となり、上の学年でのICT活用が高いレベルで行えることにつながるのである。

　このように、地域教材とICT活用のカリマネのポイントとして、CSとICT支援員の配置が大切であるといえる。

コメント

●本実践の特長

　本実践はコミュニティ・スクールを核に「地域」をテーマとした総合的な学習の時間のカリキュラムを構成している。また、総合的な学習の時間で作成する成果物のイメージを各学校で共有し、その作成に向けてICT支援員を中心にカリキュラムのコーディネートを行いながらカリキュラム・マネジメントを行っている点も特徴として挙げられる。

　「地域」と「情報活用能力」の二つの柱でカリキュラムを構築し、地域の学校で協働して実践されている点が特徴的である。

●本実践のカリキュラム・マネジメント上の意義

　本実践の意義は「社会に開かれた教育課程」を実現するためにコミュニティ・スクールの機能を上手に活用し、そのためにカリキュラム・マネジメントを適切に行っていることである。地域との連携は総合的な学習の時間において非常に重要なことであるが、地域の人材にどのような役割を担ってもらうのかについては綿密な連携が必要である。そのためには、まずは学校側が総合的な学習の時間においてどのような資質・能力の育成を目指しているのかを明確にした上で、それを地域人材とすり合わせていくことが求められる。本実践では、そのすり合わせをカリキュラム・マネジメントを通して実現していることが重要な点である。

　さらにカリキュラム・マネジメントは実践を進める中でも行われる。本実践ではその役割を担うのがICT支援員であるということも本実践の意義であろう。ICT支援員は各学校に巡回し、実践の様子を見ながら、ICTの技術支援のみならず、授業内容に関わる支援を行っている。本実践では特に情報活用能力育成の観点からICT支援員が各校の実践を観察、支援しながらカリキュラム・マネジメントを行う存在として活用していることも重要な点であろう。「地域に開かれた教育課程」を実現するために、地域人材やICT支援と連携しながらカリキュラム・マネジメントを進めていく実践例として有用な知見が提供されている。

●本実践への期待

　本実践はこれから様々な地域が直面するであろう課題を解決するためのヒントがたくさん含まれている。この取組を継続的に進める中で多くの学校の参考になる知見が整理されることが期待される。地域人材とどのような打ち合わせを行うべきか、どのような連携が両者にとってメリットがあるのか、ICT支援員に求められる能力はどのようなものか、ICT支援員とどのように連携すればいいのか、など知りたいことがたくさんある。実践を進める中で、「社会に開かれた教育課程」の実現に向けた地域、学校、ICT支援員の役割の具体化や、そのために、何をどのように連携する必要があるのか、などが具体的な実践の姿の中で提案されることが期待される。

泰山　裕

第10章
中学校区で進めるカリキュラム・マネジメント
「しまっ子　志プロジェクト」
●広島県尾道市立向島中学校区

濱本かよみ・広島県尾道市教育委員会

1　なぜ、中学校区でカリキュラム・マネジメントか？

広島県尾道市は、瀬戸内のほぼ中央に位置し、歴史と文化に溢れる島々を結び、全長約70kmの海の道をサイクリングで満喫できるしまなみ海道をはじめとする新たな魅力と歴史・伝統に育まれたまちである。向島内の向島町は、尾道市街から尾道水道を隔てた島で、文字通り尾道の向かい側に位置している。そんな向島には、向島中学校、高見小学校、向島中央小学校、三幸小学校の1中3小の学校区がある。

写真1　向島から見る尾道水道と尾道市街

近年、中学校で見られる課題は、不登校生徒の増加、学力の低下である。子どもたちの中には、傷つくこと、失敗することを恐れる生徒、我慢する力が弱い生徒、対人関係を自ら形成することが難しい生徒も少なくはない。これらのことは3小でも共通している。要因として、人間関係形成力やレジリエンスの弱さ、学力の定着不足、学習意欲の低下が考えられる。学校として様々な取組を行ってきたが、学校の工夫だけでその解決を図ることは難しい状況である。

中学校を卒業するとき、あるがままの自分が好きで、自分のことは自分で決め、決めたことに責任をもてる生徒に育って卒業してほしい。学習の基盤となる資質・能力、あるいは、現代的な諸課題に対応して求められる資質・能力を育んで卒業してほしい。向島で育つ子どもたちのために学校にできることは何か、解決の糸口を中学校区で進めるカリキュラム・マネジメントに期待した。これから、向島中学校区での取組を紹介する。

2　「しまっ子　志プロジェクト」誕生

平成30年4月。これまでのように、中学校だけの取組、小学校だけでの取組では難しいと考え、今まで行っていた連携の在り方を変えることにした。中学校区で育てたい資質・能力を核とした小中9年間の系統性を踏まえた教育課程でつなぐことができれば、改

善への近道になるのではないかと考え、向島中学校ブロック小中校長会（以下「ブロック校長会」という）に提案した。目指すは、「可能性への挑戦」「これからの社会に必要とされる資質・能力の育成」である。そのために、小中連携によるカリキュラム・マネジメントに取り組むこととした。

取組を進めるに当たって、甲南女子大学の村川雅弘教授、広島大学大学院の深澤広明教授に指導・助言をしていただくことになった。5月から、小中連携の在り方を考えるために、毎月1回ブロック校長会を開催した。4校を順番に訪問し、各校の授業の様子や学校や中学校区の課題について情報交流し、協議を重ねてきた。各学校を一巡し、各校の実態を共有し終えた10月に、中学校の課題解決には小中9年間

図1　小中連携　しまっ子　志プロジェクト　全体構想図

の系統性を踏まえた取組・活動が重要であると、「しまっ子　志プロジェクト全体構想図」の素案を作成した。11月、12月、1月のブロック校長会で、中学校区で目指す資質・能力、義務教育卒業時につけるべき力の明確化、課題の共有化や各段階、各学年での取組内容の協議などを経て新たな「しまっ子　志プロジェクト全体構想図」を作成した。大切なことは、みんなで取り組もうとすることを可視化し、共有することである。日常から取組を意識するだけでも教員の言葉かけが変化する。

(1)　中学校区で育てたい資質・能力の決定

令和元年5月。新しい年度になり、最初に取り組んだのが、「中学校区で育てたい資質・能力」の決定である。中学校区で育てたい資質・能力を統一することで、9年間の系統性を踏まえた取組が可能となる。育てたい資質・能力の決め方は次の通りである。

> ①課題を選ぶ　②原因・要因を分析する　③具体の取組を決める
> ④目指す児童生徒の姿を設定する　⑤評価方法と時期を決める

4校の教員で協議したことをマトリクスに整理し、向島中学校区で育てたい資質・能力は「主体性」「表現力」の大きく二つに絞られた。この活動を通して、4校の教員で共通

認識を図るとともに、今後の取組について見通しを持つことができた。このとき、大切にしたことは、各主任のリーダーシップである。主任がリーダーシップを発揮し、組織的に取組を進めていくことが、生徒指導、教科指導の充実につながる。

写真2　課題を出し合う4校の教員

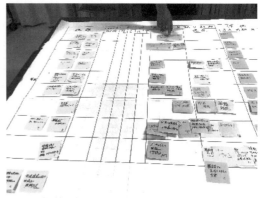

写真3　話し合ったことをマトリクスにまとめる

⑵　生活の基盤を整備する「心のトク徳プロジェクト」

　生活の基盤を整備するための「心のトク徳プロジェクト」を主に考えたのが、4校の生徒指導主事の教員である。児童生徒の問題行動の増加、自己肯定感の低い児童生徒の増加、不登校児童生徒の増加、指示待ち児童生徒の増加など、これらの諸課題を解決するために4校の生徒指導の取組を統一した。例えば、挨拶で言うと、「しまっ子しぐさ」として、目指す挨拶の姿を「元気よく」「明るく」「気持ちよく」「礼儀正しく」とした。また、挨拶のレベルを「自分から大きな声で」「相手の目を見て」「おじぎをして」「立ち止まり」「笑顔で」と設定し、各校の廊下や教室に掲示した。掲示による効果は大きく、挨拶に対するほめる視点が明確になり、挨拶の指導を意識する教員が増加した。これま

図2　心のトク徳プロジェクト

で、「挨拶をしなさい」と、注意をすることが多かったが、「しまっ子しぐさ」として掲示することにより、具体的な姿を児童生徒教員で共有することができ、気持ちのよい挨拶の輪が広がりつつある。

　「心のトク徳プロジェクト」の作成に関わった生徒指導主事の教員は、「4校で取り組んでいることの交流ができたことで、他校でやっていることが参考になった。また、4人で

相談することでよりよい取組にしていきたい。」と話していた。4校で協議することで、指導の共通性を見出し、職員が一体となって指導することが可能となった。

⑶　学びの基盤を整備する「学びのプロジェクト」

学びの基盤を整備するための「学びのプロジェクト」を主に考えたのが、4校の研究主任の教員である。4人の研究主任が大切にしたことが、児童生徒の「話し合うこと」「聞き合うこと」「伝え合うこと」である。それぞれのレベルを示して、9年間の系統性を明らかにし、授業での活用を図った。また、振り返りにおいては、「どんなことがわかったか。どんな技能が身についたか」「こんな考え方ができるようになった」「授業で学んだことを◯◯でも使ってみたい」などのように視点を示して指導し、児童生徒の「主体性」と「表現力」の育成を目指した。

図3　学びのプロジェクト

「学びのプロジェクト」の作成に関わった研究主任の教員は、「振り返りの内容や記述量が他校に比べて、弱い状況にあることがわかった。小学校段階で『書く』ことに抵抗感をなくし、『書く力』として高めていけるようにしたい。思いを伝えることが得意な子が育つ環境をつくりたい」と話していた。4校で目指す資質・能力を明らかにし、カリキュラム・マネジメントを行うことは、自校の実態を明確にすることができるとともに、教育に対する意欲を高めることにつながった。

⑷　全国学力・学習状況調査から4校の課題の共有化

これまで、全国学力・学習状況調査の結果分析を各校で夏休みに行っていたが、令和元年度から、4校で集まって合同で結果分析を行った。この研修の目的は、全国学力・学習状況調査の結果から見えてきた課題を解決するためのカリキュラム・マネジメントの創造である。各校の結果を、4校で交流し、各校の様々な課題が明らかに

写真4　調査結果から、子供のつまずきを分析する

なったが、「条件や目的に合わせて書く力」や「情報活用能力」「自己肯定感」を高めたい

ことが共通した課題であった。総合的な学習の時間を充実させることで、児童生徒に課題に対応した力を育成することができるのではないかと共有することができた。

(5)　資質・能力を育む探究的な学びへ「総合的な学習の時間」

　前述した「条件や目的に合わせて書く力」のような教科固有の資質・能力や「情報活用能力」のような学習の基盤となる資質・能力を育むために、向島中学校2年生の総合的な学習の時間において、「向島のよさ（魅力）を発信しよう」という単元を設定した。より多くの人に向島の魅力を伝えるために、日本のみならず、海外の方にも向島の魅力を英語で発信していくという単元である。向島の魅力については、中学校1年生、あるいは小学校の総合的な学習の時間の段階で調べてきているので、既習の知識を活用することができた。このように総合的な学習の時間において、内容面で系統的に整理しておくことは、とても重要なことであると実感した。また、向島の魅力を短時間でわかりやすく伝えることができるように、パンフレットにまとめることにした。限られた紙面の中でこれまで調べてきた向島に関する知識をまとめていく活動を通して、条件や目的に合わせて書く力を育成することができた。さらに、向島のおすすめキャッチコピーを考えることを通して、情報と情報を結び付け、新たな価値を見出し、「情報活用能力」を育成することにもつながった。12月には、手作りのパンフレットと向島の魅力をまとめた動画をもって、東京へ修学旅行に出かけ、多くの海外の方に向島のよさを発信することができた。地域創生に生かす力や目標に向かって挑戦する力を育む好事例となり、これらの一連の学びを通して、生徒たちの自己肯定感を養うことができた。

3　主体的に動き始めた児童生徒

　これまで、教育の取組については、各校が独自に進めてきたが、「小中連携　しまっ子　志プロジェクト全体構想図」の中に掲げた「心のトク徳プロジェクト」や「学びのプロジェクト」の整備により、4校の教員が、共通の目標をもち、子どもたちの指導にあたることができるようになってきた。中学校では、小中合同研修会で交流したことを、生徒にも周知した。学期のはじめに「島中ミーティング」と称した全

写真5　生徒に周知した「島中ミーティング」

校学活を開催し、各主任・主事、生徒会の執行部が「○○学期に頑張ること」をプレゼンテーションした。「学びのプロジェクト」「心のトク徳プロジェクト」についても研究主任や、生徒指導主事がプレゼンし、全教職員、全生徒が共有した。12月に行われた生徒会

選挙では、立候補する生徒の中に、「中学校で主体性を育てていきたい」と述べる姿が見られた。また、小学校では、児童会会長が、次の月の生活目標を考えるために、担当教諭に「来月にはどんな行事がありますか」と質問したことがあった。担当教諭は、「研究会といって他校の先生方が授業を見に来られますよ」と答えると、「向島スタンダードをみんながもっと使えるようにしたいと思います」と児童会会長が考え、全校に発信した。向島スタンダードとは、「しまっ子学びのプロジェクト」の中にある「話し合う」「聞き合う」「伝え合う」ための基準である。4校すべての教室に掲示し、各校で個々にカードを持たせる等の手立てをしたことで、子どもたちの意識の中にも広がってきたのである。これらの取組を今後、保護者や地域にも発

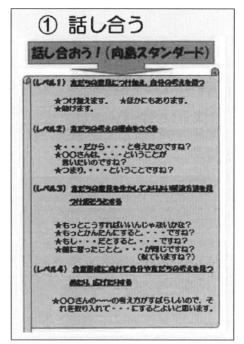

図4　向島スタンダードの一部

信し、協力を求めていきたい。また、児童会や生徒会執行部の活動の一つに加え、児童生徒自身の力で動かしていくことも行っていきたい。

4　今後に向けて

　現在、4校では、「小中連携　しまっ子　志プロジェクト」を土台にそれぞれのカリキュラム・マネジメントに取り組んでいる。「心豊かで確かな力をもちたくましく生きる子どもの育成」を学校教育目標に掲げる向島中央小学校では、学校教育目標の実現に向けたカリキュラム・マネジメントを始めている。理科教育を推進してきた高見小学校や算数の研究が充実している三幸小学校では、「言語能力」「情報活用能力」「問題発見・解決能力」などの学習の基盤となる資質・能力の育成のためのカリキュラム・マネジメントに取り組んでいる。総合的な学習の時間の研究の充実を目指す向島中学校では、現代的な諸課題に対応して求められる資質・能力の育成のためのカリキュラム・マネジメントを進めている。それぞれの学校で推進しているカリキュラム・マネジメントの状況については、4校で共有し、それぞれの学校のカリキュラム・マネジメントの改善に反映させていく予定である。

　取組は、始まったばかりであるが、今後は成果と課題を整理しながら、改善へつなげる必要があり、特に、中学校区での推進の在り方については、まさに試行錯誤中である。教員の働き方改革が叫ばれるなか、小中4校の教職員全員が小中一体となったカリキュラム・マネジメントの必要性を実感し、「やってよかった」という声に変えていくことを目

指し、小中校長４名がリーダーシップを発揮しながら推進していきたい。「みんなで創り、やりながら考える」協働的・実験的・柔軟な組織文化を構築しながら、向島で育つ「しまっ子」たちが、予測不可能なこれからの時代をたくましく生きてくれることを心から願い、研究を進めていきたいと考えている。

写真６　校内掲示～生徒・先生へのメッセージ～

尾道市教育委員会から

　尾道市では、市内小中学校において、中学校区単位で協働しながら、９年間で育てたい資質・能力の育成を目指した授業改善に取り組んでいる。そのような中、向島中学校区４校は、令和元年度より、文部科学省委託事業「これからの時代に求められる資質・能力を育むためのカリキュラム・マネジメントの在り方に関する調査研究」の指定を受け、調査研究の取組をスタートした。本市では、学力向上や生徒指導、働き方改革などの諸課題をカリキュラム・マネジメントの手法で改善していくことで「児童生徒と教職員が生き生きと輝く学校」の実現を目指しており、中学校区としては、市内最大の４校からなることから本学区での取組が市内全中学校区の取組の参考となるよう期待している。

コメント

●本実践の特長

　本実践は、中学校区の生徒の課題を解決するために、中学校ブロックを形成し、ブロック内の管理職や教職員が様々なレベルで連携・協働し取組を推進している。まず全教職員により中学校区で育てたい資質・能力を設定した。4校の生徒指導主事の連携で「心のトク徳プロジェクト」を、4校の研究主任が連携して「学びのプロジェクト」を制定した。全国学力・学習状況調査の結果分析は、当該学年担当教員のみならず、4校合同で行い課題の共有化を図った。総合的な学習の時間の内容上の系統性も担保した。これらの連携を支えるのは「ブロック校長会」のリーダーシップである。本実践がさらに興味深いのは、中学校区ブロックでの取組を児童生徒たちにも周知し、子どもたちがそれを意識している点である。

●本実践のカリキュラム・マネジメント上の意義

　以下は筆者によるカリキュラムマネジメントの定義である。「各学校が教育目標を実現化するために、学校内外の諸条件・諸資源を開発・活用しながら、評価を核としたマネジメントサイクルによって、カリキュラム開発と実践を組織的に動態化させる、戦略的かつ課題解決的な組織的営為である」（田村2018、p.24）*学習指導要領の定義とは異なるが、筆者は中留武昭氏の指導のもと2000年ごろよりカリキュラムマネジメント研究に携わってきた上での定義である。この中に、「課題解決的な組織的営為」という文言がある。向島中学校区における実践は、中学校区の児童生徒たちの課題を小中連携により設定・共有化し力を合わせて解決しようという、まさに「課題解決的な」、そして複数の学校による「組織的営為」である。学校間の連携には、時間調整や空間的移動、目標や実践のすり合わせなど、どうしてもコストが伴う。働き方改革が叫ばれる昨今、それらのコストをかけてでも、結果として、子どもたちの問題行動等が減少し対処的な指導より積極的・開発的な指導が中心になった、あるいは有効なカリキュラムが開発され指導が楽しい、児童生徒の学力上の課題が解決に向かっている、子どもたちが主体的かつ前向きに学びや学校生活に取り組んでいる、といった事実と手応えを教職員が得ることができれば、中学校区のカリキュラムマネジメントは持続可能なものになるだろう。

●本実践への期待

　本実践は開始されて間もないとはいえ、成果を挙げつつあるようである。連携に伴うコストをいかに低減したのかといったテクニカルな面を含め、連携のポイントをさらに明らかにして全国の範となっていただきたい。

田村知子

＊田村知子「第3章 カリキュラム・マネジメント研究の進展と今後の課題」日本教育経営学会編著『教育経営学の研究動向』学文社、2018、pp.24-35

第11章
学校の課題解決に向けてのカリキュラム・マネジメントの推進
～生徒の自己有用感を養い、学校満足度を高める小中一貫教育等の推進～
●青森県青森市立三内中学校区

渡邊　諭

1　本校学区の特色と生徒の実態について

　平成31年度で創立35周年を迎える青森市立三内中学校は、学区内に国の特別史跡であり世界遺産登録を目前にしている三内丸山遺跡や県立美術館を擁し、河川敷を有効活用した沖館川緑地公園と隣接するなど、景観麗しく教育的施設に恵まれた学習環境にある。

　また、学区内には地域の教育活動に熱心なボランティア団体が複数あり、各町会においても学校の行事等に協力的であり、子どもたちの健やかな成長を願う地域の学校教育に対する期待は大きく、学校の教育活動への関心も高い地域である。

　以上のような学区に恵まれた本校生徒の特徴として、素直にものごとに取り組み、とりわけ望ましい人間関係を構築する特別活動面においては、意欲的に協力して活動することができるように育ってきている。

　また、学習面においても大半の生徒は、意欲的に授業に向かい、ペアやグループなど仲間とともに真剣に学習を進めている。しかし、自分で課題を見付けて調べたり、学んだことや自分の考えを適切に表現したり、発展的な学習に取り組んだりするなどの姿勢については、これからの時代を見据えてまだまだ伸長していく余力があると考える。これについては、小中学校の教職員が「主体的で対話的な深い学び」に向けて一層意識して取り組むことが重要であり、現在鋭意研究実践に努めているところである。

2　カリキュラム・マネジメント推進に至る経緯

⑴　平成28年度にさかのぼる研究の核としての「自己有用感」

　本校の校内研究のテーマとして「自己有用感」を掲げたのは、平成28年度であり、春の教職員の人事異動に伴い、前年度までの研究の引継ぎが適切に進まず、教員の中には授業等において生徒に活動を託すことにためらいがみられ、教員主導型に時間の多くを割いていた。そのため、生徒の向上的変容が見えづらかった。また、教員主導のため、隙を窺い居眠りや抜け出しなどの行動に課題のある生徒も存在することとなった。

　そのような中、学校の教育活動に関心のある方から本校の指導の在り方に対する要望や深刻な相談の電話が頻繁に寄せられることもあった。

　しかし、保護者や地域の方々が訴えたいものがあるということは、そこに学校教育の改善の途があるはずである。そこで、教職員と生徒及び保護者との人間関係を振り返り、信頼構築のためには相手を第一とした温かい関わり合いを考えることとした。

　そこで、校内研究のテーマとして掲げられたのが「自己有用感」である。

　「自己有用感」を育むためには、生徒が望ましい人間関係を構築する中で、目的意識を持って事に当たり、それを解決していく過程において、他者から認められる機会が必要であることを何よりも教職員が共通認識しなければならない。その上で、日々の授業はもとより、各分掌が計画する様々な教育活動の中で生徒が認められる場を設定することを意識し、授業改善による学習の質の向上、小学校児童との意図的な異年齢交流、地域との触れ合いに勤しんで取り組むこととした。

(2)　研究指定を励みに進む主体的な取組の組織的な展開

　折しも、平成28年度末には、県教育委員会から平成29年度より「新しい時代を主体的に切り拓く小・中学生育成支援事業実践研究校」（平成29〜30年度）の研究指定がなされること、また、青森市教委からも隣接する青森市立三内小学校、青森市立三内西小学校とともに「小中一貫カリキュラム開発普及事業　小中一貫教育研究校」（平成29〜31年度）の研究指定がなされる通知があった。

　これらについては、次年度の教育課程がほぼ編成されていた中での研究指定であったため、戸惑いと不安を感じながらも、創意工夫し、まずは実践していく行動力が求められた。それとともに、キーワードとして重要視されたのは、やはり「自己有用感」であった。

　取り組むべきことは、本市の「小中一貫教育」における大きな目玉である小学校5・6年における乗り入れ授業の計画や小中学校間の合同行事である。その際、地域の教育力も学校に取り入れなくてはならない。具体的な取組と自己有用感との関連性も精査しなくてはならない。とりわけ、乗り入れ授業を推進するには、時数の確保・調整や小学校から中学校へ教員が乗り入れる際の授業教科の選定など、様々な課題がないわけではなかった。

　ただ、小中一貫教育での具体的な取組も、生徒にとっては、他者から認められる場になることは間違いがない。乗り入れ授業一つをとっても、ふだん学校にいない教員の専門的な指導を受けることで、どれだけ刺激的な学びになるかわからない。

　また、教職員の立場としては、小学校での児童の変容を目の当たりに確認できるとともに、中学校の教育課程に反映できる。乗り入れ授業等を通して、小中学校の教育課程を検証し、互いのよさを共有することで、9年間を見通した教育課程の編成も可能になる。

　以上のようなことを整理していった場合、小中一貫教育に係る取組は場当たり的であってはならず、組織的・計画的でなければならないことになる。カリキュラム・マネジメントの重要性の認識である。そこで、本校及び同じ一貫校としての三内小学校、三内西小学校と合同で具体的かつボトムアップ的に教員主体で研究を推進・実践する組織として「学

習指導部」「生徒指導部」「特別活動部」の三つの専門部を立ち上げ、平成29年度から定期的に年に7回ほど三校分掌長会議を開催し、本校はもとより小学校も含めての本校の教育上の課題、互いに取り組むべき教育活動の「ねらい」とその活動によって生徒の変容にどのような効果があるかなどを確認、検証してきたのである。

　この三つの専門部の分掌長会議での確認・検証事項は、学期に一回開催される小中一貫三校合同研修会で共有され、全教職員が歩調を合わせて、三内中学校区の求める子ども像

①主体的に学習に取り組み、表現（活用）できる子ども
②子ども同士の交流を通して、思いやりを持った行動ができる子ども
③健康で安全な生活を送り、強い心と体をつくる子ども

の具現化に努めるとともに、年度ごとにそれぞれの研究計画を見直し、改善を図ることとしている。このことにより、中学校に新たに入学してくる生徒は、年度を追うごとに、中学校教師や学校に対する信頼感・安心感は着実に向上してきていると考えられる。

3　各専門部での具体的な実践

⑴　わかる授業の実現に向けた学習指導部の取組

　教師主導の授業からの脱却は、授業改善に尽きるはずである。それにより、生徒は学習に対して意欲的になり、自ら学びに向かって突き進めるはずである。ただ、学習に突き進むには、生徒に学習習慣と学び方が身に付いていることが前提となる。そこで、学習指導部として生徒の主体的な学習の展開に向けて以下の6点について研究を積み重ねてきた。

① 学習習慣の育成に向けて

　学習の約束に関しては、二つの小学校と共通の約束となるよう、学習委員会の生徒を中心に作成し、年度初めに改めて三校で確認している。また、家庭学習の手引きについては、二つの小

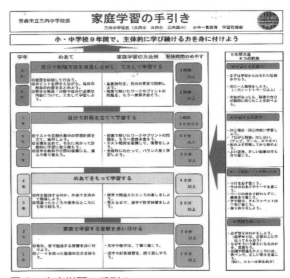

図1　家庭学習の手引き

学校にきめ細やかな手引きが既存していたため、それを基にしながら、9年間を見通した三内中学校区の学習の手引きとして整備した（図1）。

② 表現（活用）できる子どもの育成に向けて

　次に、「求める子ども像」の「表現（活用）できる子ども」に関しては、表現する力の土台となる言語能力の育成においても、二つの小学校で取り組まれていた内容を中学校で

さらに検討・精査し、「話合いの心得」（図2）として整備した。これは、自分の言葉で表現するための基盤とし、単なる話型にとどめることなく、後述する自己を適切に表現することや学び合いの基盤としても活用している。

③　ペア学習、グループ学習の効果の確認

　小中一貫教育を進めるに当たっては、小学校5・6年における教科担任制の試行のために、外国語活動等を中心とした中学校教員の小学校への乗り入れ授業を行うこととした。これにより、中学校教員は、小学校段階で培われている児童の発表の仕方や話合い活動の活性化のためにペア学習、グループ学習が効果的であることを確認できた。

図2　話合いの心得

　さて、研究のキーワードとしての「自己有用感」を育むためには、仲間と共に学び合う場が必要である。そこで各教科では、平成29年度からペア学習やグループ学習等を授業に生かすよう努めた。折しも道徳の教科化もあり、「考え、議論する道徳」の研究を進める中、若手の学級担任を中心に話合い活動の活性化には、ペア、グループ、全体で意見を交わす学習過程は有効であり、生徒の実態にも適しているのではないかとの意見が出た。

　実際、授業にペア学習やグループ学習を取り入れてみると、「自分では気付かなかったことがわかる」「教えてもらったり、教えたりして楽しい」「周りの人のようになりたい」等の反応が見られ、生徒が学習に対して意欲的に変容していくのが確認できたのである。

④　ユニバーサルデザインの一環としての視覚化の工夫と学習の見通しの工夫等

　さらに、わかる授業の実現に向けた授業改善の一環としては視覚化の工夫が挙げられる。板書での掲示シート（「学習課題」「見通す」「まとめ」「振り返り」）やチョークによる色分け、本時の流れの提示を全教科共通で実践することで、1単位時間の学習に見通しを持って取り組ませることとした。

⑤　「三内中学校区学びのスタンダード」の整備

　以上を踏まえて学習指導部では、小中一貫教育において、授業に主体的に取り組む子ども像の実現に向けて、三校全教師の取組事項を設定している。これは、1時間単位の学習の過程を整理し、児童生徒に学び方を身に付けさせるものである。

　まず、自分の考えを持たせるための視覚的に訴える働きかけとして、視聴覚機器を活用し課題や事象の提示をわかりやすくする工夫をすることとしている。

　次に、自分の考えを伝え、相手の話に反応を返す態度の育成として、自分の考えを伝えさせるときには、相手意識を持って聞きやすい声の大きさや速さ、そしてわかりやすい話

し方を意識させ、また、相手の話に反応を返すことについては、相手の考えを自分のものと比較しながら聞き、それを受けて自分の考えを述べさせることとしている。

　以上、単なる意見の伝え合いではなく、互いの考えを深め合えるように取り組んでいる。

　これらは今年度から、「三内中学校区学びのスタンダード」として整備し、三内中学校区の全教師がこれを意識した学習指導を行うことで、わかる授業の実現を図っている。

⑥　地域の教育資源を生かし、児童生徒の資質・能力を高める「総合的な学習の時間」

　三内中学校区での「総合的な学習の時間」は、キャリア教育と地域の教育資源を生かした「三内丸山学」の2本柱で体系化を図っている。とりわけ、「三内丸山学」に関しては、今年度9学年（3学年）が、2年間かけて積み重ねてきた三内丸山遺跡での調査活動、プレゼンテーション学習等を経て、修学旅行で訪れた東京・上野公園で、生徒全員による「三内丸山遺跡世界遺産登録」に向けてのPR活動を行うまでに至った。首都圏や諸外国の方々からの質問等に

写真1　上野公園での三内丸山PR活動

も落ち着いて受け答えし、必要に応じて英語を駆使して丁寧に説明していく生徒の表情には、自分達の課題を自分達で解決し、成長していった自信が満ち溢れていた。

(2)　**生徒の自己実現、自己有用感を高める生徒指導部の取組**

　「生徒の自己実現、自己有用感を高める」取組の基盤に、望ましい人間関係構築のもとに展開される学級経営が上げられる。そこで、生徒指導部では、積極的な生徒指導として以下の3点に重点的に取り組んでいる。

①　仲間の頑張りを認め合う振り返り活動

　本校では、学級や行事で一人一役の係活動を行わせ、所属している集団に貢献し、周囲に頼られている実感を味わわせることで「自己有用感」を高めている。特に運動会や文化祭等の後の振り返りワークシートでは、仲間の頑張りを認め合う項目を入れ、相互にワークシートを読み合うことで認められる体験を増やしている。

　また、行事後の学活や集会においても、仲間のよいところを認め合う活動を行い、周りから褒められる経験やお礼を言われる経験を積むことで、「自己有用感」を高めてきた。

　平成30年度には、中学校1年生の道徳の授業で、小学校教員とティーム・ティーチングを行っていたが、小学校教員が中学校の文化祭の合唱コンクールを前にして、生徒達に応援メッセージを届けてくれたり、生徒からは届けられたメッセージへの感謝とお礼を返したりする取組を通してでも「自己有用感」の高まりを感じることができた。

② 三内中学校区をもっとよくするための将来的に持続可能な六つの目標（柱）

　小中一貫教育の研究３年目の今年、生徒会の各委員会では「三内中学校区の持続可能な目標〜Sannai Development Goals〜」略して【SDGs】として、三内中学校区をもっとよくするための将来的に持続可能な六つの目標（柱）を考えている。三内丸山遺跡の６本柱に因んだ六つの目標を達成するために、中学校や同じく一貫校としての小学校の委員会や係、日常活動で何をすればよいかを考え実行する手段として【もっとさんないプロジェクト】をも設定している。ただ、与えられた仕事のみの活動ではなく、児童生徒に目標とする「さんないっ子」像を持たせることで活動の意義や積極性を高めるようにしているのである。

図３　接続可能な６つの柱

　以上のように【SDGs】は、目標を達成するために自分は何をしていけばいいのかを自主的に考えさせることで、中学生はもとより、小学生においても「自己有用感」を高められるようにしたものである。また、児童生徒が、自らより効果のある手だて【もっとさんないプロジェクト】を考えることで、将来の「自己実現」に向けての大きな一歩を歩みだせるものと考えている。

SDGs≪持続可能な6本の柱≫	実際に活動する委員		もっとさんないプロジェクト≪SDGsを達成するための手だて≫
	中学校	小学校	
①互いの個性を認め合えるさんないっ子	生徒会 生活	児童会 生活	『三内中学校を明るくする運動』　挨拶運動→挨拶ストリート　いじめ防止標語CM作成
②進んで机に向かうさんないっ子	学習	児童会	忘れ物調べ　リトルティーチャー　三分前着席呼びかけ
③リサイクルで世界のエコを考えるさんないっ子	環境	児童会	アルミ缶回収リサイクル　プルタブ回収
④よく食べ、体を動かし、元気あふれるさんないっ子	保健	保健 給食	清潔検査　「早寝・早起き・朝ご飯」　朝マラソン
⑤集会で互いを認め高め合うさんないっ子	集会	計画 放送	無言無音行動
⑥知識を得て、自ら発信できるさんないっ子	広報	図書 行事毎	おすすめ図書の紹介

③ 『三内中学校を明るくする運動』

　さらに、三内中学校ではいじめの未然防止の活動として、生活委員が『三内中学校を明るくする運動』を展開している。その一環として、毎朝の生徒主体の挨拶運動や生徒総会での「いじめしま宣言」に取り組み、今年度は、新たな活動として『いじめ防止標語ＣＭ作成』を行っている。これは、各学級ごとに学級や学校を明るくするための【キーワード】を話合い活動で決定し、そのキーワードをもとに標語を作り、ＣＭを撮影するのである。いじめ標語は各学級に掲示し、ＣＭは文化祭の幕間で生活委員が発表することとした。

　このように、いじめの未然防止活動を通して「自己有用感」を高めることで、いじめの減少はもとより、授業をはじめとした諸活動に生徒は満足感を感じるようになっている。

(3)　互いに認め合い、高め合う人間関係づくりを目指す特別活動部の取組

　特別活動は、人間関係づくりに関わるだけに、「自己有用感」の育成に大きな影響を及

ぼす。そこで、本校の小中一貫に係る特別活動部の取組として、青森市中学校総合体育大会夏季大会壮行式及び異年齢交流の一環としての部活動見学会を取り上げたい。

① 小学生による中学生への応援活動

　本校では例年、三内小、三内西小の６年生を、壮行式へ招待している。小学生は、各校の運動会で披露した応援の一部を壮行式向けにアレンジして中学生にエールを送っている。中学生は大会出場へ向けた決意表明はもとより、自分たちが小学生の立場で壮行式へ参加した際の堂々とした先輩の姿に劣らないよう、立派な姿をアピールしようと努力する。また、小学校２校も相互に応援の様子を確認し合うことで、多くの刺激を受けている。小中合わせた３校の児童生徒にとって、互いの存在を認め、高め合う良い機会となっている。

② 異年齢交流の一環としての部活動見学会と
　小学生との合同部活動

写真２　小学生による中学生への応援活動

　また、毎年夏季休業中には、異年齢交流の一環として小学校６年生の希望者を対象に、部活動見学会を行っている。例年、小学校二校のほとんどの児童が参加している。

　当日の動きとしては、第１部、第２部に分け、二つの部活動を各50分間見学する。運営も進行もすべて中学校の生徒会、各部活動生徒主体で行われており、小学生にわかりやすく伝えるために入念に事前準備をしている。

　参加した小学生からは、「先輩が優しく教えてくれて楽しかった。中学校に入学したら、この部活動に入部したい」という感想が、毎年多く聞かれている。

　この部活動見学会を踏まえて、本校では12月から小学６年生の部活動参加を認めており、両小学校の児童が運動部を中心に希望の部活動へ参加し、中学生と同じ練習を行っている。中学生も小学生をチームメイトとして自然に受け入れ、分け隔て無く接している。

　以上のような取組を展開することで中学校入学後も自然に新たな環境に適応でき、中学入学に関わる心理的な障壁を取り除くのに大きな成果を挙げることができている。

4　取組の成果と課題、そして展望

　三つの専門部が独自に取り組んでいるのであれば、望ましい成果は期待できるものではなく、児童生徒の向上的変容、即ち自己有用感を高めていくための課題も的外れのものとなる。そこで、本中学校区では専門部が分掌長会議を定期的に持ち、成果と課題を検証し、その結果を各学期に開催される三校合同研修会において全教職員が共有することで、

PDCA サイクルを確立している。その際、生徒の意識調査は検証のための重要な資料となる。

　ここでいう生徒の意識調査は、平成29年度からのものであり、どの項目も肯定的な意見（当てはまる・や や当てはまる）が増加し、アの項目では、「当てはまる」だけで9.2%もの＋の変容を示している。

表1　生徒の意識調査の変容

生徒へのアンケート項目		H29.06	H31.02	変容度
ア	学校が楽しい	「当てはまる」のみ	56.2%	65.3%	+9.2%
		「当てはまる」と「どちらかといえば当てはまる」	91.8%	94.4%	+2.5%
イ	みんなで何かをすることは楽しい	「当てはまる」のみ	67.4%	74.4%	+7.3%
		「当てはまる」と「どちらかといえば当てはまる」	94.1%	96.1%	+2.0%
ウ	授業に主体的に取り組んでいる	「当てはまる」のみ	41.0%	38.6%	−2.4%
		「当てはまる」と「どちらかといえば当てはまる」	88.0%	89.0%	+1.0%
エ	授業がよくわかる	「当てはまる」のみ	41.0%	45.4%	+4.4%
		「当てはまる」と「どちらかといえば当てはまる」	86.5%	89.8%	+3.3%

　ただ、受検期に意識調査を行ったためにウの項目では、「主体的な学習」の基準を満たす機会が減少したため結果も確かに下がっているが、受検体制の中で、生徒が自らの目標に向かって粘り強く努力することも主体的であることに自信を持たせていきたい。

　その上で、イの項目に着目すると、平成31年2月時点で当てはまる割合が74.4%に達し、生徒が互いに対話をしながら、主体的な活動に取り組み、それを楽しんだり、達成感を持ったりしていることがわかる。このことからも学校生活に満足しており、実際に、

○授業中に居眠り、抜け出しをする生徒は皆無となり、意欲的に学習に取り組んでいる
○問題行動も皆無であり、自ら進んで掲示物等の校内環境を整える生徒が増えている
○行事等は、集団で創り上げる喜びを味わう中、観衆に感動を与えることができている

以上のような自己有用感が備わりつつある姿が顕著になっている。

　では課題は何かということになるが、学校運営協議会を設置し、小中一貫校として地域の負託を受けている以上、家庭や地域との連携を深めて解消していかなければならないことはある。以下に主なものを掲げる。

○更なる学力向上：乗り入れ授業による小中学生の学力向上、より優れた表現力育成
○家庭学習の習慣化：可能性を拡げるための学習意欲の維持と望ましい生活習慣の定着
○体　力　向　上：成長期における運動の習慣化、食生活の改善、健康増進の取組

　以上が、本校がこれまで取り組んできた研究内容の概要である。授業を中核とした諸教育活動を三つの専門部（分掌組織）が、児童生徒、保護者、地域の実態を見極めて計画を立案し、相互に関連付け、成果と課題を検証していくことで、生徒の「自己有用感」を高めてきた。これにより、生徒は学校生活に高い満足度を示すようになっている。

　今後もまた、日々の授業や児童生徒による様々な活動での振り返りを三つの専門部と連動し、よりよいPDCAサイクルを目指したカリキュラム・マネジメントになるよう、柔軟に取組を修正、改善していきたい。その中で、生徒自身による「わかった、できた、こ

うしたい、こうなりたい」を次への推進力にするための振り返りを重視して取り組むことで、児童生徒の学校生活に対する満足度を上げ、自己有用感をさらに高めていきたい。

コメント

●本実践の特長

　本実践は、中学校区単位での「求める子ども像」に迫るため、学習指導と生徒指導とを有機的に関連付けた研究を組織的・計画的に推進することを通して、教育活動の質の向上を図っている点に特長がある。

●本実践のカリキュラム・マネジメント上の意義

　新学習指導要領の総則では、児童生徒の発達の支援に関わる項目が新設され、生徒指導と学習指導との関連付けを図ることが規定された。具体的には「児童（生徒）が、自己の存在感を実感しながら、よりよい人間関係を形成し、有意義で充実した学校生活を送る中で、現在及び将来における自己実現を図っていくことができるよう、児童（生徒）理解を深め、学習指導と関連付けながら、生徒指導の充実を図ること」との規定で新設された。

　カリキュラム・マネジメントの関わりからの本実践の意義を3点あげることができる。

　1点目は、中学校区の研究組織として学習指導・教育課程に関わる「学習指導部」「特別活動部」と、生徒指導に関わる「生徒指導部」という三つの専門部を設置し相互に連携を図る組織的な取組を行っている点である。このことは、学習指導と生徒指導の有機的な関連を求める上記総則の趣旨に沿った実践と言える。

　2点目は、それぞれの専門部の役割とその下での手立てが明確に整理し関係者間で共有できるレベルにまで可視化・具体化が図られている点である。具体的には、(1)わかる授業の実現に向けた学習指導部の取組（六つの手立て）、(2)生徒の自己実現、自己有用感を高める生徒指導部の取組（三つの手立て）、(3)互いに認め合い、高め合う人間関係づくりを目指す特別指導部の取組（二つの手立て）が示されており、組織的な取組を進める上では大変参考となる実践である（※紙幅の関係上、割愛するが、本文に示された専門部会の役割と具体的な手立ては、それぞれ「三内中学校区の求める子ども像」と密接に関連付いている。読者の方はお時間がある時に確認をお願いしたい）。

　3点目は、取組の成果や課題を検証し、改善していくための機会を学期ごとに設け、全教職員での共有化を図るなどPDCAサイクルの確立に努めている点である。

●本実践への期待

　本実践の成果は本文の「授業を中核とした初教育活動を三つの専門部（分掌組織）」が、児童生徒、保護者、地域の実態を見極めて計画を立案し、相互に関連付け、成果と課題を検証していくことで、生徒の「自己有用感」を高めてきた。これにより、生徒が学校生活に高い満足度を示すようになっている」に象徴されている。引き続きの取組に期待したい。

石田有記

第 12 章
「企業と連携した授業づくり」で学校を支援する
● NPO 法人企業教育研究会

古谷成司

1　NPO 法人企業教育研究会とは

　全国学力・学習状況調査の児童（生徒）質問紙の中に「国語・算数（数学）の授業で学習したことは、将来、社会に出たときに役に立つと思いますか」という設問がある。「役に立つ」と答えた割合は、直近の平成 31 年度の調査結果は、小 6 国語では 64.3%、中 3 国語では 53.3%。小 6 算数では 72.3%、中 3 数学では 40.3% となっており、学年が進むにつれ、「学んだことが将来、社会に出たときに役に立つ」と考える子どもが減少している。

　このことから、学校での学びが社会とつながるようにしていく必要があり、そのためには、「社会に開かれた教育課程」、つまり、子どもたちと学校が社会や世界とつながり、よりよい人生と社会を作り出していける力を育む教育をどのように進めていくかが大変重要であると考える。

　そのため、学校は社会との距離を縮め、学ぶことが社会でどのように活用されているかを伝えることが重視されており、他方、企業も CSR の観点から、社会貢献の一環として企業が持っているリソースを積極的に社会に還元していくことが求められている。そしてこのことは大学も企業と同様である。

　NPO 法人企業教育研究会は、非営利の NPO というポジションを活かし、三者にとって最もよい形での連携を実現し、何より授業を受ける子どもたちにとって教育効果が高い授業を届けていくよう努めている。教員だけが子どもたちの教育に関わるのではなく、企業で働く人や大学生も教育に関わる等、より多くの人が教育に関われるようにしていきたい。そして、将来的には誰もが教育に関われる社会の実現を目指しているのである。

　企業には、人材や様々なネットワークや研究成果、さらには業務の過程で培われたノウハウなど、教育現場に還元できるリソースが数多く存在している。また、近年、企業がそうしたリソースを活かし、社会貢献の一環としていわゆる「出張授業」「出前授業」を行うケースも増えてきている。とはいえ、「企業の講演」「○○教室」のような特別な時間としての体を取ることが多く、授業として受け入れられているものばかりではない。

　そこで、私たち NPO 法人企業教育研究会がもつネットワークや 2003 年の設立時から 100 社以上と連携をし、数多くの授業を行ってきた経験を活用し、企業と学校、教育方法

についての研究を行っている大学の研究室とを結びつけ、授業プランの作成をしている。そして、授業プランのみならず、教員を目指す学生が講師となり教室での実践までをフォローしている。企業の持つリソースを一定の教育的意図の達成を担保した、教育現場で求められるものへと具現化を目指している。

2　NPO法人企業教育研究会が提供する授業

図1　当法人が学校と企業と学生をつなぐ図

　現在、学校で扱わなければならない教育内容は、教科以外にもキャリア教育、情報モラル教育、食育など様々である。そして、それらの学習内容の中には、外部講師や社会で活躍する方の力を借りた方がより子どもが興味を持ち、深く学べる授業ができるものが多くある。私たちは、社会で活躍する方や企業等の組織と学校を結び、社会とつながる教育を提供している。学校の中だけでは学べない最先端の技術や多様な大人との出会いを子どもたちが体感できる授業づくりを心がけている。実際に、こうした授業を一教員、一学校で作り上げようとするのは相当な労力を要すると思われる。そのところを私たちが企業とともに授業をつくり、学校側の費用負担がないよう提供していくことで、学校の教育課程を編成する中で少しでも貢献できればと考えている。

　新学習指導要領で重要なキーワードである「カリキュラム・マネジメント」の第三の側面として、「教育内容と、教育活動に必要な人的・物的資源等を、地域等の外部の資源も含めて活用しながら効果的に組み合わせること」が示されている。私たちがこの第三の側面の担い手の一つになることができるよう、企業とともに設計した授業プログラムを「出張授業」「教材配布」「教員研修」という三つの形でどのように提供しているかを以下紹介していくこととする。

⑴　苦手意識の強い数学に向けての授業プログラムの出張授業による提供（ゲーム制作と数学の意外な関係）

　国際数学・理科教育動向調査（TIMSS）の調査結果をみると、「数学は楽しい」という質問に対して「楽しい」と回答している生徒は、国際比較をすると20ポイント程低く、数学に苦手意識をもつ生徒が多いことがわかる。

　これは学校で学んでいる数学が、社会の中でどのように活用されているのかわかりづらいことが原因の一つとして考えられる。普段の授業の中では、数学の公式を暗記したり練習問題を繰り返し解いたりして基礎基本を定着するにとどまり、数学がどのように社会で活用されているのかを知る機会は少ない。しかし実際には、社会の中で数学が積極的に活

用される分野は数多くある。例えば、ゲーム制作では、プログラムを組む段階で関数やベクトル、代数幾何、行列などが活用されている。

　そこで、家庭用ゲーム機やゲームソフトの企画、開発、販売を手がけるソニー・インタラクティブエンタテインメントと協力して、子どもたちにとって身近なゲームを題材として、一次関数の授業を設計することとした。具体的な授業内容は以下に紹介するが、授業実施に当たっては、NPO 法人企業教育研究会の職員や当会に所属する大学生とソニー・インタラクティブエンタテインメントの社員で進めている。

【授業のねらい】
１）ゲームに関数が使われていることを知り、関数の式でキャラクターの動きを考える。
２）中学校や高校で学ぶ数学を使って仕事をしている人がいることを知る。
【主な授業内容：50 分扱い】
　最初に、ゲーム機を持ちこみ、ゲームソフト『フリフリ！ サルゲッチュ』を用いて、ゲームのキャラクターがジャンプする等の動きをさせ、その中でプログラムとの関係を理解させる。そして、実際にプログラミングをしているプログラマーの方の仕事を紹介する。

　次に、キャラクターが直線的に動く映像を図２のように左から順に段階的に見せて、どのような規則でキャラクターが動いているかを考えさせる。そして、一次関数の動きであることに気付かせるとともに、プログラムの中に一次関数が組み込まれていることを確認する。そして、プログラマーから関数がゲーム等のプログラミングで使われていることを説明するインタビュー画像を見せる。これらを通して、生徒は普段ゲーム機でボタンを押しながらゲームを進めていることが関数と大きく関係していることを実感できるようにしている。

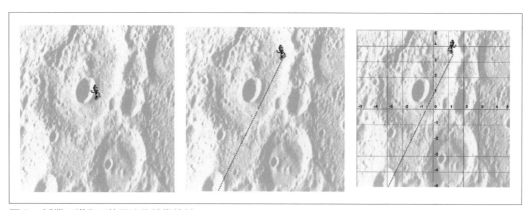

図２　授業の導入で使用する映像教材

　さらに、図３のワークシートの関数ゲーム「バナナゲッチュ」に取り組ませる。単に「２点を通る関数の式を答えなさい」という問題に比べて、「より多くのバナナをゲットできるような関数を考えよう」という問いかけの方が問題を解こうという意欲がわく。ま

た、答え合わせも教師がするのではな
く、プログラミング画面に関数を入力
し、キャラクターがバナナを捕るかど
うかで答えを確かめるというゲームな
らではの手法をとっており、このこと
が学習内容の定着につながっている。

以下は授業後の生徒の感想である。

「ゲームの中のキャラクターなどを

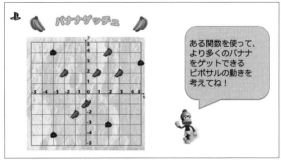

図3　ワークシート：関数ゲーム「バナナゲッチュ」

動かすときに、『比例』『反比例』『一次関数』などを基にして、様々な方向に動かせたりす
ることができるなんて、とてもおどろきました。今僕たちが勉強しているものは、大人に
なって働くときにも活かされるので、勉強は今も大人になってからも大切なんだと思いま
した」

プログラマーのメッセージも生徒の心の中に響いていることがよくわかる。

このように、ゲーム会社と一緒に授業を設計し提供することで、数学への興味関心が高
まるとともに、数学を使う職業にふれることや数学が世の中で活かされていることに自然
に気付かせることができることから、この授業プログラムはキャリア教育の一環にもな
り、カリキュラム・マネジメントにも寄与しているのである。

⑵　栄養教諭をサポートする食育の授業プログラムの教材配布（食育の時間＋（プラス））

2005年に食育基本法が制定され、子どもたちが食に関する正しい知識と望ましい食習
慣を身に付けられるよう、学校でも積極的な食育への取組が求められるため、文部科学省
では栄養教諭制度の円滑な実施をはじめとした食に関する指導の充実に取り組んでいる。

このような状況において、学校現場における食育をサポートするために、ハンバーガー
チェーンを展開している日本マクドナルド株式会社が旗振り役となり、教育コンテンツを
数多く手がけるNHKエデュケーショナルとNPO法人企業教育研究会の三者が協働して
2005年から食育の授業プログラム（「食育の時間」）を提供している。

2019年4月にリニューアルした「食育の時間＋（プラス）」では、食物アレルギーがあ
る子どもの増加、2015年9月に国連サミットで採択されたSDGs（持続可能な開発目標）
の中に掲げられた食品ロスの削減といった社会的課題を鑑み、食育の授業内容を大幅に刷
新し、学校現場の食育の課題を網羅した以下の七つのテーマで授業プログラムを提供する
こととした。

【「食育の時間＋（プラス）」における七つのテーマ】

※1単位時間内（45分）で実施可能

＜テーマ1＞　朝ごはんと生活リズム（うっかりミスの原因を探れ！）

<テーマ２>　五大栄養素と栄養バランス（エースストライカーのスランプの原因を探れ！）

<テーマ３>　エネルギーと食事（ナゾのハラペコ現象を探れ！）

<テーマ４>　食の安全と衛生（おなかの痛みの原因を探れ！）

<テーマ５>　みんなで知ろう！　食物アレルギー（食べ残しのナゾにせまれ！）

<テーマ６>　楽しい食事のひみつ（食事がつまらない原因を探れ！）

<テーマ７>　食品ロスを考えよう（人気レストランのなやみ）

　全国的に栄養教諭が増加しており、栄養教諭自身が食に関する授業を展開することも珍しくなくなった。しかしながら、栄養教諭にとって授業づくりをすることは大変苦労を伴うとの声が数多く聞かれる。というのも年間指で数えられるほどしか授業ができないという栄養教諭もおり、毎日教壇に立つ教諭のようにスムーズに授業をつくるのは困難を伴う。

　そこで、「食育の時間＋（プラス）」では、授業経験が少なくても指導案通りに教材を使っていけば比較的簡単に授業を実施することができるよう工夫している。

　例えば、どのテーマにおいても図４のように探偵事務所に事件が持ちこまれ、それを子どもたちが探偵となり謎を解決していくというストーリー仕立てにしてある。

　また、子どもが好むアニメーションを多く用いて親しみやすくするとともに、食育として身に付けるべき内容については専門家が解説を加えるようにもしてある。

　「食育の時間＋（プラス）」教材は無償で誰で

図４　「食育の時間＋（プラス）」のアニメーション

も利用できるよう Web 上で公開されている。アニメーション教材から指導案、板書例まで網羅し、黒板用の掲示物もダウンロードしており、教材等一式をすべて格納した「DVD 付き指導案冊子」の学校現場向け無償配布も行っている。なお、当授業プログラムでは出張授業は行ってはいない。ただし、学校での食育授業が広く継続して行われていくよう、教職員向けに「食育の時間＋（プラス）」の授業実践のデモンストレーションや講演を無償で実施している。

⑶　新学習指導要領で新規に加わったプログラミング教育における授業プログラムの出張
　　授業による提供（みんなでチャレンジ！　IT エンジニア）

　新学習指導要領において小学校からのプログラミング教育の実施が示された。しかし、プログラミング教育の導入に当たっては多くの小学校現場で困っているのが実情である。それはインターネット環境や児童用 PC の台数等のインフラが十分に整っていない場合があることや、そもそも教員にプログラミングに関するノウハウがあまり無いことにある。

　そこで、小学校におけるプログラミング教育に関する授業プログラムの提供を考えた。特にプログラミング教育の手引きに示された、授業事例の少ない「小学校段階でのプログラミングに関する学習活動の分類」のBにおける「各教科等の内容を指導する中で実施するもの」に着手することとした。そして、インフラが十分に整っていない学校でも実施できるような授業を考え、完成したのが「みんなでチャレンジ！ IT エンジニア」である。

　本授業は、小学校社会科学習指導要領の５年「情報化した社会の様子と国民生活との関わり」と関連した内容にし、コンピュータ・ネットワークシステムの販売や保守、ソフトウェアの開発等を手がける伊藤忠テクノソリューションズ株式会社と連携して作成した。

　IT エンジニアは顧客の要望に応えてプログラミングをしてシステムをつくる仕事をしていることから、比較的実際に即した形で授業を設計した。具体的な授業内容は以下に紹介するが、授業実施に当たっては、NPO 法人企業教育研究会の職員や当会に所属する大学生と伊藤忠テクノソリューションズ株式会社の社員で進めている。

【授業のねらい】
１）IT 技術が私たちの身の回りの生活を豊かにしていることを確認する。
２）IT 技術を支える人材として IT エンジニアがいることを知り、仕事の一部を体験する。
３）プログラミング体験を通じてプログラミング的思考について知るとともに、IT 技術がどのように実現されているかを実感する。
４）IT 技術や IT エンジニアへの興味関心を醸成するとともに、IT が実現する未来の生活への想像を膨らませる。

【主な授業内容：90 分扱い】
　まず、クイズを用いながら生活を便利にする IT を確認するとともに、IT に関わる企業の仕事の事例や、近い未来に実現するであろう技術やサービスを紹介する。

　そして、未来チャレンジ運送株式会社から「配達する荷物の依頼が増えているが、これまでと同じ時間でたくさんの荷物を配るためにどうしたらよいか」という相談が持ちかけられる。

　そこで、この問題を解決するために、小さなセンサーロボット（Ozobot）をプログラムで動かしながら、実際に図６の配達ルートを走らせる。プログラムといってもパソコン

を使うのではない。このセンサーロボット（Ozobot）は地図上にカラーコードを置くことにより地図上を真っ直ぐ進ませたり、左や右に曲がらせたりすることができるのである。

　子どもたちはどのようにすれば効率よく荷物を運べるか、そのルートをカラーコードを用いて試行錯誤しながらプログラミングしていくのである。

　カラーコードによってプログラミングされたトラックが地図上を実際に動くので、体感しながらわかりやすくプログラミングの授業を行うことができるとともに、ITエンジニアの仕事を擬似的に体験するというキャリア教育にもつながっている。

3　企業・大学・NPOが連携した学校への支援

　上記の三つの事例を紹介した通り、いずれも学校や教員、子どもにとって必要としている授業プログラムを提供しており、授業後に教員や子どもたちにアンケートを実施すると、そのほとんどで好評価を得ることができている。

図5　センサーロボット（Ozobot）の実物

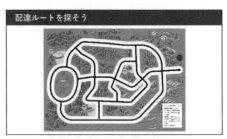

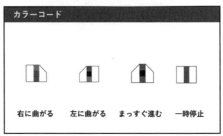

図6　荷物の配達ルートと動きを示すカラーコード

　ただし、こうした授業プログラムがさらに大きな効果を生むかどうかは学校や学級担任の姿勢にかかっている。先に述べた関数の授業のように、「関数が苦手な子に関心をもたせたい」「関数の理解を深めたい」という学校や教員の願いがあってこそ、授業がより充実したものになる。出張授業だからゲストにお任せするという姿勢ではなく、学級担任も授業に積極的に関わることができていると授業効果は高くなる。つまり、学校や教員に授業を実施する明確な意図があるかどうかが重要なのである。

　さて、こうした授業プログラムの提供が多くの学校にプラスに働いているのだが、それと同時に、企業や大学、NPOにも同様にプラスに働いている。

　企業においては、こうした教育貢献活動をすることが企業イメージのアップにもつながっているが決してそれだけではない。例えば、出張授業や教員研修を終えると、企業の方々は満足して帰られることが多い。それは、子どもたちの授業中の様子や事後の感想から企業の方々自身が「教育に貢献できた」という満足感と同時に自らの職業に対する社会的意義を感じることができるからである。

　また、大学にとっても教育学部の学生が学校現場において企業の方々とコラボして授業を行うことは教職に就こうとする強い動機付けを生むとともに、実際に教職に就いた際のインセンティブとなっている。

　そして、私たち NPO も「誰もが教育に貢献する社会を創る」という社会的な使命を果たしているということに大きな喜びを感じることができているのである。

　今後も「企業と連携した授業づくり」を続けていくことで、一人でも多くの人々が教育に貢献しようとする気運を高め、それが学校の将来にとってプラスにつながっていくものになると確信している。

4　学校管理職に期待する役割

　「教育課程」という言葉から一般の教員は教務主任の仕事だと連想することが想像に難くない。そのため、「社会に開かれた教育課程」について自分事と受け取りづらい。将来を担う子どもたちを育てるに当たって、「社会に開かれた教育課程」の必要性を具体的な実践事例をもとに管理職が示していってほしい。また、企業等が提供している教材や出前授業の情報が一部の教員でとどまっている場合が少なくないことから、「この出前授業、○年の社会の△△の単元で依頼してみたらどう？」と積極的な声かけ、情報提供を心がけることも必要であろう。

コメント

●本実践の特長

　本実践は、2017・2018（平成29・30）年の学習指導要領改訂の鍵となる概念である「社会に開かれた教育課程」の考え方を背景に、NPOが媒介役を果たし、学校と企業や大学を結んで授業プログラムを開発し、学校に無償で提供することによって、教師による授業づくりを積極的に支援しているところに特長がある。数学、食育、プログラミング教育などについて企業と協力して開発した授業プログラムが出張授業、教材配布、教員研修というかたちで提供されている。

●本実践のカリキュラム・マネジメント上の意義

　本実践は、カリキュラム・マネジメントの諸要素や要素間の関係でいえば、カリキュラムのP（計画）やD（実施）、研修や研究と、社会に存在する専門的な人材や知識、技術、情報などを結び付け、授業の充実を図ることで教育の質の向上を目指すところに意義がある。

　これからの学校教育では、教育課程を社会に開き、教育内容を自分たちの生活、社会的な事象や世界の動向などと結び付け、児童生徒の主体的・対話的で深い学びを実現することが求められる。社会の変化に伴い、新たに加えられた内容もある。そのため、学校や教師は、これまで以上に社会に意識を向け、自らも学びながら新たな情報や素材などを収集して、学習指導の展開や指導方法、教材や教具などを工夫することが必要になる。

　こうしたことに学校や教師だけで取り組むには限界がある。企業には、各分野の専門的な人材、知識や技術、情報などが存在し、教育に貢献したいという意志もある。大学には教育についての専門的な知識を有し学校支援に熱意をもつ研究者や、教師志望の学生がいる。こうした資源を生かすことがカリキュラム・マネジメントのポイントの一つである。

　本実践は、学校が社会で孤立するのではなく、NPOをつなぎ手として様々な主体と有機的に連携・協働して教育の質の向上を図るというこれからの学校像を示しているといえる。

●本実践への期待

　こうした学校や教師への支援を充実させ、効果的に生かしていくためには、学校とNPO、企業、大学が上手に結び付き合うことが大切になる。関係者の考えをていねいに往還させることによって、社会に開かれた授業づくりが効果的に進み、教育の質を高めていく。

　学校や教師の側は、自分たちが困っていることを明らかにし、取り組みたいポイントを明確にする必要がある。そこには、教師が児童生徒のために自分たちの授業を何とか工夫したいという熱意があり、それが学校外からの支援を効果的に生かしていく基盤となる。

　NPO、企業、大学の側は、教師の意図を理解しつつ相談を重ねて、学校や児童生徒の実態に即した最適なかたちに出張授業、教材配布、教員研修などのプログラムを調整して提供することが求められる。主張授業の際も、児童生徒の実態をよく知る教師が関わるようにすることが大切であろう。

吉冨芳正

特別寄稿
総合的な学習を深い学びにするヒント

服部　眞

1　社会に開かれた教育を社会から見ると

(1)　はじめに

　「ふるさと」や「地域社会」を探究課題とした総合学習は、なぜ存在感を増しているのか。理系の分野で課題解決に取り組むスーパーサイエンスハイスクール（SSH）のような高校でも、地域課題を扱うところが目立つ。理系の分野の場合、見つけた課題が未解決であるかどうか見極めが付きにくく、大学などの支援が容易に得られる環境でないと、単に文献を探すだけの調べ学習で終わってしまうこともある。実社会・実生活で探究することは、学びを深いものにするために欠かせない。

　筆者の立ち位置は、①先進的な取組の取材経験があること、②経済協力開発機構（OECD）をはじめとする海外の知見に直接触れていること、③学習指導要領改訂の際、中央教育審議会の専門委員として議論に参加しながら、わかりにくい学びをいかに簡単に説明するかを常に考えてきたこと——などだ。

　OECD の支援を得て文部科学省、東京大学、福島大学などが進めてきた様々な試みを引き合いに出しながら、カリマネを進めるうえで念頭に置くのがよさそうなこと、うまくいっている学校の体制や校長・教員の特徴、阻害要因などについてまとめてみたい。

(2)　PISA 報告の囲み記事

　OECD の国際学力調査 PISA2012 の英文の報告書の 124 ページに、「日本における問題解決スキルの育成と評価：教科横断型プロジェクト学習」という囲み記事がある。

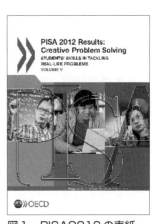

図1　PISA2012 の表紙

> 　PISA2012 において、日本はすべての科目でトップまたはトップクラスであり、問題解決能力の成績も例外ではない。さらに言えば、日本の生徒は平均 552 点だったが、これは数学的リテラシー、読解力、科学的リテラシーで同様の成績だった他国の生徒を上回る。（中略）

我々はその説明として、生徒たちが教科の授業や総合的な学習の時間で、教科横断型で生徒主導の学習活動を重点的に行うことで問題解決能力を身に付けたと考えている。（服部訳）[1]

簡単に言えば、2000年前後に学力低下を招いたとされていた「ゆとり教育」や「総合学習」が、実はPISA調査における日本の好成績の理由だということだ。教科の時間を削って導入された総合学習は、学力低下の元凶と言われていたが、そうではなかった。

PISA調査の責任者であるアンドレアス・シュライヒャーOECD教育・スキル局長は、「学力の回復は総合学習の貢献が大きく、その意味で、ゆとりのおかげとも言えるだろう。そもそも『ゆとり』という名前がよくない。ゆとりどころか、生徒も教員も、より多くを求められる。総合学習のため、教員も生徒も、同僚や級友と協力し、関連分野も視野に入れて準備をするので相当大変だ」[2]と話す。

写真1　シュライヒャー氏と筆者
（2018年7月28日、OECD東京事務所で）

(3)　保護者にわかる説明

「総合学習」とは、そもそも何なのか。社会から見ると、ブラックボックスのような印象があるらしい。探究的な学びに熱心な先生が担任になり、児童生徒の保護者が「うちの先生は何も教えてくれない」とこぼすのを何度も聞いた。

新聞記事では保護者など一般読者にわかるよう、筆者は以下のように説明した。

> 「総合学習」　課題解決の思考プロセスである「探究」の方法を学ぶもので、小・中学校と高校で実施。身近な疑問や教科を超えた現代社会の問題を題材に、各教科の見方・考え方を総動員して取り組む[3]。

2020年全面実施の小学校の新学習指導要領では「探究的な見方・考え方を働かせ、横断的・総合的な学習を行うことを通して、よりよく課題を解決し、自己の生き方を考えていくための資質・能力を次のとおり育成することを目指す」と目標を示す。さらに説明すると、①課題解決に必要な知識・技能②探究のスパイラルを操る**思考力・判断力・表現力**③**主体的、協働的に社会参画する態度**——となる。

総合学習で扱うべき課題について、1998年改訂の小学校の学習指導要領で、「例えば国際理解、情報、環境、福祉・健康などの横断的・総合的な課題」と例示した[4]。これを見て、多くの教員が「国際理解」や「環境」という「教科」なのだと受け止めた。指導法について、根本的に考え方を変える必要はないこともあり、総合学習を「教科」として教え

た。前回改訂では、「総合学習は探究だ」と明確に示し、今回改訂では、例えば高校ではこれまでの「総合的な学習の時間」を「総合的な探究の時間」と名称を変え、ずばりその正体が探究であることを明示した。

　最近の理解では、当初の問題意識に戻り、現代的な諸課題を解決する方法を考えることが再び重要になっている。

2　地方創生イノベーションスクール

⑴　被災地の学びのDNA

　東日本大震災の翌年から2年半にわたり、「OECD東北スクール」というプロジェクト学習が、被災3県の中高生約100人が参加して展開された。この学びを全面支援したOECDから与えられた課題は、震災からの復興を全世界に発信するイベントを、フランスのパリで開催することだった。

　主たる目的は以下の三つである。

　1．被災地復興の担い手に必要な「21世紀型キーコンピテンシー」を育てる。
　2．主体性を発揮するためのプロジェクト学習を行い、教育改革モデルをつくる。
　3．教育改革のための地域と学校、産官学、国内外の連携を進める。

　生徒たちは地元の特産品を改めてPRし、風評被害を受けた農家を支援する一方で、最終ゴールである復興イベントの企画、そしてイベントの実施に必要な資金調達を行い、2014年8月、エッフェル塔前の広場でイベントを開催した。中高生らは民俗舞踊を披露し、特産の食べ物を振る舞ったほか、会場で津波の最大高の高さに風船を浮かべ、津波をイメージしたドミノ倒しなども行い、2日間で約15万人を集める大成功を収めた。

　東北スクールは、被災した子どもたちに対する学習支援であると同時に、理想の学びを探り出す壮大な実験でもあった。実験の成功から数多くの教訓が導き出された。例えば、目的に向かって一生懸命取り組む力も育むべき資質・能力だとわかってきた。社会的・情緒的スキルである。シュライヒャーOECD教育・スキル局長は以下のように述べている。

> 「東北スクールは芸術的な成功を収めた。東北スクールでの学びがこれまでと決定的に違うのは、知識、批判的思考力、コミュニケーション力だけでなく、思慮深さや共感、好奇心、勇気、強靱さ、リーダーシップといった社会的、情緒的スキルを育んだことにある。今後、その仕組みを解明し、学習環境や学校組織がどうあるべきかを考えなくてはならない」[5]

　東北スクールの責任者を務めた福島大学の三浦浩喜副学長（当時、現学長）は、「教科（コンテンツ）」「コンピテンス」「人格形成」の三つの側面を持つ立体構造で示す新しい学力概念を提唱し、2015年3月11日の中央教育審議会教育課程部会教育企画特別部会で発表した[6]。これらの知見が、新学習指導要領で「知識及び技能」「思考力、判断力、表現力

等」「学びに向かう力、人間性等」によりすべての教科等が整理されることにつながった。

⑵ 「復興」から「地方創生」へ

　東北スクールで実践された学びを、ふるさとが壊滅的な打撃を受けたという極限状況ではなく、平時にできる学びにしたい。そこで考えられたのが、「震災からの復興」の代わりに、「地方創生」を中心に据えた「地方創生イノベーションスクール」だ。人口減少、少子高齢化、エネルギー、環境といった地域課題の解決に取り組むプロジェクト学習で、2015年春にキックオフ。同年夏から2017年夏まで行われた[7]。

　被災地だけでなく、広島、和歌山、福井など被災地以外にも拡大。21世紀スキルを育成し、生徒の力を生かした「地域創生モデル」の創出とともに、教育モデルの実効性の確認を目指した。子どもたちは地域、企業、海外の生徒など多様な主体と協働しながら、2030年の時点で予想される地域の課題解決を目指すプロジェクト学習に取り組んだ。

　仕組みを説明したい。まず、東北、和歌山、福井、広島、島根など、各地域が「クラスター」と呼ばれるグループを作り、クラスターごとに、「少子高齢化」「環境」など、取り組むテーマを決める。

　クラスターは、近隣の大学や企業、自治体、NPO、そして海外の学校とも連携す

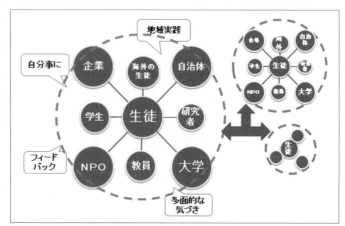

図2　各クラスターでの異質性との交流
（取材をもとに服部が作成）

る。海外の生徒とは、共通のテーマを介してつながっている。生徒たちは、研究者や学生、企業の社員、自治体職員、専門家など、域内外や海外の様々な人々と、文化や年齢を超えて対話を重ねながら、探究的な学びを進めていく。

　地方創生イノベーションスクールが構築したこの体制は、総合学習を進める上で小・中学校や高校にも求められているものだ。それは、単に社会にある教育資源を活用するだけでなく、様々な視点に子どもたちを触れさせる意味が大きい。

　開始から1年半の2016年12月、東北クラスター合宿で、次のような声が聞かれた。

　　「いろんな人から刺激を受けて子どもたちの視点が変わっている」（福島大の研究者）、「異年齢集団のおもしろさがある」（福島市の中学校教諭）、「中学生と高校生が一緒でうまくいくのかと思ったが、むしろ年齢差が活性化につながった」（総責任者の三浦浩喜福島大副学長）、「いろいろな地域から来た人が混ざったら、いろいろ見

えて来た。和歌山には原発はないが、津波は来るから防災は大切だとわかった。フルーツの名産、人口減少なども一緒」（和歌山の県立高校の女子生徒）

右の図のように、総合学習では、様々な見方・考え方を総動員して課題に迫り、探究のスパイラルを回して解決方法を考える。様々な見方・考え方と関連付け、つなげるのは、「精緻化方略」（Elaboration Strategy）と呼ばれる学習方略である。これにより、より難度の高い課題も解決できるようになる。ちなみに、関連する知識・技能も、「記憶方略」（Memorization Strategy）で丸暗記するより定着する[8]。

見方・考え方の多様性をどう確保するか。

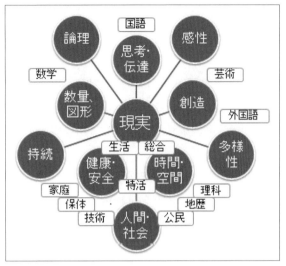

図3　様々な見方・考え方と各教科
（2016年8月、読売新聞ウェブ版より。文部科学省資料をもとに服部が作成）

地方創生イノベーションスクールの生徒たちは、地域スクール、クラスタースクールなど様々な段階で、定期的に集まって情報を共有した。これも、見方・考え方の多様性を確保することに大きく寄与している。

(3) いろいろな大人と交わる

2019年6月、大分県で開かれた日本生活科・総合的学習教育学会の全国大会で公開された大分県立佐伯豊南高校の授業を見たが、驚いたことに、全国から授業を見学に来た教師や報道関係者といった大人たちに、生徒一人一人が自分の研究の進捗状況を説明し、助言を求めたのだ[9]。

地方創生イノベーションスクールのクラスタースクール（クラスターによる合宿）を筆者が取材した時では、最終日のまとめのセッションで、各グループの発表に対するコメンテーターとしてかり出された。

探究的な学びで進学実績を飛躍的に向上させ、「堀川の奇跡」と呼ばれた京都市立堀川高校では、探究の成果をまとめた論文を書く前にポスター発表を行うが、保護者や企業など多様な人に参加してもらい、どんどん質問してもらう。専門家からまったく予備知識のない人まで、様々な人がポスターを訪れるので、相手に合わせて説明を変えたりするだけでなく、思わぬ視点に気が付いたりする。中学生を招いた発表会もある。ポスター発表での指摘や新たな気付きを踏まえ、さらに深く学ぶことができる。

一般にポスター発表は、探究活動が終わり、論文も完成した後で行われる。だが、そ

れだと発表に対して指摘があっても、探究に生かすことはもはやできないため、生徒が指摘を聞き入れないことが少なくない。鋭い指摘をすればするほど、生徒は自信を失い、探究の意義も半減することになる。スーパーサイエンスハイスクールの発表会でさえ、そうした残念なケースにかなりの頻度で遭遇した。

　残念な学校という点でさらに言えば、例えばグループ研究のポスター発表で発表者を1人に固定し、10人くらいの集団で発表を聞く。「何か質問はないか？　何でもいいよ」と教員が促すと、「苦労した点は何ですか？」「何が一番うれしかったですか」など、研究の本質とは何ら関わりないおざなりの質問を順番にする。通常の方法では、発表は交代で行い、ポスターを見に行くのも自由なのだが、意外と行われていない。

⑷　探究のスパイラルを回すもの

　様々な見方・考え方を総動員する体制が整っても、それだけでは探究的な学びにはならない。前述の通り、スパイラルを回すにはエンジンが必要であり、最も効率の良いエンジンが「アクティブ・ラーニング」だ。

　地方創生イノベーションスクールのキックオフにあたり、クリス・オニールの次の図[10]が示され、プロジェクト学習を進めるためには多様なアクティブ・ラーニングを取り入れるのが効果的だという認識が共有された。

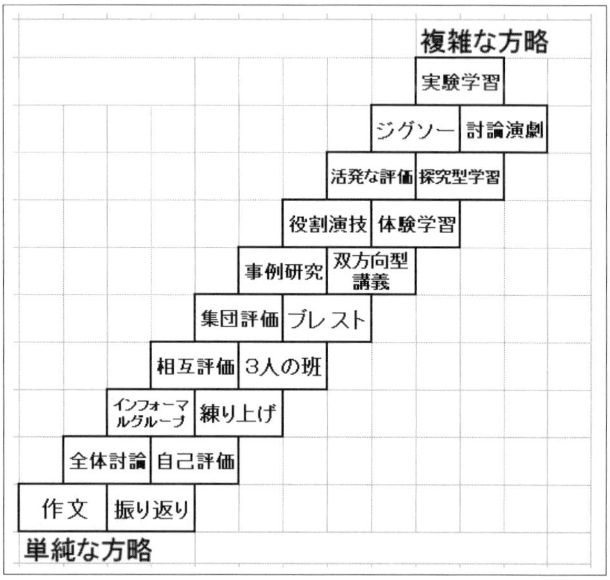

図4　アクティブ・ラーニングの様々な方略
（C・オニールらの論文より作成）

　アクティブ・ラーニングの本質については、様々な議論を経て、現在は文部科学省による「主体的・対話的で深い学び」という定義が定着している。文部科学省の定義は総花的で複雑だが、OECD の見方を加えると、以下のように簡略化できる。

　　主体的（Proactive）とは、「見通し」と「振り返り」

　　対話的（Interactive）とは、「対話」

　　深い（Authentic）とは、「実社会・実生活で」

　主体的な学びとは見通すこと。そのためには振り返り、現在地を知ることが必要だ。

　地方創生イノベーションスクールの東北クラスターでは、見通す際の一助になるよう、第1回のクラスタースクール合宿で、まず2030年についての未来予測を知識としてインプットした。その際、アクティブ・ラーニングの手法として、「知的構成型ジグソー法」

を使った。第3回合宿では、自分の生い立ちを振り返り、社会問題を自分事として考える「セルフストーリー」を動画で表現するワークショップを行った。

　広島クラスターでは、対話的な学びにするため、上記の体制を構築して様々な人々を招き入れるとともに、様々なアイスブレイクを行って対話を促した。

　このように、様々なアクティブ・ラーニングを必要に応じて使い分けながら、探究のスパイラルを回していった。

　探究のスパイラルを、育むべき資質・能力の関係で捉え直してみた。

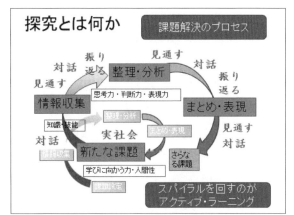

- ・「情報収集」では「知識・技能」を理解する「思考力」を働かせる。
- ・「整理・分析」では、集めた情報を取捨選択する「判断力」を働かせる。
- ・「まとめ・表現」では「表現力」を働かせる。
- ・「課題設定」では、今どのような自分があり、何のために探究するのかという「学びに向かう力、人間性」を働かせる。

図5　探究とアクティブ・ラーニング
（服部が作成）

　そのように考えると、「様々な見方・考え方」を総動員して「探究のスパイラル」を回すことで、すべての教科の資質・能力が自然に身に付くと考えることもできる。

(5)　予算規模と学びの柔軟性

　次の図のように、地方創生イノベーションスクールには様々な参加形態があり、それぞれ長所、短所があった。

表1　地方創生イノベーションスクールの各クラスターと連携した国

		授業		課外活動	
学校主導	高専	ドイツ	和歌山		トルコ
	福井	ドイツ		隠岐島前（島根）	福島
大学主導	シンガポール	福島	エストニア		
県教委主導	ハワイ、インドネシア、フィリピン、ニュージーランド			広島	

　広島クラスターは県教委が主導した。参加者全員がハワイに行ったり、インドネシアやニュージーランドなど複数国と交流したりするなど、まとまった予算を使いスケールの大きい活動をしていた。これも県教委が主導したからこそ可能になったのだろう。ただし、予算規模が大きいと、事前にきちんと計画することが求められることが多いので、生徒たちの主体的な学びを妨げないよう注意が必要だ。

　学校単位で課外活動として参加し、地元の大学が支援するケースでは、地域に根ざした

課題解決が多様な展開を見せた。反面、予算の制約から、海外のパートナー国への派遣は一部の生徒のみとなり、連携の効果が十分に得られないこともあった。

　希望者を募集し、部活として参加するところもあったが、どこも保護者などの理解を得るのが難しかった。和歌山クラスターのある高校教師は、イノベーションスクールでの活動が大学受験の妨げになるとして、保護者だけでなく同僚教師からも批判を受けた。ところが、参加者が進学でめざましい結果を残すと、潮目が変わり、批判は消えたという。

　広島クラスターを指導した教員によると、当初は探究のシナリオを何通りか考え、ファシリテーターとして生徒たちの学びを促したが、準備が大変で疲弊したという。生徒たちと一緒に考えるようにすると、生徒の自主性が飛躍的に高まっただけでなく、教員の負担も大幅に軽くなった。

　生徒たちが何かをしようとした時、近くに様々な対話の相手がいることが大切だ。学校教育目標を実現するため、必要な教育の内容を組織的に配列する際にも、子どもたちが実社会・実生活に目を向け、先を見通しながら対話的な学びをしていくよう、探究のスパイラルをうまく回すことを意識したい。

【参考文献】

1　OECD, 'PISA2012 Results : Creative Problem Solving', OECD Publishing, Paris.
　　http://www.oecd.org/pisa/keyfindings/pisa-2012-results-volume-v.htm
2　服部真「少人数学級より教員育成　アンドレアス・シュライヒャー氏」『読売新聞』2014年7月2日朝刊解説面
3　服部真「総合学習　学力アップの鍵　アンドレアス・シュライヒャー氏」『読売新聞』2017年8月11日朝刊解説面
4　文部科学省「小学校学習指導要領　平成10年12月」第1章総則
　　http://www.mext.go.jp/a_menu/shotou/cs/1319944.htm　（2019年9月25日参照）
5　2015年3月、筆者宛てのメールで
6　文部科学省ウェブページ「教育課程部会教育課程企画特別部会（第3回）配付資料」
　　http://www.mext.go.jp/b_menu/shingi/chukyo/chukyo3/053/siryo/1355915.htm
　（2019年9月25日参照）
7　OECD日本イノベーション教育ネットワーク（https://innovativeschools.jp/）。
8　Echazarra, A. et al. (2016), "How teachers teach and students learn: Successful strategies for school", OECD Education Working Papers, No. 130, OECD Publishing, Paris. http://dx.doi.org/10.1787/5jm29kpt0xxx-en
9　服部真「地域探究の総合学習　生きる力に」『読売新聞』2019年8月17日教育面
10　O'Neal, C., & Pinder-Grover, T. (n.d.). How can you incorporate active learning into the classroom? University of Michigan. Retrieved from http://www.crlt.umich.edu/sites/default/files/resource_files/GSITO_FirstDaysG_3Active Learning.pdf

◆編集代表

村川　雅弘　甲南女子大学教授

◆編著者

吉冨　芳正　明星大学教授

田村　知子　大阪教育大学大学院教授

泰山　　裕　鳴門教育大学大学院准教授

◆執筆者（執筆順）

常盤　　豊　前　国立教育政策研究所所長

村川　雅弘　上掲

石田　有記　文部科学省初等中等教育局教育課程課
　　　　　　学校教育官（併）カリキュラム・マネジメント調査官

吉冨　芳正　上掲

田村　知子　上掲

山﨑　保寿　松本大学教授

泰山　　裕　上掲

村川　弘城　日本福祉大学助教

阿部　一晴　新潟県立教育センター　副参事・指導主事

石堂　　裕　兵庫県たつの市立新宮小学校　主幹教諭

畑中　一良　京都府京都市教育委員会　学校指導課

新潟県上越市教育委員会

渡邊　　崇　大分県佐伯市教育委員会　学校教育課　指導主事

広島県福山市教育委員会

八劔　明美　愛知県知多市教諭

中川　斉史　徳島県東みよし町立足代小学校　副校長

濱本かよみ　広島県尾道市立向島中学校　校長

広島県尾道市教育委員会

渡邊　　諭　青森県青森市立三内中学校　校長

古谷　成司　NPO法人企業教育研究会　理事・千葉県富里市立富里中学校　副校長

服部　　眞　読売新聞東京本社　編集局教育部

教育委員会・学校管理職のための
カリキュラム・マネジメント実現への戦略と実践

令和2年4月1日　第1刷発行

編著者　村川雅弘／吉冨芳正／田村知子／泰山　裕
発　行　株式会社ぎょうせい

〒136-8575　東京都江東区新木場1-18-11
電　話 編集　03-6892-6508
営業　03-6892-6666
フリーコール　0120-953-431
URL：https://gyosei.jp

〈検印省略〉

印刷　ぎょうせいデジタル株式会社　　　　　　　　　©2020　Printed in Japan
※乱丁・落丁本はお取り替えいたします。
※禁無断転載・複製

ISBN978-4-324-10792-8
(5108596-00-000)
〔略号：カリマネ実現戦略〕